⦿陈欣 编著

体会《论语》

《论语》，可喻为中国人生命中的阳光、空气和粮食。

作者不做经典的批评家，全神贯注于整部《论语》字里行间的精、气、神，潜心体会文化巨人孔子传授的做人、识人、用人的智慧。

近50篇体会文章，作者旁征博引，由浅入深，由表及里，尽情抒发了自己对文明的思考、对教育的思考、对为学的思考、对修身的思考、对知人的思考、对道义的思考、对为政的思考、对成功的思考、对生命的思考。篇篇文章，皆以天道与人道一以贯之，解疑释惑，融担当的精神、超然的情怀、大我的境界于一体。

四川出版集团 巴蜀书社

图书在版编目(CIP)数据

体会《论语》/陈欣著.—成都:巴蜀书社,2012.8

(唤醒系列丛书)

ISBN 978-7-5531-0133-0

Ⅰ.①体… Ⅱ.①陈… Ⅲ.①儒家②《论语》-研究 Ⅳ.①B222.25

中国版本图书馆 CIP 数据核字(2012)第 184529 号

体会《论语》 陈 欣 著

责任编辑	谢艺波
封面设计	符 蓉
出　　版	四川出版集团巴蜀书社
	成都市槐树街2号　邮编610031
	总编室电话:(028)86259397
网　　址	www.bsbook.com
发　　行	巴蜀书社
	发行科电话:(028)86259422　86259423
经　　销	新华书店
印　　刷	成都蜀通印务有限责任公司
版　　次	2012年8月第1版
印　　次	2012年8月第1次印刷
成品尺寸	240mm×175mm
印　　张	21.75
字　　数	370千字
书　　号	ISBN 978-7-5531-0133-0
定　　价	25.00元

本书如有印装质量问题,请与工厂调换

目　录

第一部分

今天，我们更需要启蒙
　　——《唤醒》系列自序一/1

经典，开生命无限智慧
　　——《唤醒》系列自序二/6

第二部分

1. 关于文明/12

　　寻根的意义/13

　　"木铎"的价值/18

　　礼之用，仁为本/22

　　关于"有知识没文化"/26

　　假如一个民族没有诗歌/32

　　和而不同与同而不和/35

2. 关于教育/39

　　"龙种"与"跳蚤"/40

　　学而时习：快乐还是痛苦/44

　　幻想：飞翔的翅膀/48

　　思辨：理性的灵光/52

　　因材施教与九型人格/56

　　恩生于害，害于恩/61

　　别让"小大人"急于长大/64

　　为父怎样"远其子"/68

3. 关于为学/72

　　"学习秀"与"小人儒"/74

　　"绝四"：孔门学问的中坚/77

　　"六言六蔽"：伪人才的良药/80

　　远离异端/83

　　孔子为何"五十以学易"/86

4. 关于修身/89

走近君子/90

内化与外化/97

不能八戒也须三戒/100

好色与好德/103

拒绝习惯性的虚伪/107

人有自知之明乃贵/111

5. 关于知人/114

孔子的人才观/115

孔子的知人法/122

直面女子与小人之"难养"/127

小人之祸/130

女怕嫁错什么郎/135

6. 关于道义/140

融仁义于利欲/141

乡愿之"贼"/145

"以德报怨"与"以直报怨"/148

雪中送炭与锦上添花/151

7. 关于为政/154

官路：大道还是捷径？/155

为"政"与为"正"/159

羞恶之心与导善功能/165

信仰与信用（上）/168

信仰与信用（下）/173

8. 关于成功/180

当世之名与没世之名/181

论"富"与"贵"/184

以螃蟹为鉴/190

微笑的力量/194

可怜"下愚"/198

9. 关于生命/204

论浮躁/205

本性与德性/210

生命是一条毯子/214

担当还是超然/218

人在做 天在看/223

第三部分

《论语》原典与白话/228

《学而》第一/228

《为政》第二/232

《八佾》第三/237

《里仁》第四/243

《公冶长》第五/248

《雍也》第六/254

《述而》第七/261

《泰伯》第八/268

《子罕》第九/273

《乡党》第十/279

《先进》第十一/285

《颜渊》第十二/292

《子路》第十三/299

《宪问》第十四篇/306

《卫灵公》第十五/315

《季氏》第十六/322

《阳货》第十七/327

《微子》第十八/333

《子张》第十九/336

《尧曰》第二十/342

第一部分

今天,我们更需要启蒙

——《唤醒》系列自序一

人类的发展历史,风风雨雨,可歌可泣;

人类的心灵世界,形形色色,纷乱不测。

今天这个时代,依然可用狄更斯《双城记》刚刚开始的几句话来描述:"这是最好的时代,这是最坏的时代;这是最聪明的时代,这是最愚蠢的时代;这是信任的时代,这是欺骗的时代……"

这个时代,同样可用老子的警言来描述:"五色令人目盲,五音令人耳聋,五味令人口爽,驰骋田猎令人心发狂,难得之货令人行妨。"

这个时代,还可以用孔子的叹息来描述:"人人都说自己很聪明,但若被驱使进入陷阱,或者遭遇机关的时候,却尽皆不知躲避图存。"

现代科学技术给了我们空前的便利和享受,所以我们无比自豪;

现代科学技术同时造成空前的污染和损耗,所以我们时刻紧张。

在欲望的驱动下,人类制造出了庞大的不断创新的花花世界,庞大的花花世界,又引发了人们更大更多的欲望。如此循环往复,希望征服世界的人们反而被自己的欲望所征服,于是不可避免地对这个物质世界和自身的存在感到恐惧了。

道德危机和信仰危机伴随着经济发展一起成长。失去了敬畏的人心,如同脱缰的野马,在这个世界四处狂奔、猛突。人类的生活丰富而精彩,人类自残、自杀和杀人的数目又在与日俱增。

人类不仅仅以偏激的方式对待自己,更以"偏激"的方式对待我们赖以生存的这个星球。地球世界每天有75个物种灭绝,每1小时就有3个物种被贴上死亡的标签。很多物种还没来得及被科学家描述和命名,就已经从地球上消失了。如此速度的灭绝,正与人类无休无止的利益追逐大相关联。

拼命追求现代化的现代人,让无数的生命"无家可归"。家都没有了,哪有什么幸福呢?

所以我们的人生如列奥·施特劳斯所说:"是不快乐地寻求快乐",所以黎巴嫩诗人纪伯伦发出如此的感叹:"我们已经走得太远,以至于忘记了我们为什么要出发。"

20世纪著名的历史学家和伟大的智者汤因比博士在他的《展望21世纪》一书中发出警告:"人类的生存没有比今天更危险的时代了,这种对人类生存的威胁是人类自己招致的,它远比地震、火山爆发、暴风、洪水、干旱、病毒更危险";"人类必将因为过度的自私和贪欲而迷失方向,科技手段将毁掉一切,加上道德衰败和宗教信仰衰落,世界必将出现空前的危机"。

人类已经走到一个不得不反思传统与寻找新的未来的关键时刻。今天的中国人需要再次启蒙,今天的整个人类都需要再次启蒙!

对于这种观点,许多人都认为应该不是一个问题了,分歧的关键在于我们需要一场什么样的启蒙,也就是用什么来启蒙。

有人说:这还用问吗?当然是用先进的理论、普世的价值,强化自由、民主和人权。有人说:应该在实践中继续探索。当然,更有不少的人说:相信科学,科学会解决一切的问题!

事实上,那些所谓先进的理论已经在实践中得出了答案,而科学,也只能为人所用。何况,正是人心的贪婪与科学技术的畸形发展,才造成这个世界的变局更加无常。

汤因比说:"一个完整的一体化文明,在传播时会被分离成科技、政治、艺术、宗教等成分。这时,各种成分的传播力,通常与其价值成反比。也就是说,越是不重要的成分,越受欢迎,越是重要的成分,越被排斥。比如科学技术就比宗教信仰传播得快速而广泛。这种对最小价值成分作最大最快最广泛传播的自动选择,显然是文化交流中一条不幸的定律。"

所以,单方面强调科学技术而不懂思考、研究、把握科学技术的发展方向的民族,其实还处于幼稚的不成熟的阶段。

中国的思想启蒙之路崎岖坎坷，无论是轰轰烈烈的五四运动，还是20世纪80年代的启蒙运动，不仅都是"未完成品"，而且因为与欧洲启蒙的理论一模一样，反而被引向了"更大的弯路"。

人与动物的最大区别，或许就体现在最终的幸福感上。人的幸福感不仅仅在于物欲的满足，更在于精神的认可，而源于启蒙运动、以物欲为主旨的"现代化"运动，却硬是把人降低到了动物的层次。

让我们无比自豪的"现代化"，其实是怀着一种欲望的冲动到处去寻找面包。

《第五项修炼》的作者彼得·圣吉说："在西方世界，我们的社会组织已被分割得四分五裂。我们把生理的健康与心理的和精神的健康分割开来探讨，以至于人们虽然活得久些，但整体身心健康状况却每况愈下，所支付的社会成本愈来愈高。"

当金钱和权力成了人类世界的主宰，我们无论在物质追求方面还是在精神生活方面，都无法获得和体验哲学家所说的"终极性安慰"与生命的"本真性存在"。这种形而下的单层面追求，犹如海市蜃楼一样缺乏根基，结果适得其反。

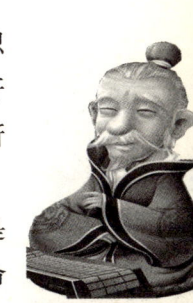

古罗马哲学家列塞克指出：人的一生，大多时间无非用于重复各类错误以及种种恶行。

此言冷峻，直中人类命门——我们每个人的历史和整个的人类历史正是如此！

敢于直面，我们才可能迁善——从罪恶走向纯朴，从麻木走向清醒。

"物有本末，事有终始"；"其本乱而末治者，否矣"！两千多年前的中国先贤，早就告知了我们本与末的关系。

人类的智者终于认识到：无论经济环境、政治环境还是生态环境等等问题，归根到底，是一个文化伦理的问题。

人类最大的悲哀，莫过于物质文明和精神文明的不同步。社会的发展，毫无疑问包含物质和精神两个方面，而文化从根本上决定着人类社会的发展方向。

今天，研究现代化的中外学者不断提出论证并得出结论：文化在形塑一个社会的政治和经济行为方面，是一个关键无比的元素。

台北市首任文化局长龙应台认为：品位、道德、智能，是文化积累的总和。文化是生活，文化是力量的源泉，文化更是一个国家的心灵和大脑，文化彻底决定一个国家的真实国力和她的未来。

在汤因比看来:19世纪是英国人的世纪,20世纪是美国人的世纪,21世纪是中国人的世纪。

但是,我们中国人绝不可以因此而盲目得意。除非能对人类文化做出重要贡献,否则,我们充其量只是一个最大的制造者或者消费者。

曾几何时,中国竟然成为全世界唯一一个举国批判自己传统文化的国家。然而,在这个世界上,没有一个国家像中国的历史那么悠久,没有一个国家有中国这样一脉相传的文化。试问:五千年的中国人,何曾被外族灭绝?五千年的中华文明,何曾被外族消亡?

在许多西方学者眼中,中国的道德规范被视为世界上最完备的道德规范,中国的哲学被视为世界上最富理性的哲学。欧洲著名思想家伏尔泰这样表达了他的看法:"世界的历史始于中国",当中华文明已然昌盛发达之时,欧洲人"还只是一群在阿登森林中流浪的野人"。

"观乎人文,以化成天下。"这是中国的《周易》对文化的界定。在这里,文化是一个动词而不是一个名词,文化的作用就是化成天下。

所以,再次启蒙中国人和整个人类的,只能是文化,只能是那种能够促进人与人之间和谐、人与社会之间和谐、人与自然之间和谐的文化。

而这样的文化和智慧,早已存在于人类世界,更存在于古老的中国。

中国文化,是全世界唯一保存着人类上古信息并且具有标本意义的文化,唤醒人类,化成天下,舍我其谁。

20世纪末,78位诺贝尔获奖者在巴黎发表共同宣言,呼吁以儒家思想和大乘佛教拯救人类。

我们不可忘记中国学者60年代对人类世界的敬告,以中国文化为代表的东方文化,可以贡献五种价值供西方学习:"当下即是"之精神与"一切放下"之襟抱,是西方能向前作无限之追求、作无穷之开辟之补充;一种"圆而神"的智慧,这种智慧不是取向于把握普遍的概念原理,而是取向于对现实的、直觉的、辩证的而且是真正的精神的把握;一种温润而恻恻或悲悯之情,这种情感胜过西方式的热情和占有之爱;一种对其悠久的文化自觉其久并自觉地求其久的历史责任感;天下一家之情怀。

老子、孔子总结和传承的智慧,岂仅是老子、孔子的智慧?中华民族至少绵延五千年的文明,我们眼光所及,往往只是春秋战国以来的两千五百年。

毛泽东曾有一句话:"国有疑难可问谁?"答案当然是:儿女遇到问题,头一个想到的就是去问自己的父亲。那么,我们今天面临如此多的问题,当然应该去问自己的老祖宗了。但是,守着五千年的文化与智慧宝藏,我们问过吗?我们会问吗?

面对浩瀚无比的中华文明,我们了解的常常是只言片语,我们学到的常常是腐朽垃圾。最为本根的儒道佛的智慧,往往被世人抛在脑后。

2002年温家宝总理访问美国期间,在哈佛大学发表演讲,其中两次提到"回溯源头,传承命脉",他自豪地告诉美国的学者和学子,中华民族的祖先追求的是这样的境界:"为天地立心,为生民立命,为往圣继绝学,为万世开太平!"

"国学热"终于在中国兴起了。兴起的缘由何在?一言以蔽之:唤醒大众,寻找回家的路。具体一点,为了寻找道德之路、教化之路、发展之路、文明之路和幸福之路。

大道至简,万法归宗。东西方文明在几千年前惊人相似地同时崛起,又将在几千年之后的今天向着一个共同的目标会师。

会师在哪里?会师在生态文明的平台上,会师在自然大道上。

自然大道,就是东西方文明深层的交汇点,就是人类共同的终极的信仰!

大势所趋,如千江万河,虽然或急或缓,或清或浊,最终的流向,都是浩瀚的大海!

经典，开生命无限智慧

——《唤醒》系列自序二

"古典教育是一种无价的恩惠"——这不仅是汤因比的名言，也是古今中外智者们的共识。

人是社会性极强的动物，更是文化的动物。一个人无论学没学习文化，他都必然要面对自己所赖以生存的社会的习俗、规范、思想和潮流，不可能置身度外。

"国学热"在中国兴起了，各类讲座、论坛、培训唤醒着人心与人性。我们不能不由衷感谢那些中国优秀传统文化的呼吁者、倡导者和传播者。

然而，真正用心学习和领悟国学经典的人还不是很多。现在的中国人，面对自己民族的文化经典，有人淡然漠然，有人心生向往，有人装点门面，有人自矜自长，有人审问批判，有人借以牟利，有人一味恶搞。

在一个浮躁之风劲吹的时代，出现这样的情况并不让人意外。拨乱反正岂可一蹴而就？连孔子都说："如有王者，必世而后仁"；"善人为邦百年，亦可以胜残去杀矣。诚哉是言也！"就是说，如果有真正的王者出现，也需要30年的时间才能使仁德广布于天下；善人治理国家实行仁政，经过100年，也就可以达到消除残暴、免除刑罚杀戮的理想境界。

"国学"一词，始见于西周，原指由周王朝开设的专供"国子"就读的学校。自汉唐至明清，相沿此制，凡由朝廷设立的同类性质的学校，如太学、国子寺、国子学、国庠、国子监等，都可统称为"国学"。

今天的学术界对"国学"的概念一直争论不休，不过，多数学者已取得基本一致的看法：中国传统学术文化，就是狭义的国学概念。

《周易》有言："君子以多识前言往行，以蓄其德。"就是说，一个立志成为有知识、有教养的人，应该多了解多领会前贤先哲的言论和行事，以培养和提高自己的道德学问。

台湾诗人余光中说：国学是一座山，我等不过是蚍蜉而已。

那么，面对博大精深、浩如烟海的中国文化典籍，一般的中国人怎么去了解？怎么去学习？怎么去补上这一课？

无论从什么角度说,《论语》和《老子》都是中国传统文化的本源性著作,是中华文化中恒久的、朴素的、最有价值和意义的两部代表性经典。

传统文化经典教育本该纳入国民教育体系,进入中小学课堂,作为国民教育的基本内容,落实到学校教学大纲和课程内容中去。经典教育缺失的过与错,我们今天已经没有必要抓住不放,如孔子的教导:"成事不说,遂事不谏,既往不咎。"只是这种教育现在已成当务之急,刻不容缓。

童蒙时期接受传统文化经典教育,才是真正的素质教育,它好比为一个人扎根和立规矩,有了这个根这个规矩,也才能够"成方圆"。至于已经荒废宝贵岁月的成年人,阅读经典,其实只能叫做补课。成效如何,取决于我们有没有一颗敬虔的心。

历来的学者给我们开列的"国学书目"一般都在几十本以上,这对于专门的研究者来说确有必要,但用于启蒙、唤醒大众的经典,无须过多。骚塞有句提醒非常中肯:"多读如多食——不能消化也就完全无用!"

我认为,用于启蒙和唤醒中国大众的经典,首先是《弟子规》、《大学》、《中庸》、《论语》和《老子》。

学习国学,应该循序渐进。

《弟子规》,本为简单的儿童启蒙读物,但在今天,无论是在校的莘莘学子,还是历经世事的成年人,理解这些"简单"的人之为人的道理的人并不太多,所以须得继续补课。从其现实意义的角度来看,一位佛学老法师将其与《四库全书》的价值相提并论。

《大学》,被孙中山誉为"中国独有之宝贝",因为它是"初学入德之门"。诵读《大学》,我们将进入学习做人的首要门径,懂得教育的根本目的在于"明明德、亲民、止于至善",懂得"格物、致知、诚意、正心、修身、齐家、治国、平天下"的成人路径。

《中庸》,揭示了天地万物和谐的奥妙。中庸是与天道相遥契的人道,是建构和谐社会的方法论和哲学基础。中庸,通过人类社会无数个体自由自觉的劳动,使人人具备"万物皆备于我"的宇宙情怀。中庸之道,让"天地各就其位而运行不已,万物各得其所而生长繁育"。理解并践行中庸之道,人生将进入合乎常情、合乎常理、不偏不倚、无过也无不及的最佳状态。

《论语》,钻石一般珍贵的智慧,阳光和粮食一般的不可或缺。诵读《论语》,我们将理解为什么"仁者无敌",并理解为仁的基本原则和方法——"忠恕之道",使我们向着"内圣外王"的目标修炼,促进人生境界

经典,开生命无限智慧

自律性的提升。诵读《论语》，伟大的文化巨人孔子将伴随我们一辈子。

《老子》，人类道德论的开山之作，一部侯王教科书，一部至今无人超越的政治学、教育学或整体管理学，其内涵"超过了黑格尔的全部著作"。老子阐发的道家学说，后世有人用以修身齐家，有人用以养生延寿，有人用以克敌制胜，有人用以经营管理，有人用以治国平天下，如此等等，无所不有。其不朽的价值在于：自然本真本原的道德体系，融入宇宙天地的生命境界，柔胜刚弱胜强的生存哲学，致虚极守静笃的养生法则，万物对应统一的辩证思维，道为本术为末的教育理念，无为而无不为的王者智慧，根除人类危机的治世药方。所以美国学者蒲克明肯定地说：《老子》是未来大千世界家喻户晓的一部书！

易学是中华文化之源，《周易》和老子、孔子不可分割。《易经》、《易传》和《老子》是传统易学的奠基性著作。读懂了《弟子规》、《大学》、《中庸》、《论语》和《老子》，《周易》的义理便更易明了，并且可进一步深入中国国学这座大山。

学习国学，必须阅读原典。

在市场经济的大潮中，有些人把国学当做一种用以牟利的特殊商品，充斥图书市场的国学出版物良莠不齐，粗制滥造者更多的是关注自己的经济利益。某些高校开办的"天价国学班"，与国学所标举的道德人文精神显然背道而驰。而且，许多人仅仅以实用主义的态度对待国学，目的只是从中寻找对工商管理、金融、经济、公关等等有用的技巧，实在是将中国国学简单化庸俗化了。

不读原典，我们无法分辨导师们解读的真伪，无法摆脱对老师、名师和"大师"们终身的仰视和依附。要知道梨子的滋味，我们只能亲口去尝尝。

不读原典，我们只能人云亦云，没有资格没有能力去判别几千年传统文化中的精华与糟粕。

书读百遍，其义自现。学习经典，其实无需花费那么高昂的学费，无需长期奔波坐进名校的课堂，无需"大师们"不厌其烦地讲解。

读经是最经济的教育之道，倘若我们认真诵读，潜心体会，并且身体力行，一定会获益无穷。

学习国学，宜儒道佛并重。

中国传统文化是儒、道、佛三家鼎足而立、互融互补的文化。

儒、道、佛三家，其实是你中有我，我中有你，同时又是你是你，我是我。五千年中华文化的经典智慧，高度概括就是"容"、"中"、"和"——包容之容、中庸之中、和谐之和。

儒、道、佛三家之间，曾经有纠葛、有矛盾、有斗争，但更有相互的吸收与融合。经过一千多年的发展，到19世纪中叶以前，中国文化一直延续着儒、道、佛三家共存并进的格局。历代统治者推行的文化政策，绝大多数时期也都强调三家并用。南宋孝宗皇帝赵昚就说："以佛治心，以道治身，以儒治世。"

南怀瑾先生比喻：儒家像粮食店，佛家是百货店，道家则是药店。意思是三家皆是我们的必须。少林寺则有这样的对联："百家争理，万法一统；三教一体，九流同源。""才分天地人总属一理；教有儒释道终归一途。"

丰子恺认为人生本来就有物质生活、精神生活、灵魂生活的分野。我对此深以为然，并将人的认知能力分为五个层次：世俗的高度、领袖的高度、历史的高度、生命的高度、宇宙的高度。我认为中国儒道佛的智慧早已到达了人类认知能力的最高层次。

因为重在体会、感悟，在我眼里，看到的主要是儒、道、佛三家之同，而非三家之异，并且我认为读通儒、道、佛任何一家，都能深刻领悟生命的智慧。但是，我们一般的人又实在难以学精悟透，而学儒家不精易于迂腐，学道家不精易于消极，学佛家不精易于迷信，所以，学习国学宜三家并重，以免有失偏颇，更好地体会、感悟担当的精神、超然的情怀和无我的境界。

学习国学，当怀敬畏之心。

直到现在，中国的许多人一直都没有完全摆脱殖民地的心态，一切以西方的观念为最后依据，甚至"反西方"的思想也还是来自西方。他们对学习和理解中国国学经典其实没有什么兴趣，更不懂得从字里行间去领悟先哲们的精与神，而是像代表"真理"和"正义"的法官，把历经几千年岁月检验的经典当做囚犯来审问和逼供，还自以为是"创新"和"创造"。这正应了蒲伯所言："天使不敢践踏的地方，蠢材蜂拥而至"；也应了一句德国的谚语："笨蛋虽笨，但还有更笨的人为他喝彩。愚蠢和傲慢同是一树之果。"

犯了这种通病的人们，我看正好对应了老子所说的"下士"，对应了庄子所说的"井蛙"、"夏虫"、"曲士"，永远处于孔子所说的"中人以下"。这样的人，无论什么智慧，无论什么光辉，也无法将他们唤醒。

著名哲学家、伦理学家约翰·博德利·罗尔斯曾有一段关于如何读书的自白:"我读前人的著作,如休谟或康德,有一个视为当然的假定,即这些作者比我聪明得多。如果不然,我又何必浪费自己和学生的时间去研读他们的著作呢?如果我偶然在他们的论证中见到了一点错误,我的第一个反应是:他们自己一定早已见到了这个错误,并且处理过了。他们在哪里见到并处理了这点错误呢?这是我必须继续寻找的;但所寻找的必须是他们自己的解答,而不是我的解答。因此我往往发现:有时是由于历史的限制,我的问题在他们的时代根本不可能发生;有时则是由于我忽略了或未曾读到他们别的著作。总而言之,他们的著作中决没有简单的一般错误,也没有关系重大的错误。"这番自白充分表现了西方学人读书的虚心与谦逊。

经典,非一次性消费品,值得我们用一生的时间去体会和感悟。

这些年来,我怀着一颗敬畏之心和忏悔之心,持续地阅读国学经典。我不敢像那些"尊西人若帝天,视西籍如神圣"的人,仅仅浏览一二,就凭着一知半解的西方观念,对我们的国学经典指指点点横加批判。

我是一个传媒人,我坚信中国的国学经典中蕴含着本真、本原、全面、深刻、系统、科学的人才观和方法论。传播古圣先贤做人、识人、用人的智慧,是媒体不可推卸的责任。

在我看来,"正本清源,树德开慧,道术并重,标本兼治"当是我们这个时代教育、教化的方针和总则。

对于古往今来的智者们,我也无限感恩。没有他们学习、研究的成果,我和无数"学而知之"、"困而知之"的人一样,必然缺少很多的借鉴养分,必然出现更多的困惑,也必然会走更多的弯路;没有他们相通相融的智慧名言和哲理故事丰富自己,我的体会和感悟将会黯然失色。

我的体会和感悟,这些年来已与许多热心的读者多次交流。我没有什么新奇的观点,若有些许闪光之处,那是被经典的智慧照亮;若有错漏和谬误,责任一定在我自身。所以我诚挚地期待着读者、专家的批评与指正。

主编《四库全书》的清代学者纪晓岚曾经说过:"世间的道理与事情,都在古人的书中说尽,现在如再著述,仍超不过古人的范围,又何必再多著述?"南怀瑾先生对此深以为然:试看今日世界各国学者关于思想学术方面的著作,无不拾古人之牙慧,甚至,强调来说,无不是中国古人说过的话。所以纪晓岚一生之中只是编书——整理前人的典籍,将中国文化作系统的分类,以便于后来的学者们学习,他自己的著作只有《阅微草堂笔记》一册而已。

"日出唤醒大地,读书唤醒头脑"。在这个知识文化读物远远多于知识分子和文化人的时代,我编撰的《宝重〈弟子规〉》、《体会〈论语〉》、《感悟〈老子〉》等《唤醒》系列,只是祈望促使人们认真读上几本国学原典,从而将自己唤醒。若能如此,那将是我一生的满足。

经典,开生命无限智慧

第二部分

1. 关于文明

子曰:甚矣,吾衰也! 久矣,吾不复梦见周公!

子曰:凤鸟不至,河不出图,吾已矣乎!

子曰:君子居之,何陋之有!

子曰:礼云礼云,玉帛云乎哉? 乐云乐云,钟鼓云乎哉?

有子曰:礼之用,和为贵。

曾子曰:慎终,追远,民德归厚矣。

子贡曰:文武之道,未坠于地,在人。贤者识其大者,不贤者识其小者,莫不有文武之道焉。

子贡曰:譬之宫墙,赐之墙也及肩,窥见室家之好;夫子之墙数仞,不得其门而入,不见宗庙之美,百官之富。得其门者或寡矣。

子贡曰:仲尼不可毁也! 他人之贤者,丘陵也,犹可逾也;仲尼,日月也,无得而逾焉! 人虽欲自绝,其何伤于日月乎? 多见其不知量也!

寻根的意义

五千年来，中国人一直把自己居住的这块土地称作神州，意思是"神明的土地"。从炎黄开始，经尧舜禹到夏商周，大约两千五百年间，对天道的敬畏，让人道合于天道，是中华大地上的主旋律。

相传，炎帝和黄帝都是少典的后代，少典是安登女娲的后代，安登女娲是上天造的。黄帝灭掉了吃人的蚩尤以后，取代炎帝治理神州。他一生披荆斩棘，开山通路，每到一处便建筑祭坛，敬拜上天，这在历史上叫做"封禅"。据孔子说，黄帝曾著《三坟》一书，专说上天大道，可惜后来失传了。

黄帝的第五代就是尧了。《史记》记载，尧有通神之智、高天之爱，凡事敬畏上天。孔子曾赞叹："伟大崇高的尧啊！独尊上天为大，一心效法天道。宽广坦荡啊，人们无法形容！"尧不将君位传给儿子却传给舜，舜也不将君位传给儿子却传给禹，这一段佳话史称"禅让"。

生活在党同伐异、明争暗斗之中的后世之人，对这种"传贤不传子"的做法百思不得其解。有人说那是迂腐，有人说那叫德行，有人干脆说那是一场虚构。

万章问孟子："有没有尧将天下让给舜这件事？"孟子回答说："没有这件事，尧没有权力将天下给舜，是上天将天下给舜的！"

这就是孔子所说的"大道之行、天下为公"的敬虔时代，这就是信于天道、畏于天道、顺于天道的古老神州！

大约两千五百年前，我们的神州恰好度过了一半岁月，突然发生了一场翻天覆地、空前绝后的大变革。这场持续了五百多年的大变革之后，神州就再也不是原来那个神州了。

巨大、漫长而痛苦的蜕变，催生了一群出类拔萃的人物：老子、孔子、墨子、庄子、荀子、孟子、韩非子等等。这一代璀璨的文化巨星们，虽然各树一帜,争鸣不已,却发出同一声叹息:大道隐没了!

那隐没了的大道,究竟是什么?她有什么魅力,那么深沉,那么神秘,那么令人思前想后,竟然让老成持重的夫子们一个个魂牵梦绕、遗恨终生?

叹息之声倍加凄凉和沉重的孔子说:"大道之行的日子,我虽然没赶上,可古书里有记载。那时候天下为公,讲信修睦,如今大道既隐,各私其私啊!"垂暮之年的孔子几乎绝望地说:"凤凰不再飞来,我也梦不见周公了;天下无道已经很久,我行道的希望也破灭了!"

今天的人们大都不知道所谓的"大道隐没",让中国人铭心刻骨的,只是自近代以来的积贫衰弱,屡受外侮。悲情之下,造成了国人普遍激烈的思维习惯。一方面,对西方人不分青红皂白恶意揣度,出口便是所谓"洋鬼子都不是好东西",并总是以一种蔑称式命名法获得一点点心理满足;另一方面,对自己的传统文化上纲上线甚至有着恐惧之感,看到一个传统文化符号,立马就联想到皇帝登基;看到民间有人倡导汉服,立马就担心会不会导致一种复古的极端保守思想泛滥,破坏国家的现代化进程;看到一些学校号召晨读经典,立马就怀疑"读经能读出创造精神吗"?这种多少有点神经质的表现,如若静心细想,或许自己都会觉得滑稽可笑。

那么,丧失文化自信的原因在哪里呢?让我们睁开眼睛,再来看一看两千五百年来爱恨交织的历史。

从春秋到民国,81个朝代几乎全是在战火和谋杀中诞生,朝代交替之时,帝王几乎都是死于刀剑、毒药和囚禁。人们不是自虐便是受虐,不是恐惧便是仇恨,不是投降主义便是民族主义。

学者们感叹:自古以来,中国不是没有改良者,不是没有正义者,不是没有革命者,不是没有反省者,不是没有权威者,更不缺少智慧和道德,但是,我们民族两千五百年的主旋律,仍然不是和平宽容,长治久安,而是你死我活,翻来覆去。两千五百年以来,中国知识分子一次又一次的文化寻觅和文化自救,结果总是变成了一次又一次的文化痉挛和文化嚎哭!

自春秋战国开始,神州不再有清纯和古朴,到处是腥风血雨,唇枪舌剑,诡诈阴谋。今天的神州,虽然没有春秋风云、魏晋硝烟,然而先祖道统更被淡忘,敬畏信仰不复存在。当然,两千五百年以来,我们的民族涌现出了无数伟大的人物,创造出让世界瞩目的文明成果,让我们无比骄傲和自豪。然而,也正因为如此,我们才更是对自己的传统文化爱恨交织。

今天的智者已经明白:当后人们一直把春秋战国视为中华文化大摇

篮、将诸子百家视为中华文化缔造者的时候,诸子们这一声痛苦的叹息,其实意味着中国人生命的本根,并不在春秋战国,还要继续向前追溯。春秋战国之前的两千五百年,那里有诸子的梦想,有祖先的微笑,有我们血脉的源头。

幸运的是,以老子和孔子为代表的文化巨星们不仅向往那个时代,理解那个时代,也为我们总结了人类最美善、最本根、最悠久的经典智慧。

可惜的是,这些真正的文化精髓,由于人性的弱点,两千五百年来再也没能真正成为历史的主流。孟子说社会的大沉沦是人们背弃了天然本性;荀子却说大沉沦正是人的天然本性合乎逻辑的发展;韩非子认为孔孟那一套都是虚幻不实的玩意儿,唯有严刑酷法、权威实力才是硬邦邦的人间正道。

绝大多数的中国人直到现在都认为中国历朝历代的治理思想就是儒家学说。然而历史是无情和不幸的,真正把持了神州命脉的,不是儒家,不是道家,而是法家和兵家!

中国先哲们的思想在以后的演绎中越来越被变味。孔子倾注毕生心力宣扬敬天爱人的忠恕之道,早就被扭曲为专制主义的装潢,"和为贵"的礼乐文化,早就被异化为"吃人的礼教"。两千五百年来,无论哪一朝哪一代的天下,都是靠刀枪剑戟杀出来,又总是用专政淫威来维系,以仁义道德作粉饰。两千五百年来,传统文化中的裙带腐败之风被视为正统,道与义的精神,渐渐地荡然无存。所以柏杨说:两千五百年来,中国的文化就是政治文化。这个政治文化的头上总是顶着一个君,顶着一个"神",所以它又是一个官僚文化,马屁文化,屈服文化,奴隶文化。

因为丧失了文化的自信,多少年来,我们一直追随着西方的脚步走。鸦片战争后,开始"洋务运动"学技术;甲午战败后,转而学习西方制度;戊戌变法失败后,"辛亥革命"推翻帝制建立民国,但仍然没有摆脱困境,这使得国人特别是精英们认定是中国的思想文化有问题,于是打倒"孔家店",彻底否定自身传统,走上了器物、制度、理念全盘西化之路。然而,不伦不类沿着西方传统工业文明道路走了多年以后,结果却是伦理道德衰败,意识形态矛盾,人文环境和生态环境不断恶化。

这次全球性的金融危机,正是上天给人类的警示:工业文明真的是人间正道吗?

传统与现代的联系,犹如生命的血脉。盲目反传统的结果,就是民族自我主体意识的丧失。人类社会的与时俱进必然必须,但是没有文化精神的所谓创新和发展,又是无根之木、无源之水,一时的繁荣之后,终将是一片荒芜。

龚自珍说:"灭人之国,必先去其史。灭人之枋,败人之纲纪,必先去其史。绝人之材,湮塞人之教,必先去其史。夷人之祖宗,必先去其史。"

拜伦说:"不管先人是多么富贵,一个败家子就足以损坏门楣。"

所以,智慧的甘地认识到:"我希望各地的文化之风都尽情地吹到我的家园,但是我不能让它把我连根带走!"

人类真正伟大的思想,总是相通的。遗传学家在1968年发现,全人类来自同一个祖先。自然而然,像我们这样一个人类最为古老悠久的民族,在她的远古传说和文明因子中,必定携带着人类神圣的记忆。

不屈不挠的孔子倾其毕生精力,培育出3000弟子,留下了中华文化的火种;而诸子百家之祖老子,则以惊人的智慧洞悉了大道既废为无可为的事理,给后人留下一部以天道规范人道、让人道合乎天道的5000言的《道德经》,骑着青牛飘然而去,成为一个重大的文化谜团。

更让人惊叹的是,两千五百多年来,中国仅有的几个太平盛世,无一不是遵循了老子之说。文景之治、光武中兴、贞观之治、开元之治,正是得益于老子的智慧——"人法地,地法天,天法道,道法自然"!

孔子传承的智慧岂仅是孔子的?老子传承的智慧岂仅是老子的?倘若人类信于天道、畏于天道、顺于天道,倘若人类知本知根,我们今天会有那么多的困苦、困难、困惑、困顿、困境吗?

在面临人类生存危机的这个特殊时代,肩负历史使命的现代人,岂能不循着人类文明的经典智慧去拨乱反正,虔敬地追寻我们血脉的源头!

郝冀川（插图）

寻根的意义

"木铎"的价值

仪地的长官请求见孔子,孔子说:"凡是君子来到,我从没有不见的。"这位长官与孔子会面出来,感慨万千,对孔子的弟子们说:"你们几位何必为孔子丧失了官位而发愁呢?天下无道已经很久了,上天将以孔子为木铎来号令天下。"

铎,就是一种金属的铃铛,而中间那个舌是木制的,所以叫木铎。铃铛摇起来自然会当当作响,所起的作用就是为了提醒大家注意——我来了。当然,拿木铎的人可不是小贩,而是宣达政令或者下情上达的朝廷官员。仪封人把这个木铎拿来比喻孔子,意义更有了飞跃——孔子所要传达的不是普通的王侯政令,而是上天的旨意。换句话说,孔子就是上天的代言人!

在那个年代,能成为上天代言人的,只有天的儿子——天子才有这个资格了。仪封人显然认为孔子肩负着某种神圣而伟大的使命。

有趣的是,苏格拉底也觉得,他是受神的命令和指派来唤醒希腊人的。当然,这在宗教界就更明显了,如摩西、耶稣,都非常明确自己肩负的神圣使命。

《圣经》里说,人类的祖先亚当和夏娃自从被上帝创造出来,就一直住在伊甸园里。他们听从上帝的安排,平静地在这里生活。那情形,真的如在母亲温暖的胎盘里一般,他们只在羊水里嬉戏,不受任何外来的影响。饿了,伸手一摘就有苹果吃;渴了,腿一蹲下就有泉水喝,生活无忧无虑,有始无终。这一对男女一直牢记着上帝的吩咐,不吃园子正中那棵树上能辨所谓善恶的果子。

有一天,一条蛇从遥远的远方飞来(它是受到上帝惩罚之后才永远地爬行在地上的),对亚当和夏娃说:"你们为什么不吃那丰硕、美妙的果子呢?"亚当和夏娃听了蛇的一番巧言,浑身立刻烦躁不安,似乎眼、耳、鼻、喉、舌全身所有的感官统统发生了作用,终于忍不住偷吃了智慧果。

为什么上帝不允许人类有智慧？为什么在人类得到智慧以后，上帝就开始抛弃人类了呢？

最好的答案，其实早就存在于老子的《道德经》之中。"大道废，有仁义；智慧出，有大伪"，讲的就是智慧带来的问题。人类渴望智慧，而智慧带来了高尚，也带来了自私；带来了审美，也带来了丑恶；带来了仁义，也带来了虚伪；带来了建设，也带来了毁灭！

混沌的人类变得聪明之后，就被赶出了伊甸园，也就从此失去了自己的家园。

关于"混沌"一说，庄子在其专论《混沌篇》里论述得最为精到：混沌的两个朋友为混沌发愁，以为混沌没眼没耳没鼻没嘴不能视不能听不能闻以至不能呼吸，就决定做做好事，为混沌"日凿一窍"，一共凿出七窍，结果，"七日混沌死"。

"木铎"的价值

混沌死了，世界终于发生了不可逆转的变化，人类社会再也没有了宁日，生活开始了动荡、竞争、斗争乃至于战争旷日持久。"真"与"假"、"善"与"恶"、"美"与"丑"，成为永远无法恒定的概念。人类身体里的两个"我"，永远互相矛盾，互相折磨。

失去了伊甸园，人类其实一直都在外面流浪。所以诺瓦利斯说："哲学就是怀着永恒的乡愁寻找家园。"

当年的郑国人说孔子像丧家狗，而"文化大革命"时，孔子也常常被骂做"丧家之犬"。其实，"丧家之犬"哲学意味颇深，可以说是对整个人类生存状态准确、生动、形象地描述和隐喻。我们谁不是丧家之犬？但只有孔子这样的大哲，才能对这个妙手偶得的比喻了然于心并欣然受之。

《圣经》里讲人类被赶出伊甸园，郑国人说孔子是丧家之狗，可以说道出了天下人共同的困境。哲学要解决的就是三个问题：我是谁？我从哪里来？我要到哪里去？这三个问题，就是"丧家之犬"的问题。

孔子在自己的人生历程中，有着超群的追求，同时又一再面对失败。也许正因为如此，他才领悟到人类悲剧性的存在，才知道"丧家之犬"这个比喻是多么准确。这个比喻，道出了人类的可怜，当然也道出了人类的可敬。人类就是在一个不幸的境遇里，不懈地仰望着头顶的星空，寻找着昔日的美好家园。人类命运在显示其悲剧性的同时，又是一种很崇高的存在。在地球上的所有生物里，只有人类才意识到自己的处境是悲剧性的，知道自己是"丧家之犬"，并试图改变这种处境。

孔子在鲁国从政，从51岁到55岁这几年，连齐国这样的大国，都认为他的政绩成就斐然,如果继续下去,鲁国就会强大起来。但就在这个时候,鲁定公和三桓决定抛弃孔子。按照礼节规定,郊祭完后,祭肉要分送给大夫们。可是这一次,鲁定公却没有把祭肉分给孔子,这就是告诉他:我们不要你这个大司寇和代理丞相了!

孔子从55岁开始游历诸侯,一直到68岁回到鲁国。14年中,孔子去了卫国、曹国、宋国、郑国、陈国、还有楚国……无论哲学意义上的家还是现实中物理形式的家,孔子都没有。他的家在鲁国,鲁国才是他的祖国。他非常希望回到鲁国,但是14年中,鲁国政府一直没有邀请他回去。孔子的妻子留在鲁国,儿子留在家里陪伴母亲,只有他一个人带着弟子四处飘荡。68岁时,在弟子冉求的努力下,孔子终于被迎回鲁国,但仍是被敬而不用。

倦游回到祖国之后,孔子赞《周易》,作《春秋》。公元前481年的春天,鲁国叔孙氏的仆从钼商打猎时,捕获到一只怪兽,大家都认为是不祥之兆。当时71岁的孔子看见之后却掩面大哭:"这是麟啊!它为什么来啊,为什么来啊!"随后,他就在一片竹简上写下了"十有四年,春,西狩获麟"这几个字,并决定不再继续写下去。

鲁哀公十六年,73岁的孔子怀着无限的遗憾告别了人世。

在那个嗜血的冷酷的时代,孔子到处宣扬着他的仁德与博爱,但却到处碰壁,周游的历程充满了屈辱和无奈,遭遇了太多的苦难和危险。齐景公不留他,鲁定公不用他,卫灵公冷淡他,小人政客打击他,"狂狷者"们嘲笑他,围于匡斗于蒲,一个叫做司马桓魋的人还要杀了他。然而孔子依然从容、镇静:"天生德于予,桓魋其如予何!"鲁哀公二年,孔子师徒在陈国被人围困在半道,前不靠村,后不靠店,所带食物全部吃完,绝粮7日,最后还是子贡找到楚国人派兵,师徒们才免于一死。

不仅统治者对孔子不予理睬,当时社会上很多人对孔子的追求似乎也都不以为然。

孔子在卫国击磬,一位背扛草筐的人从门前走过说:"可怜可叹呀,声音硁硁的,好像在诉说没有人了解自己。找不到知音就独善其身算了,好像涉水一样,水深就和衣泅涉,水浅就撩衣趟过,何必固执不化呢!"子路夜宿鲁国的石门,看门的人听说他从孔子那里来,挖苦讽刺说:"是那个明知行不通却还要去干的人吗?"楚国的狂人接舆故意唱着歌从孔子的车旁走过:"凤凰啊,凤凰啊,你的德运怎么这么衰弱呢?过去的已经无可挽回,未来的还来得及补救。算了吧,算了吧,今天那些政客们太危险了!"长沮、桀溺两位隐士对子路说:"礼崩乐坏,像洪水滔滔,谁能够改变它呢?而对你来说,跟着孔丘躲避坏人,哪里比得上跟着我们躲避整个社会呢?"孔子听说后很是失望:"人啊,总不能与飞禽走兽合群生活吧?我不同世上的人群打交道,还与谁打交道呢?如果天下有道,我孔丘也就不会呼吁什么改革了。"

但是,孔子有着一大批忠实的弟子。子路曾经对老师的追求一度不解,但面对一个老丈的揶揄,他却发出如此的感慨:"一个有抱负有才能的人不为政是不对的。长幼间的人伦关系不可废弃,君臣间的秩序,又怎么能废弃呢?想要洁身自好,对人伦道德不理不睬,就是回避了自己的责任。君子为政,只是为了推行道义于天下。至于道的推行难度,我们早就知道了。"

孔子说的"温故",也可理解为"温古"。就是对于现代人和现代社会来说,要发展,要知道未来,也不能不了解过去。因为"前事不忘,后事之师",善于继承,寻得人类远古的思想资源,我们才会有合乎大道的创新,也才能够真正的继往开来。

孔子感叹:"大哉!尧之为君也。巍巍乎,唯天为大,唯尧则之。"这就是说,天是可"则"的。

在孔子那里,"天",有时是自然现象,有时又是感情的寄托和心灵的慰藉,在他最艰难最无奈的情况下,是"天"给了他精神的力量,鼓舞并支撑着他继续前行。作为一个诚实的学者,在那样一个文化转型的时代,孔子高度自觉地担负起他所认定的"上天"赋予的、承上启下的文化使命。

伟大的孔子,带给了我们自强不息的精神、自省自觉的精神、大仁大爱的精神、弘毅担当的精神、海纳百川的精神、和而不同的精神。试想,倘若没有孔子的"知其不可而为之",没有孔子抱定的"无求生以害仁,有杀身以成仁"的坚定信念,中华民族的文化财富,怎会如此多彩?中华民族的精神天空,怎会如此灿烂?人类文化中倘若少去了以孔子为代表的儒家智慧,一定会黯然失色!

德国哲学家黑格尔说,一个民族有一些关注天空的人,他们才有希望;一个民族只是关心脚下的事情,那是没有未来的。毫无疑问,孔子就是我们民族关注天空的人!所以朱熹感叹:"天不生仲尼,万古如长夜!"

人类所有杰出的思想家同孔子一样,都是传道天下的"木铎"。

礼之用,仁为本

1962年,周恩来总理到西郊机场为西哈努克亲王和夫人送行。亲王的飞机刚起飞,我国参加欢送的人群便自行散开,各自找车准备返回,而周恩来这时却依然笔直地站在原地未动,并指示工作人员立即把那些登车的人请回来。

这一次周总理发了脾气,狠狠地批评说:"你们怎么搞的,没有一点礼貌!各国外交使节还在那里,飞机还没有飞远,客人还没有走,你们倒先走了。大国这样对待小国客人不是搞大国主义吗?"

当天下午,周总理就把外交部礼宾司和国务院机关事务管理局的负责人找去,要他们立即在《礼宾工作条例》上加上一条:今后到机场为贵宾送行,必须等到飞机起飞,绕场一周,双翼摆动三次表示谢意后,送行者方可离开。

仁与礼,如一面镜子,显示出人性与人品,可以说就是人格修养的昭示。

"仁"是儒家思想的核心和实质。在孔子的思想体系中,仁与礼是两个最基本的范畴。

颜渊曾向孔子问仁。孔子回答:"克己复礼为仁。一日克己复礼,天下归仁焉。为仁由己,而由人乎哉?"这句话中还提到了"礼",孔子认为,能够约束自己来实践"礼",那就是"仁"了。只要一天能够这样,天下便尽归入我心之仁了。为"仁"完全在于我们自己,哪里是做给外人看的啊!

孔子将"礼"与"仁"放在一起讨论,可见二者的关系,就如同硬币的两面,不可分离。如果我们实现了真正的"礼",那么就可以成"仁";如果我们能够实现"仁","礼"也就顺理成章。

"礼"与"仁"虽然关系密切,但却有先后之别,"仁"是"礼"的本质,"礼"后于"仁"而存在。

子夏问孔子:"'笑语盈盈,美目顾盼,无须打扮,绚丽出自纯真和天然',这几句话是什么意思呢?"孔子说:"这是说先有白底然后才可以绘画(质地不洁白,不会画出丰富多彩的图案)。"子夏又问:"那么,是不是说礼也是后于仁的事呢?"孔子非常高兴地说:"商啊,你真是能够启发我的人,现在可以同你讨论《诗经》了。"

孔子赞扬子夏举一反三,而子夏也领悟到"仁"是美的本质和源泉,而"巧笑倩兮,美目盼兮"则仅仅是美的表现形式。如果我们只是追求"巧笑"和"美目",即便天天涂脂抹粉精心打扮,也只是东施效颦。因为西施的美来自天然,岂是东施可以从外表上模仿的!

"欲把西湖比西子,淡妆浓抹总相宜"。苏轼这首诗,说明的正是"仁"与"礼"的关系:"仁"为本质,"礼"为形式。

一个人如果没有了"仁",所表现的"礼"也是虚伪的、做作的,甚至有害于社会。所以孔子说"人而不仁,如礼何?人而不仁,如乐何?"

曾子评价孔子说:"夫子之道,忠恕而已矣。""忠恕"的内涵就是"礼"与"仁",也可以说,"忠恕"就是对"仁"与"礼"的概括。为人处世只要做到了"忠恕",我们便可以致"礼"而达"仁"了。

中国号称礼仪之邦,中国文化无处不表现出仁义忠恕的精神。孔子"钓而不纲,弋不射宿",也就是只用有一个鱼钩的钓竿钓鱼,而不用网捕鱼;只射飞鸟,而不射巢中歇宿的鸟。孔子待物都是如此,待人就可想而知了。孟子则进一步倡导"仁政",他认为"仁者无敌",能王天下。

周王朝征服天下,依靠的岂仅是武力!当时的人民在商纣王的残暴统治下,处于水深火热之中,盼周如盼救星。历史从来都在证明,仁者能得民心,得民心者得天下。周以仁德感人,以礼乐治民,国泰民安,四海清平,难怪孔子念念不忘恢复周礼。

孔子认为在一个"礼崩乐坏"的时代,治乱必复礼治。"从周"就是恢复周朝礼治。但是孔子并不抱残守缺,他对传统既维护又超越,所以对周礼作了适当的损益。

孔子说:"射不主皮,为力不同科,古之道也。"就是说,比赛射箭的技艺,在于是否射中靶心,而不在于能否射穿皮革靶子,因为每个人的体力有所不同,这是古已有之的规矩。从射礼推而广之,就是礼之用,仁为本,就是"礼之用,和为贵",贯穿的原则,就是"忠恕"。

辅佐齐桓公的大政治家管仲说:"仓廪实而知礼节,衣食足而知荣辱。"孔子则倡导:"贫而乐,富而好礼。"

孔子曾经就"礼"的问题求教老子,据说老子讲了这么一番话:"天地无人推而自行,日月无人燃而自明,星辰无人列而自序,禽兽无人造而自生,此乃自然为之,哪里借助了人力?人之所以生、所以无、所以荣、所以辱,皆有自然之理、自然之道。顺自然之理而趋,遵自然之道而行,国则自治,人则自正,何须津津于礼乐而倡导仁义?津津于礼乐而倡导仁义,则违人之本性就远了!犹如击鼓寻求逃跑之人,击之愈响,则人逃得愈远啊!"

老子之言,直指根本,但他并非否定仁义礼乐,只是强调顺自然之理而趋,遵自然之道而行,因为仁义礼乐本来就是自然而然的事情;孔子面对现实所采取的办法,则是致力于将周礼上升到一种理性的自觉加以把握,希望由礼而义,由义而德,由德而道,逐步进行教化,最终实现道德的回归。

礼的实质是建立规范的社会秩序,乐也是表达人们思想情感的一种形式,在古代,乐也是礼的一个部分。但是,礼与乐都是外在的表现,而仁才是人们内心的道德情感,所以乐不可越礼,乐必须反映出人们对仁德的向往与赞颂。

没有仁德的人,居于上位却不能宽厚待人,行礼之时心怀不敬,参加丧礼无动于衷,即便讲求或者勉强参与礼与乐,也无非是虚假的典礼,矫情地作秀,孔子根本就看不下去,所以他发出如此的感叹:"能以礼让为国乎?何有?不能以礼让为国,如礼何!"

孔子崇尚中庸之道,既不主张偏胜于文,亦不主张偏胜于质,而是主张不偏不倚,执两用中。

内容是根本,但也需要自然而然的形式来表现。内容超过形式,就会显得粗野,形式超过内容,就会显得虚华;内容与形式统一,才是真正的和谐,而和谐才是大美。

对于前代礼中违反仁的基本精神的部分,孔子予以了无情的驳斥和摒弃,他诅咒"始作俑者,其无后乎",即是说第一个造木偶来殉葬的人,一定会断子绝孙的。因为偶像是人形,用来殉葬,非仁也!

孔子所赞扬的,是由尧、舜、禹一脉相承直至商、周的符合仁的标准的那一部分礼,所以他主张"行夏之时,乘殷之辂,服周之冕,乐则韶舞"。孔子由衷感叹:"大哉,尧之为君也,巍巍乎";"巍巍乎,舜禹之有天下也,而不与焉!"

　　一切优秀的人才,都是本着"为社会造福"的"仁"的思想进行着"智"的活动,所以罗曼·罗兰说:"除了仁以外,我不承认还有什么可以超越的标记!"莎士比亚对仁德同样高度肯定:"当仁与其他争夺产业时,仁总是以它的和颜悦色首先赢得了胜利。"

礼之用,仁为本

关于"有知识没文化"

有常识的人都知道:父母双方身体健康,体魄健壮,身材高大,智商优良,那么生育出来的后代具有相同的身体素质和智商的概率也会很高;倘若父母身体不健康,身材矮小,智商平平,生育出来的后代,各方面的素质通常都会很低。

20世纪的希特勒,为了优生的需要,下令给那些他们认为身体、智力条件较差的男女进行绝育手术,而让那些具备较高身体素质的男女成为生育的机器。

从纯知识的角度看,希特勒的所为是合乎科学的,但从文化上看,却是反人类的法西斯文化。

人们常说知识就是力量,知识就是财富,知识是人类进步的阶梯,知识能够改变一个人的命运。这些话都有道理。但是希特勒的极端作为让人类再一次懂得:知识和科学技术是把双刃利剑,善人利用知识则为善,恶人利用知识则作恶。

那么何谓知识,何谓文化呢?

所谓知识,指的是人类在实践中认识客观世界(包括人类自身)的成果。知识是可以量化的学问,例如物理知识、医学知识、文史知识等,它偏重于记忆性、技术性、职业性。

所谓文化,总体而言,指的是人类创造的一切物质财富和精神财富,但通常特指精神财富。文化具有超越具体职业、学科的特点,但又能影响到一切职业。

知识和文化是两个概念。很难说清这两者孰先孰后,不过仍然有人坚持要搞个明白。一些人认为,文化是第一位的,文化带动了知识的发展,有什么样的文化就有什么样的知识;另一些人则认为,知识是第一位的,知识带动了文化的发展,有什么样的知识就有什么样的文化。两者是纯粹的"正方"和"反方"。

不管怎样,自古以来世人总把知识和文化并论。然而,今天的语境却是:"有知识没文化。"

此话再确切一点,就是虽有知识,但缺失了应有的人文素养和生命境界。

因为大学教育的跨越式发展,今天获得硕士、博士文凭的人数与日俱增,但这仅仅说明他们到达了一个学历的高度,并不能说明他们同时到达了一个文化的高度。

为什么今天许多有知识的人会被讥笑为"没文化"?一方面,因为他们往往信奉、追求的是知识的科学性,即使在文化层面也同样坚持遵循所谓的科学性,或者叫做实证性,对那些无法证实的文化,总是嗤之以鼻;另一方面,他们的道德情操、生命境界和为人处世的能力,又实在让人感到遗憾。

纵观古今中外所有伟大的科学家,无人不是科学知识与人文情怀皆备。达尔文就告诫人们:"不要因为长期埋头科学而失去对生活、对美、对诗意的感受能力。"

不过,知识和文化有时也会成为对立的敌人。在中世纪的欧洲,文化似乎限制了知识;而在今天,似乎又是知识限制了文化。

知识要的是严谨的态度,亚里士多德就高呼"吾爱吾师,吾更爱真理",坚定地同种种谬误作斗争,并让这种科学精神在西方发扬光大,于是出现了像哥白尼、布鲁诺、伽利略这样的科学斗士,绝不屈从于当时的宗教文化的压力,用自己的生命来捍卫知识的科学性,至今令人敬佩。

然而以正确的知识为基础的文化未必就是好的文化。强权倘若勾结不良文化,装扮成所谓先进的文化,就可以厚颜无耻、丧心病狂地干着反人类的勾当。希特勒推行的法西斯文化就是一例。

知识是客观的。由于人的认识有阶段性,知识的获得往往不会一蹴而就,需要经过学习——认识——再学习——再认识这样的过程和实践的检验,才能成为真知。

文化却是主观的,因为它是一种集体有意识或集体无意识。文化可以以正确的知识为基础,也可以以错误的知识为基础。但是无论怎样,只有合乎集体有意识或无意识的文化,才是真的文化。

知识易用成败得失加以评定,文化却不宜用成败得失加以评定;知识可以用某种程度丈量，文化却很难用某种程度衡量。比如，我们将小学知识程度、中学知识程度、大学知识程度，说成小学文化程度、中学文化程度、大学文化程度，就实在是一种误解、误会和误导。

我们可以说"知识的科学性"，也就是说有科学性的知识才是真正的知识，没有科学性的知识就不是真正的知识；但是我们并不能说"文化的科学性"，因为作为文化而存在的东西并不是都那么具备"科学性"。

文化是深入到认知者的本体中并且成为其生命体的一部分的东西。知识只有进入人的认知本体，渗透到行为与习惯之中，才能称之为文化。

知识与文化互为表里。知识是认识的结晶，文化是知识灵动的魂魄。我们可以以知识为载体来理解和掌握文化，但却只有在文化的背景下，才能在更高层面认识和理解知识，使知识成为有生命有灵魂的东西。

许多事情从知识层面我们无法解释，但是从文化的层面去理解，我们往往豁然开朗。

在不同的环境条件下，人们创造的知识有所不同，文化也就呈现出不同的样式。东方人崇尚东风，地中海人崇尚西风；北半球人崇尚坐北向南，南半球人崇尚坐南向北。狩猎放牧使北方人总结和积累了狩猎放牧的知识，形成了强悍豪放的游牧文化；农业生产使南方人总结和积累了耕田种地的知识，形成了田园牧歌式的农耕文化。

知识与文化在人类的实践中产生。随着实践的发展，知识会不断更新，文化也会不断繁荣。但是知识更新很快，而文化的核心部分却是相对稳定，因为一个民族的思维方式和价值取向一旦形成，就很不容易改变。

"文"这个字，在中国的古文中通常是褒义词，例如《尚书》和《诗经》里的"文人"，是指有文德之人。我们通常讲的"文教"，其实也是文德之教。公叔文子的家臣僎和他一同做了卫国的大夫，孔子知道了这件事就说："公叔文子死后，仅凭这一点，就可以给他'文'的谥号了！"

孔子以文化、德行、忠义、诚信四项主要内容即"文、行、忠、信"教授学生，他最为重视的，就是文化的传承。

孔子呼吁"克己复礼"，目的是通过以仁为核心的价值观念、以礼为圭臬的社会秩序、以孝悌忠信礼义廉耻为标准的道德规范，形成一种健康的、和谐的文化，从而实现天下大同。

文化的传承靠的是口传心授、习惯影响、典籍记载和教育等等形式来完成，文化的表现形式更是多样，但它的核心是思维方式和价值观。只有深刻理解了一个民族的文化核心，才能真正认识这个民族。

每一个民族的文化,都会通过语言文字、科学技术、宗教信仰、风俗习惯、衣着饮食、节日、建筑等形式表现出来。例如我们中国的方块汉字、诗、词、歌、赋、曲、对联、书法、音乐等文学艺术,过年、端午、中秋等节日,茶、酒、中餐、火锅等饮食文化,祭祖宗、拜菩萨、坐轿子、吹唢呐、红白喜事等习俗,亭、台、楼、阁、廊、榭、庙、观等建筑形式,无不反映出中华文化丰富的内涵和发展历史。

中国的"孝悌"文化,对整个人类社会具有永恒的价值和意义。我们的童蒙读物《弟子规》开篇就是:"首孝悌,次谨信,泛爱众,而亲仁,有余力,则学文。"有人曾经问比尔·盖茨:"世界上什么事情最不能等?"他回答:"世界上最不能等的事情是孝敬父母!"

文化具有强大的不可抗拒的力量。每一种强有力的文化,都规范着人的行为和思维习惯,潜移默化地影响着、塑造着、同化着这个文化环境中的每一个人。在不同文化环境中成长起来的人,无不打上这种文化的烙印。

那么,出现"有知识没文化"这一现象的根源又在哪里呢?

根源在于重物质而轻精神的金鸡独立式的现代文明,而直接的原因,则在于我们的教育!

知识的重要性不言而喻,但是我们获取知识的方式,主要是学习别人的间接经验。学生学习知识的主要方式是课堂学习,知识在教材里呈现的形式是章、节、单元等等。由于考试的功利性,我们的学校教育把传授知识和培养学生的应试能力几乎作为了全部的内容,学校传承文化的功能不复存在。在这种教育方向下,学生虽然也学习了不少的知识,但当考试一完,许多知识也就忘得差不多了,而文化呢,基本上就没有!

现在大学教育的导向,过分强调专业分工,只是关注工具价值,技术教育的实用主义倾向愈演愈烈,人文教育被忽略甚至被放弃,职业技能本身几乎成了最高的价值诉求。

正是急功近利的时代、考试的功利性、教育方向的偏差以及教学方式的陈旧,使得我们无数的学子有知识而没有文化。

有这么一个案例,至今值得我们深思。

杨贵妃并不是杨家的亲骨肉,而是杨家的养女,这是有历史记载的,但是杨家在何时何地收养了玉环,史书上没有记载。很多年前,广西某县领导提出他那个县就是杨玉环的故乡,要大力打造出"贵妃故里"这个文化品牌。

于是，这位领导找到了几所唐史研究比较有名的高校，希望教授们为他们的大胆设想提供学术上的支持。那年头，教授专家学者们的思想哪像现在这样解放，因为觉得不靠谱，教授们对这个县提供的大把大把的"科研经费"视而不见，一口就回绝了人家希望进行"可行性论证"的要求。

若干年后，那个县在没有教授专家学者理论的支持下，照样把"贵妃故里"这个文化品牌吹得山响，直令那些高傲的教授们佩服得五体投地："我们真是有知识而没文化的一群啊！"其实他们未必真正认为自己有知识没文化，看看现今眼下，这样的好事，有多少教授专家学者趋之若鹜。那么，他们是不是一下子就变得有知识有文化了呢？

"师者，传道、授业、解惑也。"传道，就是传递、传授、传承人类优秀的文化。学习知识是必要的，但更重要的是学会获取知识的方法，并在获取知识的过程中培育出自己的人文情怀和顺应大道的价值观。

孔子告诫弟子说："你要做一个学有所成的君子，不要做一个学有所成的小人！"孔子此言，未尝不是对我们每一个人的提醒。

真正的大学不是为社会输送一般的职业技术人才的学府，她传承的是千年的学问，培养的是面向未来的人才，造就的是国家和民族的中坚力量！

倘若大学的教授对文化都不以为然了，这个社会真的就出问题了。

有知识，未必就是有文化；缺知识，未必就是无文化。知识先进、科技发达的国家和民族，未必文化也优秀；知识不那么先进、科技不那么发达的国家和民族，也许拥有美轮美奂的优秀文化。

失去文化内涵的知识是没有生命的知识，失去文化内涵的人是精神上的残疾人。割断了中华文化的脐带，我们就既不是中国人，也不是外国人，只能成为不知由什么程序控制的机器人。

不从自然大道、宇宙法则和历史长河的角度来观照，我们无法了解真正促进人类自由与幸福的优秀文化。如果前天批判"封建文化"，昨天抨击"腐朽文化"，今天推行"现代文化"，明天又崇尚各类"先进文化"，我们就只能形成那种出尔反尔的文化！

当今社会的某些所谓文化人，自以为知识渊博，总喜欢用一大堆宫廷内讧史和勾心斗角的故事来解读中国历史和中国文化，看似热闹有趣，其实只会令读者和听众们更加晕头转向。"挂羊头卖狗肉"的结果，将使浮躁的文化更加浮躁，庸俗的文化更加庸俗。

我们口口声声的"解放思想",本意当是解放那些被知识僵化了的思想,而不是抛弃文化经典和生命根基的痴心妄想!教育之道,当首先完成文化的教育,然后才是知识的教育,从而以文化带动知识,以知识促进文化。

关于『有知识没文化』

假如一个民族没有诗歌

  "5·12"汶川大地震发生后,《独立》诗刊5月14日开始了"汶川大地震"诗歌专辑征稿,仅仅14天时间,共收到全国以及海外近500个诗人来稿;而《独立》之外的许多诗刊群起而动的"地震诗专辑",吸引的诗人更是成千上万。

  在国人痛苦与悲情的精神夹缝中,如火山喷涌,形成了中国百年诗歌史乃至世界诗歌史以及现代艺术史、文化史上的一大奇观。世界上没有哪个民族哪个国家,在一个突发"国难"的重大事件中,有这么多的诗情和这么多的精神白雪,一夜之间掩盖在死难者身上,使那些瞬间消失的魂灵,得以在中国这个特殊的国度获得如此多的人文精神语言祭奠。

  中国现代诗歌从20世纪80年代起,就被指责为"没有现实感"、"没有生活"、"离大众很远"、"晦涩、难懂、太现代"……而在"5·12"国难之后的诗歌狂潮里,这些指责立即烟消云散。

  人们呼唤:诗歌这股火焰,在国人精神生活的重建上,应该重新获得它特殊的存在意义。然而,汶川大地震过去两三年以后,我们看到澎湃的诗情已经渐渐退潮。难道如此的"奇观"真的就是昙花一现?

  庞德有言:"诗人是一个民族的触角。"那么,一个民族的诗歌,就是反映这个民族意识的一面镜子。

  不管一个民族处于文明的什么阶段,它总是拥有自己的诗歌。中华民族文明的历史和诗歌的历史,在人类的世界里,更是星光灿烂。

  从《诗经》到《楚辞》,从"建安七子"到陶渊明,从唐诗到宋词到元曲,从"路漫漫其修远兮,吾将上下而求索"的屈原到"欲为圣明除弊事,肯将衰朽惜残年"的韩愈,从"人生自古谁无死,留取丹心照汗青"的文天祥到"苟利国家生死以,岂因祸福避趋之"的林则徐……高潮迭起,名家辈出。

列夫·托尔斯泰说:"诗,是火焰,是点燃人类心灵的火焰。"莎士比亚说:"为诗之诀在有气、有势、有情、有韵、有起、有承、有转、有合,体之于心,厚之以虑,发之以时。"孔子则说:"不学诗,无以言";并且,"诗,可以兴,可以观,可以群,可以怨"。他认为一个人德行的修养,当"兴于诗,立于礼,成于乐"。

诗歌,从来扮演着最有效的"灵魂捕手"的角色。诗歌,的确如孔子所说,可以激发情感,丰富想象力;可以提高观察力和辨别力,了解天地万物以及人间的盛衰得失;可以感悟人与人、人与社会相处的道理;可以体会怨而不怒的宣泄方式。伟大的诗人总是用形象来思考,不证明真理,却显示着真理。他们怀抱激情,认知物理,张目人间,寄情世外,漱涤万物,或沉郁或飘逸,或浪漫或洒脱,或振拔或淡远,去低俗存高尚,化腐朽为神奇,风情万种千姿百态地表现出民族的智慧和情怀,将我们的精神世界点缀得五彩斑斓。

然而今天这个世界,文学,特别是纯文学的美好时光,正在快速消失。诗歌更惨,商业、娱乐、网络、门派之争,将诗歌逼入了"窄门",守住这一方净土的"修道者"越来越少。诗歌或者流于民间各种恶俗的顺口溜,已成了发展旅游业的招牌以及为经济唱戏而搭台的工具。王国维在《人间词话》中描述的"诗人之言,字字为我心中所欲言,而又非我之所能言"的诗人秘妙,在现在的诗歌中,我们越来越难以领略到了。

不同时代有着不同的智力游戏,今天的智力游戏似乎与诗无关了。"泛娱乐化的生活方式、网络时代的平等观念和解构本能、有诗人无杰作的诗坛名利场现状,共同将诗歌弃之荒野。"诗人何树青感叹:诗歌一度拥有的崇高和诗人一度拥有的尊荣,已经土崩瓦解。现实中,"诗人"作为嘲讽的称呼,在文化圈之外已经达成可耻的共识。嘲讽诗人变得理所当然,谈论诗歌反倒滑稽可笑。如果你对一个有正当职业的前诗人提起诗,就好像是在揭他的短。但凡以时尚、前卫、懂得享受生活自命的年轻人,很难有人敢于公然承认自己目前还在写诗、读诗。专栏作家的待遇也比诗人高一等。诗人邹静痛心地说:"人们从来没有像现在这样兴高采烈地诋毁诗歌。"

在一个浮躁的环境,呼唤真正的诗人其实是奢望。那些为着职业生计为着填补空虚而写作的"诗人",只会用自己平淡乏味、浅唱低吟的呢喃,擦拭着庸常无聊的生活。小视野、小情绪、小格调的诗人们之所见,无非是乌鸦、麻雀和蝙蝠,哪里看得见大雁、天鹅和雄鹰!

云南诗人贾薇回忆说,20世纪80年代的诗歌写作热潮,是整个社会复苏的求知欲望和文化热浪的一部分,"写诗是非常荣耀的事情,大学男生写诗可以很容易得到女生的崇拜,诗人的身份更能成为某种社会精英的象征;90年代,诗坛喧嚣不断,商业浪潮让诗人退居一隅;2000年之后,写诗的人甚至超过了读诗的人。"

一个社会如果缺乏真正的诗歌,实质上就是缺乏精神、思想、心灵和哲学!内多芬说:"谁是诗人,谁就得前进,千辛万苦地和人民在一起!假如心头只能歌唱着自己的悲哀和欢笑,那么,世界并不需要你,不如把你的琴一起摔掉!"

"5·12"大地震国殇中的诗情迸发,说明在一些特殊时刻,诗歌具有难以比拟的体裁优势。情感难以自抑,不能不有一个出口,而文字若要很好地表达心声,非诗歌莫属,因为诗歌在语言上短小精悍、节奏明朗,在情感上可以有感而发、直抒胸臆。中国毕竟是一个诗歌的国度,以诗抒情,还是许多人面对大喜大悲时所乐意选择的话语方式。

诗歌和音乐是彼此的翅膀。在孔子的时代,诗与乐就密不可分,孔子论诗也每每二者兼论。比如在《论语》的记载中,孔子就两评《关雎》:"乐而不淫,哀而不伤";"师挚之始,《关雎》之乱,洋洋乎盈耳哉"。《诗论》也如此评说:"人之情闻歌则感,乐者闻歌则感而为淫,哀者闻歌则感而为伤,《关雎》之声和而平,乐者闻之而乐其乐,不至于淫;哀者闻之则哀其哀,不至于伤。此《关雎》之所以为美。"所谓发乎情而止乎礼,正得中和之美。

如果说老年人的生活像散文,中年人的生活是小说,那么一个充满希望的民族的青年人,更应该与诗歌结下不解之缘。

丢掉了诗歌,人类只能捡起焦躁和郁闷,我们的思维将不再灵动活跃,我们的心灵将失去鲜红的颜色成为死灰,我们精神的世界将是杂草丛生。

诗歌,并不仅仅是一种文字,它是我们生命的语言和琴弦,是人类生存状态的流露和体现,是民族文化的血脉和灵魂。诗歌,理当永远活在人类的内心深处和现实生活之中。

和而不同与同而不和

格洛丽亚·斯坦姆,是女权主义运动的一位领导者兼作家。在学生时代的一次地理考察中,她经历了人生中重要的一课。

考察中,在蜿蜒的康涅狄格河畔,斯坦姆发现了一只巨大的乌龟正趴在一段道路的护堤上。显然它是从河里爬出来的,经过一段土路才到了现在这个地方。它还在继续前进,随时有被汽车压死的危险。同是地球上的生物,斯坦姆觉得帮助它是责无旁贷的事情。于是走上前,连拉带拽,最后总算把这只大乌龟从路上带回到了岸边。然而这期间,大乌龟却不断愤怒地要噬咬"拯救"自己的斯坦姆。

当斯坦姆正要把乌龟推回河里时,地理学教授走了过来,对她说:"你知道吗,为了在路边的泥里产卵,那只乌龟可能花了一个月的时间才爬上公路,结果你要把它推回河里!"

斯坦姆当时懊恼极了。不过,在后来的岁月里,她发现那次经历让自己铭心刻骨。这一课时刻提醒自己不要再犯主观臆断的错误,不管是激进的还是保守的,在做事关"乌龟"的决断时,都不要忘记先听听乌龟自己的意见。

事物总是在千差万别中协调发展,生态系统维持着动态的平衡。如果事事物物了无差别,人的见解千篇一律,世界将变得苍白一片并就此归于死寂。所以我们在对待人与人、人与自然的关系上,始终应当把"和谐"作为最高准则。

关于"和"的思想和智慧,在中国文化中根深蒂固。

和谐一词,原指乐律的调和。据《书·舜典》记载,舜曾要求其乐官做到"诗言志,歌永言,声依永,律和声,八音克谐,无相夺伦,神人以和"。在这里,和谐不仅是乐律的本质,而且是人类自觉追求的境界。事实上,悦耳动听的音乐正是"和六律"的结果,香甜可口的佳肴也是"和五味"的结果。

由于乐律来自对自然之声的发现,所以我们的古人推而广之,逐渐把和谐看作自然的法则。郑国史伯提出"和实生物,同则不继";老子提出"万物负阴而抱阳,冲气以为和";孔子提出"礼之用,和为贵";墨子提出"兼相爱";孟子提出"老吾老以及人之老,幼吾幼以及人之幼";《中庸》阐释:"中也者,天下之大本也;和也者,天下之达道也。致中和,天地位焉,万物育焉"……众多哲人的论述,可说都是对远古先贤"和"的思想的继承和发展。自古以来,在中国人的眼中,和谐不仅仅是自然的法则,也是人间社会的法则。

中华民族就像是一个巨大的海绵体,能够把各种各样的不同融合为一个整体,而且,早在尧的时代就开始这种整合了。这就是《周易》所言:"一致百虑,殊途同归。"意即虑虽种种,理归于一。

故宫有三大殿——太和殿、中和殿、保和殿。这几个大殿名字的意思,就是和谐!"太和"是最高的和谐;"中和"是阴阳相互协调产生的和谐;"保和"就是当它不和谐的时候,进行一种管理调节使它和谐。这就是《周易》的核心价值观,即所谓"乾道变化,各正性命,保合太和"。

在《周易》中,八卦代表八种自然界的物质:天、地、雷、风、水、火、山、泽。天和地相对,雷和风相对,水和火相对,山和泽相对。所有自然界的八种物质都是两两相对,相互依存,你离不开我,我也离不开你,构成互动的关系。整个的八卦,讲的都是这个道理。所以,懂《周易》懂八卦的人,更容易深入理解和谐的奥义。

中国人说:"仇必和而解。"也就是仇怨当用和合的方法来化解,使事物向着一个新的和谐的方向发展。

当然,"和"并不等于"同"。"和"是不同元素的结合,不同、差别是"和"的前提,这样的"和"才能长久。如果为政治国去和取同,那就会排斥异己、独断专行,离灭亡也就不远了。

春秋末期的齐国思想家晏婴也认为,从日常生活到国家大事,都是靠不同的物事、不同的意见"相成""相济",形成"和"的局面,方能生存发展;如果拒斥不同,追求一律,只能一事无成。

孔子则从做人的角度区分了"和"与"同":"君子和而不同,小人同而不和。"这是一条道德箴言,反映出两种不同的世界观、人生观和价值观。

"和"是丰富多样,是"1+1大于2"的关系,"同"是千篇一律,"1+

1"还是"1";"和"是相生相克、相辅相成,"同"是相互重复、相互排斥;"和"是辩证法,"同"是形而上学。

"和而不同"是客观世界的真实反映,它准确地表述了世界的多样与统一,世界如此存在并欣欣向荣,正是和而不同的最大表现。真正的"和"之所以为"贵",因为在这样的氛围和环境中,所有的诉求都能慷慨陈情,各方的利益都能合法争取,相反的观点都能平等表达。

哈佛大学教授杜维民谈到和谐社会时说:我们不能认为"和谐社会"就是一个标准趋同的社会,而应该是一个多样性的社会。

"同而不和"的表现则是:事不关己高高挂起,当面不说背后乱说,表面一团和气,笑脸相迎,其实居心叵测,暗藏杀机,这就是"小人"的做派。与小人共事,"同"只是表面,"不和"才是实质。面和而心不和,一定会造成内耗、破坏团结。无论古代还是现代,官场中如果"同而不和",便会功利浮躁,道德式微,坏政风,失民心,误国事。正如孔子所说,为了利益聚集在一起的人,必定会因为利益的冲突而散伙。

将"和"与"同"区分开来,实在是了不起的智慧。晏子与孔子这两位圣贤之间,原来颇多误解,但却一直互相尊重。晏子承认孔子相鲁是"圣相",孔子也说"晏平仲善与人交,久而敬之",这就是"和而不同",诚如《中庸》所言:"万物并育而不相害,道并行而不相悖。"

历史一元主义曾是一个美妙的构想,它产生于西方人在近代按照自己的意愿去改造世界竟然所向披靡的时期。就是在今天,西方中心主义和唯科学主义仍然有着相当的市场。不只是西方民族相信他们的文明就是人类的当然文明,或者是"切合所有人的普世文明",而且许多非西方民族的精英人物,也跟着相信自己的国家要想富强起来,就应该也只能抛弃自己的传统,亦步亦趋踩着西方的脚印,遵循他们所谓的科学规律前进。

西方中心主义和唯科学主义,其实是人的认识局限性的显现。许多人"拘于虚"、"笃于时"、"笃于教",就像庄子所说的井蛙、夏虫和曲士。好在越来越多的西方智者已经开始从中国奇妙的太极图中去理解黑与白的相融与和谐。

世界本来是五彩缤纷的,主张斗争哲学的人却喜欢非此即彼,强调黑与白各自都在千方百计想方设法吃掉对方,"不是鱼死,便是网破"。然而,冲突论或斗争哲学的提倡者,也一定是最终的受害者。

孟子批判"举一而废百",就是告诫人们处理问题不能简单化、绝对化。孔子则早已说明:"君子之于天下也,无适也,无莫也,义之与比。"即天下事无可无不可,惟义所在。

孔子的名言"和而不同",如今已被广泛引用在外交领域。从大处说,这是和谐治国的方法论;从小处看,则是立身处世的理念指针。中国圣贤所称颂的和而不同的思想,对整个人类世界的共存与发展,越来越显示出无限的价值。

如果一种文明和一个民族的崛起,意味着别的文明和别的民族的灾难甚至毁灭,那么,这种文明和民族就是反人类的、背道而驰的!

无论某些人怎么企图怎么努力,我们这个世界都不是一元的而是多元的,历史也不是一元的而是多元的。汤因比在他的名著《历史研究》中分析人类种种文明兴衰史时说,21世纪将是中国人的世纪。但是,21世纪也应是"和而不同"的世纪!

的确,21世纪不可能是哪一个民族或国家的世纪,因为那种一国称霸或者一种文明称霸的时代已经一去不复返了。塞缪尔·亨廷顿教授在《文明的冲突》一书中的一段话同样深刻:"在可见的将来,不会有普世的文明,有的只是一个包含不同文明的世界,而其中的每一个文明都得学习与其他文明共存。"

2. 关于教育

子曰:有教无类。

子曰:自行束脩以上,吾未尝无诲焉。

子曰:与其进也,不与其退也,唯何甚? 人洁己以进,与其洁也,不保其往也。

子曰:弟子入则孝,出则弟,谨而信,泛爱众而亲仁。行有余力,则以学文。

子曰:兴于诗,立于礼,成于乐。

子曰:爱之,能勿劳乎? 忠焉,能勿诲乎?

子曰:温故而知新,可以为师矣。

子曰:不愤不启,不悱不发。举一隅,不以三隅反,则不复也。

子以四教:文、行、忠、信。

"龙种"与"跳蚤"

中央电视台的《对话》节目曾经邀请中美两国即将进入大学的高中生进行了一次"巅峰"对话。其中，美国的12名高中生是美国总统奖的获得者，中国的12名高中生是被北京大学、清华大学、香港大学等著名大学录取的优秀学生。中美学生在两个环节中的表现，对比强烈，令人震撼。

在价值取向的考察中，主持人分别给出了智慧、权力、真理、金钱和美的选项，美国学生几乎一致地选择了真理和智慧。他们的解释是：如果我拥有了智慧，掌握了真理，相应的我就会拥有财富和其他的东西。而中国学生除了有一个人选择了"美"，没有一个选择真理和智慧，有的选择了财富，有的选择了权力。

在制定对非洲贫困儿童的援助计划这个环节时，首先由中国学生阐述。他们长时间地显示才艺后，对非洲的援助计划轻描淡写地一笔带过，只说组织去非洲旅游，组织募捐，还要建希望小学。完全是书本上的知识，眼光局限，与社会实际脱钩，而且欠缺整体意识。

美国学生的方案则是脚踏实地，显得成熟而干练。他们从非洲目前的现实情况和社会生活的方方面面，包括食物、教育、饮用水、艾滋病、避孕措施等等一些看起来很细小的实际问题入手，做什么准备怎么做都阐述得十分清楚，甚至将每一项预算都准确到了几元几分。他们每个人分工明确，又融成一个整体，援助计划操作性很强。

目睹这两个环节的人们心中无不生出一种悲愤：应该展现出理想和精神的崇高的时候，中国学生却要追逐金钱和权力；应该立足实际脚踏实地解决问题的时候，中国学生却又吟诗弄赋，在实际问题的外围不着边际地轻轻飘浮。

中国的学生怎么啦？我们的教育怎么啦？

教育如果出了问题，我们到哪里去寻找既有理想又能做事的公民呢？

相比于其他任何时代，其实今天的中国人更加热衷于争夺教育资源，不惜代价为孩子埋单。中国的社会、学校和家长，似乎都认同了这样的教育理念：软教育、硬投入。然而，理想虽远大，现实却无情，本希望播下龙种，结果总是收获跳蚤。

大连一个四年级小学生的人生愿望让人啼笑皆非："我的理想是当爷爷！"为什么呢？因为他认为当了爷爷就不用学习，想干什么就干什么！

中国今天的教育，仍然是重教而轻育、重知识而轻文化、重考分而轻素质、重物质而轻精神、重世俗的成功而轻生命的成功，总之是重术而轻道。因为迷失了坐标，那些受"教育"的生命在不断的应试之中越来越苦恼和浅薄。所以中国科技大学朱清时校长感叹说，整个社会都在追求一些浮躁的指标。教育部前副部长张保庆更是一针见血指出：中国的教育没有解决好育人的问题！

对中国教育现状痛心疾首的人们这样评说：家长奔波在择校、陪读、交费的泥潭里，学生苦熬在应试、才艺、择业的负担下。幼教大热，就业大冷。教育开端，望子成龙不计天价恐落人后；教育终端，竞争激烈学难致用乏人问津。中国社会经济的运行，已经与教育严重错位。中国的父母们在无法成人的儿女面前，既是从犯又是主谋，既是教育模式的就范者又是设计者，既是教育产业和商业的埋单人又是投诉人，既是既得利益者又是受害者，既是奴隶又是暴君！

如此大的一个国家，需要如此多的人才，而我们相当多的大学生却是毕业等于失业。那么，这究竟是一种什么样的教育呢？

梁启超当年在一次《为学与做人》的演讲中问大学生们："为什么进学校？""为什么要求学问？""你想学些什么？"

因为答案似是而非或者答不出来，梁启超就替大家回答："为的是学做人！你在学校里头学的什么数学、几何、物理、化学、生理、心理、历史、地理、国文、英语，乃至什么哲学、文学、科学、政治、法律、经济、教育、农业、工业、商业等等，不过是做人所需的一种手段，不能说专靠这些便达到做人的目的，任凭你把这些件件学得精通，你能够成个人不成个人还是个问题！诸君啊！你千万别要以为得些断片的智识，就算是有学问呀。我老实不客气告诉你罢：你如果做成一个人，知识自然是越多越好；你如果做不成一个人,知识却是越多越坏。诸君啊!你现在怀疑吗?沉闷吗?悲哀痛苦吗?觉得外边的压迫你不能抵抗吗?我告诉你:你怀疑和沉闷,便是你因不知才会惑;你悲哀痛苦,便是你因不仁才会忧;你觉得你不能抵抗外界的压迫,便是你因不勇才有惧。这都是你的知、情、意未经过修养磨炼,所以还未成个人。我盼望你有痛切的自觉啊!有了自觉,自然会成功。那么,学校之外,当然有许多学问,读一卷经,翻一部史,到处都可以发现诸君的良师呀!诸君啊,醒醒罢!养足你的根本智慧,体验出你的人格人生观,保护好你的自由意志。你成人不成人,就看这几年哩!"

美国高等教育界普遍有强烈的居安思危意识。比如哈佛大学,明确表示不是为培养学究而存在。在哈佛人看来,学生面临的最大挑战,是如何成为一个良好的公民,而不是成为一个什么专家,掌握什么具体的谋生技能,这种挑战也是大学和社会对学生的最大责任。所以由六位教授和两位本科生联合起草,提出了四大改革目标:一、培养全球性的公民;二、发展学生适应变化的能力;三、使学生理解生活的道德面向;四、让学生意识到他们既是文化传统的产品,又是创造这一传统的参与者。

英国伊顿公学校长托尼·里特在中英校长论坛上说了一番话:"我们学校的学术水平在英国不是第一。我很高兴,这表明他们不是一心钻研学术而不顾其他方面的发展。我们需要的是人格健全的人才,其次才是他们的学术能力。"这也正是爱因斯坦阐述的教育理念:"在任何一个教育阶段,学生离开学校的时候都应该是一个和谐的人,而不是一个专家。"

中国的先哲早就认识到:教育之旨,首先在于培养受教育者做好一个人。

孔子借谈诉讼,阐发了"物有本末,事有终始"的道理,强调凡事都要抓住根本。审案的最终目的,是使案子不再发生,这正如"但愿世间人无病,何愁架上药生尘"的道理一样。审案和卖药都只是手段,或者说是"末",使人心理畏服不再犯案和增强体质不再生病才是目的,或者说才是"本"。说到底,治理是末,教化是本。由此出发,我们才能够理解教育的真正目的。

曾子在《大学》中,开门见山地阐释了儒学"垂世立教"的目标所在:弘扬光明正大的品德,使人弃旧图新,使人臻于完善的境界。

俗语说:"人往高处走,水往低处流。"鸟儿尚且知道找一个栖息的林子,人怎么可以不知道自己应该落脚的地方呢?所以,人不可不"知其所止"。

卢梭认为:"在所有一切有益人类的事业中,首要的一件,即教育人的事业。"巴尔扎克关于教育的认识与中国儒家的思想也是非常的一致:"教育是民族最伟大的生活原则,是一切社会里把恶的数量减少,把善的数量增加的唯一手段。"

孔子认为学必有所本,而所本的文化典籍,却并不是学习的终极目的。孔子希望通过一个逐步深入的学习过程,培养学生全面的文化素养和道德情操,知行合一,最后真正成人,真正成为君子,从而完成传道天下的大业。

有教育的理想,才能办出理想的教育!

『龙种』与『跳蚤』

学而时习：快乐还是痛苦

台湾教育家王财贵博士到大陆来之前，经过香港去见南怀瑾先生。关于当今中国的教育和亲子关系问题，南怀瑾先生对他说了这样一句惊人的话：现在天下的父母以及老师都在做一件事，就是残害我们的幼苗！

事实正是如此。比如20多年前，教育部讨论决定在中小学生中设立奥数培训班，其目的只是针对极少数有这方面天赋和兴趣的学生，让他们参加国际大赛。没想到，后来那些参加奥数得奖的同学纷纷被大学破格录取了，于是奥数带上了功利性，很快成为一些人赚钱的工具，有的地方迅速发展到疯狂的地步。许许多多的家长不管自己的孩子基础如何、有没有兴趣，都纷纷把孩子送去参加奥数培训。结果正如青少年问题研究专家孙云晓所说："奥数是让大部分孩子一次次证明自己是傻瓜的课程。"

好在教育管理部门已经开始了对"疯狂奥数"的讨伐，并下达了禁令。但是，如果不从根本上厘清教育的理念和目标，残害人的教育项目还将不断出现。

《论语》开篇第一句话就是"学而时习之，不亦说乎"。楚国的大夫叶公问子路孔子是个什么样的人，子路没有回答出来。孔子就对子路说："你为什么不这样说，他这个人哪，发愤用功学习，饭都忘了吃，并因此而快乐得忘记了一切忧愁，连自己快要老了都不知道，如此而已啊！"

古时的中国，只有小学、大学，没有中学。小学就是私塾，大学就是国家办的太学。进入太学，就称为秀才了。小学里只管背书，不讲解，因为小孩智慧未开，只能叫他老老实实去念，教育着重在戒律、规矩和定功。到了太学里面，老师讲课通常不要书本，因为那些书老师能背，学生也能背，讲课就是温习讨论开启智慧，所以学起来自然其乐无穷。

今天的学生,则是普遍地表现出对学习的无趣和无奈,甚至感到恐惧和煎熬。如果世界上没有考试,父母没有期望,老师没有监督,不知道中国还有几个孩子肯去主动学习?

根据儿童认知心理的发展规律,数、理、化等科学的科目,应当是懂了才教,语言、文学、音乐、美术等非科学的科目,应当是从小的耳濡目染,哪里需要老师们辛辛苦苦一笔一画、一字一句地教授呢?

由于学而无趣学而不习,孩子们只能将学习当成一种为了将来迫不得已的付出。

学习中的切磋交流本来应该是乐上加乐,同学们却总是视学友为竞争对手;学习本来是为了打开心灵的窗户,我们却总是要求统一的回答,构筑起思想的牢笼。

快乐学习,不但是一种态度、一种理念,也是一种学习方法。

为人之师,不能不充分挖掘学生的自身潜能,而挖掘潜能,"兴趣是前提,需要是动力,自在是基石"。

宁乾津的一首诗歌《谁剥夺了快乐的童年》,值得所有的教育工作者痛切思索——

是谁收起了孩子们建设与破坏的材料——
那些土、沙子、麦秸
和唾手可得的木条?
是校园的围墙,
是遥控车、仿真枪,
还是比人乖巧的芭比娃娃?
是谁收回了孩子们成长的道具——
那些铁索、芦苇、独木桥与满眼的原野,
是泡泡糖、背背佳与轿车,
是铺天盖地的书籍光碟,
还是让人战栗的分数?
是谁赶走了孩子们活生生的伴侣——
那些飞来飞去的燕子、喜鹊和乌鸦,
以及浪花里的鱼儿与路边的毛驴,
是精美的图片、插图、标本,
还是虚拟的网络?
是谁偷去了孩子们强体的护身符——

那些荆棘、山石与野果,

是营养液、维生素,

还是高速路?

是谁,剥夺了孩子们快乐的童年?

有识的教育家们呼吁:学习不能超前,更不能速成,否则孩子无童年,青年无青春,中年无乐趣,老年无安闲!

如果心灵世界阴云密布,不管获得多么大的世俗的成功,我们的人生都注定与幸福无缘。

当然,快乐与学习互为条件、互为目的。如果我们生活的目标是快乐与幸福,那么,人类从牙牙学语开始,就会以求知探索为乐。不过,一般来说,学习的过程又往往是辛苦的,要真正学有所成,需要刻苦的努力和一段时间或许并不那么惬意的磨炼,但通过学习达到了自己预期的目的,最终的结果又是快乐的。

辛苦与快乐并不对立。现在各行各业都在致力于建设学习型组织,但若不重视"快乐学习",很多单位也就是喊喊口号而已。追求"快乐学习"的实质,是让学习者在尽可能心情愉悦的情况下自觉地、主动地接受新的知识技能和组织所要倡导的价值理念。

学佛之人有三重境界:学佛一年,佛在眼前;学佛三年,佛在天边;学佛十年,佛在眼前。与学佛同理,关于为学与人生,也有三重境界:第一重境界是"看山是山,看水是水";第二重境界是"看山不是山,看水不是水";第三重境界是"看山还是山,看水还是水"。

任何一件事情,在我们刚刚接触时总会很新鲜,感觉自己突然间明白了,但当进去以后,才发现事情并不是那么简单,原来的了解真是肤浅,于是用心投入钻研,最后才真的豁然开朗。如果我们在第二重境界之中对自己失去了"信心",那就会失去追求的动力,于是就再也找不到"佛"了。

王国维先生对古之成大事业、大学问者必然经过的境界也有总结:"昨夜西风凋碧树,独上高楼,望尽天涯路",这是第一重境界,为求学与立志之境,也可说是"望"之境;"衣带渐宽终不悔,为伊消得人憔悴",这是第二重境界,为实现远大理想坚忍不拔之境,也可说是"行"之境;"众里寻他千百度,蓦然回首,那人却在灯火阑珊处",这是第三重境界,为功到自然成之境,也可说是"得"之境。

还有人根据《桃花源记》总结出读书做人的三境界:"初极狭,才通人"、"复行数十步"、"豁然开朗",并进一步将此三境界引申为企业家创业的境界。

总结孔子的论述,我们发现他将学习也概括为三种境界:"为知"、"为己"、"为人",或者说"知之"、"好之"、"乐之"。"知之者",大致是获得或传授知识的层次;"好之者",则是从学习中引发了兴趣,激发出提出问题、研究问题和解决问题的动力;"乐之者",那就更进一步,思想境界在学习和探讨中不断提升,心情高度愉悦,以至于达到"欲罢不能"的迷恋状态。

使人快乐学习的教育合乎人性,使人痛苦学习的教育违反人性。教育的目的倘若仅仅为了生存,那就很容易变成一个苦难的过程,人性也将为之异化;教育的目的倘若升华为促进人的全面发展,升华为对生命世界的求索,那就真是一种快乐了。

学而时习:快乐还是痛苦

幻想：飞翔的翅膀

看莫扎特传记，有一个细节让人喷饭。

1777年12月3日，莫扎特给表妹写了封信，信的开头是这样的："亲爱的表妹，在我坐下写信之前，先去了趟茅房。现在，已经解决了。感到轻松无比！心里一块石头落了地，我又可以填满我的大脑了……如果你闹肚子，抬腿就往厕所跑，如果你憋不住，那就拉到裤裆里……代我向我们的朋友们致以比臭屁还要臭的问候。"当时的莫扎特，已经21岁，不是小孩子了。

可以说，莫扎特一辈子都没有长大。他喜欢跳舞、骑马、击剑、打台球；他喜欢打扮，以弥补自己说不上英俊的相貌；他贪图热闹，嗜好养鸟，甚至还教八哥唱歌；他爱讲粗话，搞恶作剧，身上总有释放不尽的能量。他的天才与幼稚、细腻与粗莽、高雅与鄙俗、不羁与忧伤奇妙地融为一体。

今天看来，幸亏莫扎特没有长大，否则，一个伟大的音乐家便不复存在了！

关于人的成功的年龄，有这样一个调查的结果：音乐家脱颖而出的平均年龄为26岁；表演艺术家为27.8岁；美术家为29.1岁；物理学家为30.6岁；数学家为30.8岁；史学家为41.4岁；教育家、心理学家、思想家为40.4岁。事实证明：创造和创新主要出在有激情、有想象力的十几年间，而不是出在一个人知识最多人最成熟的时候。

孔子说："后生可畏，焉知来者之不如今也？四十、五十而无闻焉，斯亦不足畏也已。"今天的调查结果，竟然与孔子的观察结论十分一致。

创造性思维是人类的高级心理活动，也是政治家、教育家、科学家、艺术家、军事家等各种出类拔萃的人才所必须具备的基本素质。钱学森说："人的创造思维过程决不是单纯的抽象逻辑思维，总要有点形象思维，甚至要有点灵感思维。"

创新不是知识的简单积累,也不是一个单纯的知识的问题。

古希腊哲学家柏拉图和亚里士多德都说过,哲学的起源乃是人类对于自然界和人类自己所有存在的惊奇。他们认为:积极的创造性思维,往往是在人们感到"惊奇"并对这个问题产生追根究底的强烈兴趣的时候开始的。

从思维学角度看,科学工作总是从一个猜想开始的,然后才是科学论证。所以说科学工作源于形象思维,终于逻辑思维。在自然科学领域,当一种新的观念或者新的思想提出时,不可能依照形式逻辑的规则按部就班地进行推理,在发明创造方面,逻辑思维的力量更是有限。

20世纪60年代,美国科学家斯佩里成功地进行了"裂脑实验",揭示了人脑左、右两半的不同功能:左脑主管逻辑思维,称为理性的脑、知识的脑;右脑主管形象思维和直觉思维(灵感思维),称为感性的脑、创造的脑。长期以来,我们的应试教育着重开发的是左脑,却忽视了对右脑的开发。

想象力是人类运用储存在大脑中的信息进行综合分析、推断和设想的思维能力。心理学家认为,人脑有四个功能区位:一是对外部世界的感受区;二是将这些感受收集整理起来的贮存区;三是评价收到的新信息的判断区;四是按照新的方式将旧信息结合起来的想象区。那些只善于运用贮存区和判断区的功能,而不善于运用想象区功能的人,很难具备创造和创新的能力。一般的人,只用了想象区的15%,其余的部分还处于"冬眠"状态,非常可惜。

直觉思维也是创造性思维活跃的一种表现,它既是发明创造的先导,也是百思不解之后突然获得的硕果。所谓直觉思维,是指没有经过一步一步分析而突如其来的领悟或理解,是一种似乎没有根据的判断力。直觉思维在学习过程中,有时表现为提出奇怪的问题,有时表现为大胆的猜想,有时表现为一种应急性的回答,有时表现为新颖的问题解决方案。

因为羡慕飞鸟的翅膀,人类制造出了飞机;阿基米德在跳入澡缸的一瞬间,发现澡缸边缘溢出的水的体积跟他自己身体入水部分的体积一样大,从而悟出了物理学上著名的"阿基米德定律";爱因斯坦自幼就幻想人跟着光线奔跑并且努力赶上,于是发现了"狭义相对论"。

幻想,不仅能够引导我们发现新的事物,还能激发我们进行新的创造性的劳动,所以爱因斯坦说:"想象力比知识更重要,因为知识是有限的,而想象力概括着世界的一切,推动着进步,并且是知识进化的源泉。"

有句箴言说得好:要想有发明,你需要好的想象力和一大堆垃圾。

知识重要,想象力更重要。遗憾的是,这个时代连知识也在加速让电脑代劳,人类摆脱困境的想象力,更是稀缺。

在英国北部偏远地区,有一名女生毕业考试成绩达到全A,这是当地多年来第一个有资格进入牛津大学的学生。当地的官员都很关注,希望她能成功。然而,牛津大学的教授在对该女生面试后认为,这个学生不具备牛津大学要求的创新能力,只会死读书,所以不予录取。

于是当地官员找到教育大臣,请他出面说情给予破格录取,结果被牛津大学拒绝。之后,教育大臣又找到副首相前去求情,还是遭到拒绝。副首相只得请布莱尔首相出面疏通,但牛津大学表示,教授委员会的面试结论和决定,任何人都不能推翻。布莱尔此后抱怨说牛津大学太古板了,应该改革。牛津大学的师生得知以后,极为愤慨,学校立即取消了授予布莱尔荣誉博士学位的原定计划,并对政府行政干预学校事务的这一严重事件提出抗议。

尽管英国人普遍对牛津大学的所为表示理解,但这个故事却让许多的中国人感到惊奇。

教育进展国际评估组织对世界21个国家的调查显示,中国孩子的计算能力排名世界第一,而创造力却排名倒数第五。也就是说,我们的孩子幻想的翅膀,差不多被我们的教育给剪掉了!

卓别林说过一句话:"和拉提琴或弹钢琴相似,思考也是需要每天练习的。"心理学家也确认:创造性思维是在一般思维的基础上发展起来的,这种思维不仅能提示客观事物的本质及内在联系,而且能在这一基础上产生新颖的、具有社会价值的前所未有的思维成果,所以在很大程度上是后天培养与训练的结果。

流畅性、灵活性、独创性的培养,都可促进创造性思维的发展。在培养的方法上,还当因材施教,"譬诸草木,区以别矣"。

倘若一个问题可能有多种答案,那么为师者,就应以这个问题为中心,对学生适时启发引导,让他们思考的方向往外散发,找出尽量多的答案,而不只是寻找一个正确的答案。人在发散思维中,心理状态是"跃跃欲试",往往可以左冲右突,在各种答案中充分表现出思维的创造性。所以孔子说:"教导学生,不到他渴望明白而又无法明白的时候,不去开导他;不到他想说出来却又说不出来的时候,不去启发他。教给他一个方面的东西,却不能由此而推知其他,那就不要再教他了。"这就是所谓"不愤不启,不悱不发。举一隅,不以三隅反,则不复也"。

但是,创造力的培养是一个长期的过程,也并非每一个人都能被培养出来,在这方面如果企图实现"跨越式发展",只会是一厢情愿。宁波市2011发布了培养"乔布斯式领军人"的《意见》,计划每5年培养1400名"乔布斯",一个周期的培养经费将超过5000万元。网友调侃说:"1400个乔布斯!你以为乔布斯是开机床的啊!"

当然,培养孩子们想象的能力、观察的能力、自学的能力、动手的能力、发现问题的能力、独立思考的能力、解决问题的能力,还有一个不可忽视的基本前提,那就是培养孩子们热爱真理、追求真理的责任能力。

无论什么创意创新,都不可忘记社会的责任。孔子说"君子上达,小人下达",就是说君子上达于道,小人下达于器;而歌德也说:"有想象力而没有鉴别力是世上最可怕的事情。"

幻想:飞翔的翅膀

思辨：理性的灵光

一家公司招考公关人员，应考者有500多人。公司考题中，有一道是老板出的："为什么有些人过河拆桥？"

前10名的试卷中，多半答案是抨击过河拆桥的人忘恩负义，虽然文情并茂，却没能引起老板的注意，但其中一位应考者的答案让老板眼睛一亮："如果前有大河，后有追兵，我们就得过河拆桥，防止敌人跟过来。"老板对这位应考者的评语是："头脑灵活，准予录取。"根据老板的指示，工作人员又重新翻看落选者的试卷，结果又发现了一位考生的精彩答案："过河拆桥的原因，是前面还有河，需要使用仅有的材料继续造桥。"老板大喜："这才是最有创意的思维啊！"

这两位应考者，正是以超乎常人的思辨力脱颖而出，犹如"鱼在水中吐泡，打破了水面的平静"。

既可入乎其内，又能出乎其外，我们的思维才不会被困住。

辞典释义："思辨，慎思明辨。"思辨，是一种抽象思维；思辨能力，就是思考辨析的能力。所谓思考，指的是分析、推理、判断等思维活动；所谓辨析，指的是对事物的情况、类别、事理等进行辨别分析。

富有创意和思辨灵光的人才，踏破铁鞋也难以寻觅，而我们的应试教育，却从来要求统一的标准答案，这真是一个奇怪的现象。当然，缺乏思辨力的人如果又充当了考官，那就更是一种悲哀。

有人说，中国孩子第一次说谎话正是从第一次写作文开始的！此话看似偏激，其实说到了要害。

把考试成绩看成唯一目标的教育，只会严重忽视学生对分析、推理、综合、概括等抽象思维能力以及比较、鉴赏、评论等批判性思维能力的培养和训练。在今天的教育模式之下，许多人一读完小学就失去了思考的能力。经过一轮一轮的洗牌，聪明、调皮、好玩、喜欢独立思考的孩子们，如果不守"规矩"，那就很快会被"正义"和"正确"的考试淘汰。高中生们则更像是战士，为了高考，他们不断参加例考与模拟考，争夺每一题每一分，教室和考场让人感到空气稀薄。进了大学，本以为人生从此海阔天空，事实上考试依然只有一个"正确"的答案。当然，大学生们可以带有自己的感受学习了，但许多人早已习惯了海绵式与模仿式的僵化的思维方式，只懂得对潮流的盲目追逐和对传统的浅薄反叛，他们不会兼容，更难融会贯通，于是常常造成思维的"交通堵塞"，哪里还能在海里深潜天空高飞！"道"未领悟，"术"也无法学精，结果毕业就面临失业。

思辨能力的类型多样而丰富，比如从思考对象的层面，就可区分出数理的思辨能力和人文的思辨能力两种类型。

数理性的问题属于"对象是什么"的问题；人文性的问题属于"应该如何"的问题。数理性的思考能够告诉我们达到一定目的的最佳手段，却不能告诉我们应该追求什么样的目的。我们无法对自己所追求的目标和所采纳的伦理原则做出科学的证明，只能做出辩护性的解释或者说服性的论证。

如同体育活动能够增强体质一样，思辨能力也可以通过训练而提高。

培养数理的思辨能力，首先要培养推理能力、分析能力、抽象思维能力和想象力。许多人认为抽象思维能力与想象力没什么关系，只有艺术的创作和欣赏才需要发挥想象力，其实不然，在富有创造性的抽象分析方法背后，通常隐含着常人无法企及的想象力。

培养人文思辨能力，应当从建设良性的沟通与对话开始。这样的沟通与对话，大到东方文化与西方文化之间、古老传统与现代文明之间、自然科学与人文科学之间，小到父母与子女之间、教师与学生之间、丈夫与妻子之间。日常生活的本质，就是沟通与对话，所以日常生活是培养人文思辨能力最鲜活的教材。人文性的学习，本质上也是沟通与对话，比如我们读《论语》，就是在和孔子进行沟通与对话。伟大的人文精神、高尚的人文情怀、深刻非凡的思辨能力，就是在这种与先哲良性的沟通与对话中激荡生发出来的。

思考有两个层面：思考的层面和反思的层面。从思维方式上讲，批判性思维本质上属于反思性的思维方式。"批判性"的希腊文原意，有敏锐、精明的意思，它是一个中性词，既包括发现错误、查找弱点等否定性含义，也同样关注优点和长处等肯定性含义，用亚里士多德的话说，批判的

思辨：理性的灵光

目的在于能够从正反两方面洞察出真理和谬误。

业余棋手与专业棋手的一个显著差别,就是绝大多数业余棋手下完棋后不复盘,而专业棋手下完棋后几乎没人不复盘,他们需要花大量的精力和时间对自己所下过的棋进行反思和评估。俗话说失败是成功之母,但如果我们缺少了反思的习惯和能力,失败之后一定还是失败。

有些人认为儒家的思想僵化教条,其实不然。我们现在看到的恶果,正是后来那些僵化而教条的人所造成。比如孔子倡导弟子们学诗,却又谆谆告诫:"诵诗三百,授之以政,不达;使于四方,不能专对。虽多,亦奚以为?"就是说,把《诗经》三百篇背得很熟,让他处理政务不行,出使他国随机应变对答交涉也不行,诗背得再多,又有什么用呢?

孔子强调"崇德辨惑"之教,也就是重视思辨能力的培养:"君子有九思:视思明,听思聪,色思温,貌思恭,言思忠,事思敬,疑思问,忿思难,见得思义。"就是说,看,要思考是否看明白了;听,要思考是否听清楚了;脸色,要思考是否温和;举止,要思考是否谦恭;言谈,要思考是否诚实;办事,要思考是否谨严;疑惑,要思考怎样向别人请教;发怒,要思考是否有后患;取财,要思考是否合乎道义。

曾子说:"吾日三省吾身。"不但强调反思也就是批判性思维对自己处事、交友、学习的重要性,而且把反思看做是人的优秀品质之一。《中庸》所言"博学之,审问之,慎思之,明辨之,笃行之",短短15个字,道出了批判性思维的精髓,其中的"思"与"辨",或许就是思辨一词的本意。

对比产生思辨,规范产生思辨,哲理产生思辨。马克思写出《资本论》,举世皆惊;尼采写出《查拉图斯特拉》,举世皆惊;老子写出人类道德论的开山之作《道德经》,深刻揭示出大道的运动规律是循环往复,大道的现实运用是柔弱顺应,天下万物生于有,有生于无,举世皆惊!

情感的力量是巨大的,但是空洞的呐喊却没有感召力。

情感和理性其实并不矛盾,思辨可以制约情感,更可以深化情感。

英国电影艺术家卓别林一生演了无数个喜剧,但他在讽刺影射希特勒的电影《大独裁者》的结尾处,针对德国法西斯的暴行,一改以往的喜剧形象,运用充满思辨色彩的言词,严肃庄重地揭露了隐藏在所谓文明社会背后的人性的贪婪和邪恶——

"生活的道路可以是自由的、美好的,只可惜我们迷失了方向。贪婪毒化了人的灵魂,在全世界筑起仇恨的壁垒,强迫我们踏着正步走向苦难,进行屠杀。我们发展了速度,但是我们隔离了自己;机器应当是创造财富的,但它们反而给我们带来了穷困;我们有了知识,反而看破了一切:我们学得聪明乖巧了,反而变得冷酷无情了。我们头脑用得太多了,感情用得太少了。我们更需要的不是机器,而是人性;我们更需要的不是聪明乖巧,而是仁慈温情。缺少了这些东西,人生就会变得凶暴,那么,一切也都完了!"

这就是理性的灵光,这就是思辨的力量!

思辨:理性的灵光

因材施教与九型人格

榴莲是一种亚热带的水果,被称为"水果之王"。喜欢吃的人会觉得其味美妙无比,一边品尝"金枕头"或者"第二十六",一边赞不绝口;而不喜欢吃的人,则连闻到它的气味都受不了。

在泰国旅游时,导游总会叮嘱大家不能把榴莲带回酒店,以免影响其他住客。就榴莲的问题,一位企业教练与一位学员有过这样一段对话:"你喜欢吃榴莲吗?""不喜欢。""那吃榴莲是不是不对呢?""当然不是。""好了,你有没有发现,你不喜欢某样东西不等于那样东西就不对。不喜欢是不喜欢,不对是不对。你可以不喜欢那个人,但是并不妨碍你和他一起工作呀。你可以继续不喜欢他,不过你也可以继续和他共事呀,是不是?"

俗话说,人与人不同,花儿有几样红。这句话大家都熟悉,但真正用心细想的人却不多。

天之下地之上,万事万物千差万别,此消彼长,相生相克。正因为各各不同,这个世界才多姿多彩、生态和谐。人类的社会,同样也是由性格人格、心智模式各异的生命个体构成,相克相生,和而不同。

老子说:"知人者智,自知者明,胜人者有力,自胜者强。"也就是说,认识自己和认识他人,就像一枚硬币的两面——那就是认识人性,这是一种智慧。老子还说:"故物或行或随,或歔或吹,或强或羸,或载或隳。"也就是说,万事万物都有自己的生存方式和行为方式,有的前行有的后随,有的轻吐有的急吹,有的强壮有的柔弱,有的居上有的处下。如果我们强求一律,不仅违反规律,也不可能办到。

《大学》中有一个概念叫做"格物致知",其意思也可理解为把不同的事物分门别类、清晰明白地放进一格一格的格子里,使我们更清楚地知道它们分别是什么。宋代朱熹在《论语》的注解中指出:"孔子教人,各因其材。"这就是"因材施教"一词的来源。

"性相近也,习相远也。"这是孔子对人性的深刻洞悉。孔子的"因材施教",就是根据学生的心智模式和性格特点进行教育。有一次,孔子讲完课,回到自己的书房,学生公西华给他端上一杯水。这时,子路匆匆走进来,大声向老师讨教:"先生,如果我听到一种我认为正确的主张,可以立刻去做么?"孔子看了子路一眼,慢条斯理地回答:"你总得问一下父亲和兄长吧,怎么能听到就去做呢?"子路刚出去,另一个学生冉有走到孔子面前,恭敬地问:"先生,我要是听到正确的主张应该立刻去做么?"孔子马上回答:"对,你应该立刻行动!"冉有走后,公西华奇怪地问:"先生,一样的问题您的回答怎么相反呢?"孔子笑了笑说:"冉有性格拖沓,办事犹豫不决,所以我鼓励他临事果断;而子路呢,逞强好胜,办事鲁莽,所以我就劝他遇事多听取别人的意见,三思而后行。"

今天的人们也说应当"因材施教",但是主要停留在嘴上。真要做到,须得首先明白"因"的是什么"材",然后才会知道该"施"什么"教"。那么,判断"材"的关键标准是什么呢?就是心理学所说的"人格",或者说心智模式。

这里所说的"人格",没有普通的道德上的意义,它与人们常说的性格、气质、个性意思差不多。

这种"人格",在精神研究中,称为"自我"。它是个体在遗传素质的基础上,通过与后天环境的相互作用而形成的相对稳定的心理和行为模式。

每一个人都有人性中共有的部分和特有的部分,每一个人又都有角色人格和自我人格之分。角色人格表现的是显意识,自我人格表现的是潜意识。

近年来在世界范围内受到各个领域普遍重视的九型人格学,被誉为沟通的"圣经",有效的"读心术",人性的地图。

九型人格的理论也可以说是种子理论。中国的易道有变易、简易、不易三层意义。在我看来,揭示的规律和理念完全相通。

九型人格所讲的人格,就是九个大类的自我人格、基础人格、核心人格,也就是生命的本体,一个人本来就拥有的、与生俱来的潜质。它陪伴我们从生到死,是我们价值观系统的第一序列。

"江山易改,本性难移",深藏在一个人的内心深处的自我人格,正是左右一个人行为举止的原动力。九型人格描述的是生命更高层面的觉知,它体现出人类个体回应世界或者说处理自己和世界关系的方式的差异。

我们每一个人就好像一颗洋葱头,表面上是角色人格,剥到最后,那才是真正的自我人格。九型人格就是这么一个剥洋葱头的工具。

在九种类型的人格中,1至9号都有着不同的使命。1号的使命是把公正和善良带给人间;2号的使命是把热情和爱带给人间;3号的使命是把功业和成就带给人间;4号的使命是把独特和美带给人间;5号的使命是把知识和理性带给人间;6号的使命是把忠诚和责任带给人间;7号的使命是把开心和快乐带给人间;8号的使命是把权威和力量带给人间;9号的使命是把宁静和淡定带给人间。

2号、3号、4号是用心做人的,爱面子,没有面子的时候他们会产生羞耻感;5号、6号、7号是用脑做人的,他们每天都在算计一些东西,与预期相左就会产生恐惧感;而8号、9号、1号是以身体的能量做人的,他们害怕别人侵犯,很多时候产生的是愤怒感。

九型人格学也是一门灵修课程,它不仅是探究人类人格状态的地图,而且为我们指出了超越自我之路。

如果人格是横坐标的话,那么心态就是纵坐标,这两者决定了我们的生命层次。每一种人格类型在横坐标上都是平等的,没有好坏之别,但却有健康与病态之分以及发展层级等等之分,这就关乎后天的教育与修炼养成的德性了。

对我们人类来说,九种人格类型,少了哪一类都是残缺,都非生态。每一种人格类型,优点背后就是缺点,长处背后就是短板。如果一个人的自我人格与角色人格很不一致,那就将造成程度不同的人格分裂,自我一旦迷失,也就谈不上什么超越、生态和幸福了。只有每个人的自我人格与角色人格之间转换和谐,每一种人格类型之间相处和谐,才会构成一个生态的、健康的、无限丰富的人类大家园。

九型人格学说的起源,要追溯到公元前2500年甚至更早。相传它发源于苏菲教派,用以开启教众的灵性,数千年来一直都是以秘密的方式流传。每一个前去请求灵性教师解决困扰的人,都能得到非常满意的解答。奇妙的是,即便是相同的简单问题,不同的人看法、解答也不相同。这就说明了一个重要问题:没有人能够替代别人的思考!因为每一个人都有自己的内在欲望和内在恐惧,自己的人生目标、愿景或者理想,理所当然应该自由选择。

1920年,俄国人葛吉耶夫首先将九型人格学说传入西方,美国加州斯坦福大学把它发扬光大。近些年来,九型人格这门性格生态学课程,备受许多国际著名大学MBA学员推崇,风行了欧美学术界及工商界,全球500强企业的管理层均开始了对九型性格的学习和运用,并以此培训员工,打造团队,提高执行力。世界各地的许多学校,从基础教育开始,也以九型人格学为依据,开始了因材施教的教育实践。

美国亚历山大·汤马斯医生和史黛拉·翟斯医生,在他们1977年出版的《气质和发展》一书里面提到:我们可以在出生后第2至第3个月的婴儿身上辨认出9种不同的气质,而这9种不同的气质,刚好和九型人格相配。

哈佛大学教授霍华德·加德纳也说过:"每个人至少有9种智能,即语言、数学、逻辑、音乐、身体、空间、人际关系、内省和自然观察,以此衡量,所谓'差生'几乎不存在。"

每个人出生的时候都是"原创",可悲的是很多人渐渐地就成了盗版,一生戴着面具,更可悲的是一些人还以为自己是在成长!

中国的父母在观念上普遍认为孩子就是私有财产,所以在潜意识中,溺爱孩子或者支配他们理所当然。爱丽丝·米勒在《天才儿童的悲剧》一书中揭示:父母和老师在日常生活中对孩子进行的无意识的言行伤害比比皆是,触目惊心。就是在今天,成人不尊重孩子的人格和对孩子滥用权威的做法依旧存在,只不过更多地转为了隐性的精神上的控制和操纵,这种情况最容易发生在中产阶级家庭之中。

更为严重的后果是:个人被压抑了,就会在社会上胡乱寻找替代需求的对象;一个民族被压抑了,则可能在更大的社会和历史舞台上寻找替代需求的对象。千万别低估了胡乱寻找替代需求的对象的恶果,古往今来,这种宣泄常常是以自残、违法、犯罪、战斗以至战争的形式来表达!"明相位,立德言。"就是说一个人首先要了解自己,知道自己的优势和劣势,才能明确自己的方向,找到自己的位置,从而获得人生的幸福。

学习和运用九型人格,可以发现真我——深层次了解自己的心智模式和生命诉求点,既发挥个性优势,又突破个性局限;可以洞悉他人——增强我们接纳的能力、包容的能力、欣赏的能力、爱的能力;可以有效沟通——突破交流的屏障,提升表达技巧,转换语言模式;可以用于管理——利于识人用人育人留人,打造高执行力团队,实现科学合理的人与岗位的匹配；更可以修炼生命——洞悉人类变化多端的人格以及人格与每个人灵性真我之间的直接关联，将促进我们反求诸己、正心知心，全面提升内视觉、内听觉、内感觉。

我们现在许多的教育工作者，不仅不懂得因材施教，甚至还有学校根据"儿童智能"的测试，搞什么"因脑施教"，自以为科学，实际上对测试结果"不佳"的孩子将产生极大的心理伤害，同时人为地制造了教育的不公。所以我们不可不牢记孔子的告诫："不患人之不己知，患不知人也！"

在教育工作中，施教者不能不充分考虑受教育者各个不同的心智模式。今天仍有很多的人认为，教与学之间存在的是正比例的关系，教师教多少，学生即学多少，或者有教必有学。事实上，教与学之间的逻辑关系远非如此简单。教学本身保证不了学习的必然或全然发生。学习的效果，与学生的人格类型、思维模式、学习动机、学习能力、教学环境、教学内容等等因素密切相关。教与学的关系是辩证的，如果老师只管教，学生只管学，教与学就只是一种知识的传授关系，反映到教学方法上，就表现为填鸭式、注入式的教学。其实，老师之讲授，是为了提高学生学习的主动性、创造性，使学生得到一种自己探索、自己解决问题的能力。讲，是为了达到用不着讲；教，是为了达到用不着教，"讲"和"教"只是教学的一种手段，"用不着讲"、"用不着教"才是教学的目的。

育人不是流水作业，老师充当的最好角色，就是根据每个人生命的诉求点，做一个引导者，一个真正的导师。

恩生于害，害于恩

不久前，在北京海淀区西山华府小区门口，一对业主夫妻在开车刚要拐入小区南门时，因为减速，遭到后面一辆无照宝马和一辆奥迪驾驶人员的殴打。其中一名打人者，就是著名歌唱家李双江15岁的儿子李天一，他不仅无照驾驶宝马，还对围观的人群大喊："谁敢打110?!"

李双江，谁人不知？哪个不晓？太多的中国人听着他的歌长大，如今官至将军，荣获"共和国脊梁"称号。但是这一次，德艺双馨的李双江，一世的英名被儿子大大损伤！

从法律意义上讲，李双江并不承担儿子殴人事件中的任何责任，但是从为人之父方面来说，他又无法摆脱"子不教父之过"的舆论指责，所以不得不满怀诚意上门给人家赔礼道歉，儿子则被政府收容教养一年。

刚刚进入2013年，又传来一个让人更加跌破眼镜的消息："教养"出来后的李天一，与其"狱友"等一共5人，对一女子先恐吓后轮奸，已被刑事拘留。74岁的李双江当即被自家的这位"海淀银枪小霸王"气得住进了医院。

李双江老来得子，所以十分疼爱乃至溺爱。多年前，李双江接受采访时就坦言："不打儿子，舍不得，有时真想打，但不能打"；"还没有打，自己的眼泪先掉下来了"。也许就是这种长久以来的老牛舐犊之爱，阻碍了孩子对社会人生的正常认知和正面感悟。然而现实的讽刺和幽默在于：你不打儿子，儿子就出去打人！你不教子，他就坑爹！你想爱他，结果却是害他！

出自于"共和国脊梁"之家的"小霸王"，从信仰理想、道德伦理、文化教育等等方面带给我们的反思，实在是无穷无尽！

现代社会的父母们，似乎已经不知道怎样教育子女了。

一个大城市以母亲节为契机,发起组织"妈妈,我想对您说"大型活动,有40多万名中小学生参与。

在邮局分拣和投递信件的过程中,工作人员发现相当一部分信件书写收信人地址不规范,比如不写或错写邮政编码、收信人地址残缺等等。更让邮局人员为难的是,一些孩子在地址栏上只写"妈妈收",或只写妈妈的姓名。据统计,此次活动最少有16万封"爱心信"无法及时投递。

另一个故事更让人感觉是笑话:一个新入校的大学生早晨在食堂吃饭,面对煮熟的鸡蛋发愣,旁边的同学问他为什么还不快吃,他拿筷子碰碰鸡蛋,疑惑地说:"我在家里吃的鸡蛋都是软的,怎么这里的鸡蛋变成硬的了?"大家哄然大笑。原来,这个学生在家里时,父母从来都是在厨房里将鸡蛋剥去蛋壳后再端上来放在他的面前。

为了儿女成"龙"成"凤",中国的父母总是尽其所能给予子女最好的学习、生活条件,以至送他们出国留学,但又总是忽略对他们实际能力的培养。资料显示,在海外的中国普通留学生,一年正常的生活费大约为10余万元人民币,但富豪家庭的留学生们,很多超过了100万元,有人甚至超过了200万元,奢侈的生活让外国邻居看了都傻眼。

苏联教育家马尔库沙曾经指出:"昂贵的玩具、阔气的穿戴——这是通向严重后果的最初阶梯!"

正因为不懂何为爱何为害,不懂怎样教育下一代,所以今天的富二代、富三代,大多缺乏打理财富的能力。钱是大把大把地花,酒是大口大口地喝,不学无术却自命不凡,一旦掌管家业,很快将其亏空。

孔子告诫我们:"爱之,能勿劳乎?忠焉,能勿诲乎?"就是说,真对子女好,那就不能不尽心劝勉他,不能不为他操劳,同时也不可越俎代庖,须得让他经受必要的磨炼。孟子也说:"生于忧患,而死于安乐也!"的确,忧患可以使人图强生存,而安乐使人萎靡灭亡。

不仅孔子、孟子这样认识,"侯门多荡子"、"奢门出败子"、"自古纨绔少伟男"等等,都是千真万确的古训。

在皇朝社会,许多的王子王孙锦衣玉食肥马轻裘,四体不勤五谷不分,结果就是导致家道中落甚至江山易主。

北宋末年的权臣蔡京曾问几个孙子:"你们天天吃饭,能不能谈谈米是从何而来的?"其中一个马上回答说:"从臼子里出来的!"蔡京听罢大笑。另一个则一本正经地回答说:"不是的,我亲眼看见米是从席子里来的!"这个孙子为什么如此回答呢,因为当时京师运米,是用席子包扎的。因为孙子们都是这般回答,蔡京再也笑不出来了。

父母对于子女，从来是无尽的劳碌和操心，但是爱与溺爱切不可等同。《阴符经》中有一句话："恩生于害，害于恩！"就是说，利与害既相互纠缠又相互转化。有爱就有恩泽，但若恩泽过头，便将转而成为祸害。此言深刻揭示了"恩"与"害"的关系。

武汉近年流行的一个"段子"是："养一个儿子是养一个豺狼，养一个孙子是养一个蚂蟥，养一个媳妇是养一个娘娘。"看似笑话，但让人笑不出来！一对夫妇竟然这样祝愿自己4岁的女儿："长大了娶唐僧做老公，能玩就玩一玩，不能玩就把他吃掉。"如此教育，女儿长大以后，真的就不会吃亏，真的就能获得幸福吗？

今天的孩子，多为独生子女，很多的父母都说要给孩子一个快乐自在的童年。但是，什么事情都不干就会"快乐自在"吗？自然界的每一种动物，无不自幼学习生存的技能。人类社会不是"伊甸园"，而且更为复杂，更需要生存的能力和智慧。父母再是能干，也不可能包打下天。

孔子重视文化教育，但又特别强调"行有余力，则以学文"。也就是说孩子们应该是在将孝悌谨信躬行实践之后，再开始学习文献知识。孔子15岁才"有志于学"，结果成为了圣人，而今天的人们在娘肚子里就开始了"学习"，结果蠢材不少！

明代的理学家王阳明提出了"知行合一"的教育理念，他强调手脑合一，一边劳动，一边求知，不要培养书呆子。近代的教育家陶行知，不仅名字是"知行合一"的意思，更是在创办南京晓庄师范学校的过程中实践这个思想。

曾国藩曾感叹："由俭入奢易于下水，由奢反俭难于登天。"他在自己的遗嘱中写道："孔门教人，莫大于求仁，而其最切者，莫要于欲立立人、欲达达人数语。"

纪晓岚在《阅微草堂笔记》中也有一番见解："子弟读书之余，亦当使略知家事，略知世事，而后可以治家，可以涉世。"

华人首富李嘉诚在谈到子女教育时说：99%是教他们做人的道理，让他们知道生活的苦难。即使子女长大了，也是三分之二教他们如何做人，三分之一教他们如何做生意。

现在的西方，一些成功企业家虽家境富裕，但对子女要求十分严格，从不给孩子过多的零花钱，甚至还让孩子在假期外出打工，并且力所能及地参与慈善活动，希望他们懂得爱，懂得俭朴和自立。

做人永远是做事的基础，凡具远见卓识者，无不懂得"爱之，能勿劳乎"！

别让"小大人"急于长大

宋朝末年的中国,出了一个叫方仲永的神童。方家世代以种田为业,生下一个男孩名叫仲永,直到5岁,也没有让他接触过笔、墨、纸、砚。但5岁后的一天,仲永忽然放声哭着要这些东西。父亲对此感到惊异,但还是从邻近人家借来给他,仲永当即写了四句诗,并且题上自己的名字。这首诗以赡养父母、团结同宗族的人为内容,父亲十分高兴,马上传送给全乡的秀才观赏,赢得一片夸赞。于是人们常常指定物品让仲永作诗,把他和父亲当做宾客一样招待,有的人还花钱求仲永题诗。其父于是以此作为生财之道,每天拉着仲永四处奔走,根本没有考虑儿子的学习问题。结果,到了十二三岁时,王安石见到的方仲永,所作的诗已很一般;再过7年,王安石打听他的情况,回答竟然是"泯然众人矣"!

方仲永的故事,正应了东汉陈韪的一句话:"小时了了,大未必佳。"就是说,小的时候聪明,长大了未必真能成才。

30年前,中国科技大学设立少年班,将"神童"们集中到一个班级进行培养。这不仅是我国教育史上的创举,在世界上也极为罕见。几年后,该校向外界公布了少年班毕业生的跟踪调查结果。这些毕业生主要流向三个领域:国内一流大学、科研机构;国际学术前沿;国内外工商、金融、IT领域。

在少年得志成才的好消息背后,人们又常常听到一些令人惋惜的故事。科大少年班几乎每年都有1至3个"问题学生"被退学,有的是因为自控力差造成学业跟不上,有的是因为品行不端,有的是因为生活不能自理,还有的出现了严重的心理问题。所以不少人开始质疑:少年班究竟是"天才之路"还是"揠苗助长"?少年班让孩子过早进入大学人道不人道?少年班是不是违背了教育公平?

中国当代的教育真是奇怪：一方面人们嘲笑揠苗助长，另一方面教育理念实质上就是如此。家长们也总是要走两个极端：要么溺爱，要么助长。

似乎整个社会都希望孩子们尽快长大，所以家长和老师们几乎都采用了强迫的手段，用曾被自己深恶痛绝的教育方法去对待孩子，还异口同声地强调"为了你好"。零点研究咨询集团一项调查显示：我国4－10岁的城市儿童中，近三成上了两个或两个以上的课外班，儿童"上班"的比例达到61.9%。

一位欧洲教育家曾对一位美国教育家比喻说明彼此教育理念的不同：欧洲人把教育当做种花，人们只负责把种子种下去，浇水、支架、施肥、除草、除虫，但花原本是什么样就让它长成什么样，无论是玫瑰、菊花还是康乃馨，顺其自然；而美国人则把教育当做是挖矿，从矿坑里挖出一块石头以后，就琢磨琢磨最后让它成为一块宝石。应该说，欧洲与美国的教育理念各有千秋，或许并不完美，却都没有让孩子急于长大。

台湾教育家王财贵博士指出：孩子们的数学课为什么学得那么痛苦？因为课程的设置太超前，不科学。跟美国的学生相比，台湾的学生在高中毕业的时候，老早就把人家大学一二年级的东西学完了，于是相比之下，美国的大学生一二年级的程度是很差的，但是两年之后，人家就平起平坐乃至于超越而上。我们赢人家6年，人家赢我们一辈子！教育是一辈子的事，不是初中高中的事，更不是小学三四五六年级的事，我们要为孩子的一辈子着想！心理学告诉我们，凡是属于认知的科目，每一步都要认知得非常清楚，假如他一知半解，你就要教下一个科目、下一个单元，那你就是在残害我们的孩子！

华文卡耐基训练机构的创办人黑幼龙提出了一个著名的教育理念："慢养"，就是给孩子以充分的时间，让他们在学习中自由自在地成长。

黑幼龙夫妇的4个孩子都曾让他们头痛不堪。顽皮的儿子黑立国曾偷窃卖场的手套，那一刻，身为母亲的李百龄为此哭得歇斯底里。但此事发生后，夫妇俩没有责骂他，也未将此事告诉其他孩子，依旧给予他爱和拥抱。据黑立国在书中回忆，每当他做了调皮捣蛋的事情，父母虽然都会惩罚他，但是会让自己清楚地知道，错的是行为，而不是他这个人。因为父母从未给他贴上"坏孩子"这个标签，所以他知道父母从未放弃过他，这也培养了他的一种品格——从不放弃。

女儿黑立琍在青春期时，每天都是浓妆艳抹，并经常带着各种各样的男朋友回来。黑幼龙夫妇也曾咬牙切齿地骂过,但后来他们发现这些责骂其实多余而无效。根据情感心理学的研究,男孩或女孩如果在18岁之前喜欢了一个人,在没有任何干扰的情况下,男孩持续的时间大约为6个月左右,女孩持续的时间大约为18个月左右,所以父母没必要那么焦虑。这个时候需要做的一件事情,就是潜入孩子的房间,看看是否有毒品或者避孕套之类的东西,以确定孩子是否安全,但不要天天进去,不要偷看孩子的日记,尽量让孩子比较开放地在你面前谈恋爱。没有人那么完美,接受一个不完美的孩子是为人父母应该具备的一种品德。

"慢养"的结果让人十分羡慕,黑幼龙夫妇的4个孩子最后都成才了,并且,他们夫妇与4个儿女联手写作了一本书——《慢养——给孩子一个好性格》,成为台湾2006年度畅销书。

《论语》中记载:阙里的一个童子来向孔子传话。有人问孔子:"这孩子是个求上进的人吗?"孔子说:"我看见他坐在成年人的位子上,又见他和长辈并肩而行,他不是一个修习德行的人,只是个急于求成的人。"显然,提出"欲速则不达"、"过犹不及"理念的孔子,对急于求成的教育方式是否定的。

童年的生活质量将影响一生。让孩子像成人那样说话做事,对于他们就是一种伤害。在童年时代受到伤害的人,成年以后,心理上将会出现种种障碍。

关于对孩子童年的保护,国际社会早已达成共识,联合国就曾颁布了专门的《儿童权利公约》,中国也有未成年人保护法。未成年人理当受到优先保护和特殊保护,然而,揠苗助长式的迫害行为,似乎没有被包含在内。

教育专家孙云晓说:现在的孩子们的成长环境往往非儿童化。独生子女时代的到来,容易带来未成年人的成人化。过去,家庭中有兄弟姐妹,孩子的语言行为都有自己的儿童环境,现在的独生子女家庭,孩子很容易就去模仿大人的言行。另外,我们正处于一个媒体强势的状态,而媒体并不太注意照顾儿童的特点,孩子看成人的节目未必适合。

在电视上,我们现在经常看见童星们参加成人化的商业活动。这些孩子不可能理解那么多,于是只能模仿大人的言行,就像木偶一样被人指使来指使去。如此的童星生涯,虽然当下风光,但对其一生而言,一定不是好事。

任何国家都会有童星,搭建一个把儿童的特质发挥得淋漓尽致的舞台,可以说也是孩子成才的一条道路,但是这个过程应当自然而然。

　　加拿大有个很著名的童星叫瑞恩,他用自己劳动所得的钱,捐给非洲贫苦的人们打井。出名后,他成为媒体和公众的焦点,但他的妈妈就是不让孩子接受大量的采访,更不让他到各地作报告,而是让瑞恩依然像普通孩子那样生活、玩耍。这位全力保护孩子童年的母亲,实在是了不起!

　　没有童年的生命是残缺和不幸的。倘若用成人世界追逐名利的那一套惊扰了孩子们童年的梦,我们就犯下了不可饶恕的罪过!

别让『小大人』急于长大

为父怎样"远其子"

台湾有个弘化怀幼院，专门收容因为父母坐牢或离婚而没人照管的孩子，开办不到3年就十分红火，而且还成为那些"管不动"孩子的父母的"救命绳"。在孩子被送来进行"生活体验"之前，弘化怀幼院的院长都会与父母商量，相互约定好一个"管训"时间。在改变了孩子"被宠坏"了的习性后，院里才肯"放人"。

这些年，在江苏、江西、湖南、湖北、四川等地，也纷纷出现专以中小学"差生"、"小皇帝"为招生对象的民办教育机构。这些学校强调"训练×个月，改变孩子一生"，所秉持的理念是"没有惩罚的教育不是完整的教育"，所以常喊"拿鞭来，给我打！"拳头与戒尺随时握在老师的手上。这些学校的收费都不便宜，从近万元到数万元不等，但还是有许多家长趋之若鹜地将孩子送进去。

但是，终于有人受不了这种"冰火两重天"式的管教，并发生了许多生命的悲剧。

有一个孩子，因为不堪教官的体罚，服下4片高锰酸钾外用药片继而从楼上跳了下去。沸沸扬扬之时，一家电视台邀请了这个自杀未遂的孩子与他的母亲一起来座谈。然而，孩子躲在来后面，任凭教育专家、心理专家与主持人怎样劝说，就是不肯走出布幕与母亲见面，并且用充满怨恨的口吻对母亲嘶喊："我永远永远都不会原谅你！是你把我宠坏了，却不肯负责再把我教好，而是一把推给别人去打去骂。我一辈子都不会原谅你这个不负责任的母亲！"

于是，人们的质疑之声顿起：这种"再教育"真的能够收到一劳永逸的效果吗？

台湾有一位企业家曾依循古人"易子而教"之说，将自己幼小的孩子,交托给一位好友代为教养,直至孩子成年后方才让其返回家中执掌家业。这个孩子果然不负父亲所望,将企业管理得良好,但是个性却变得冷酷古怪。

"谁的教育能让孩子向你敞开心扉说真话,谁的教育就成功了一半"——在一项网上调查中,有24314位网友确认这句话是检验家庭教育成败的试金石。

中国现代家庭的亲子关系问题已是越来越突出和严重。武汉科技大学让新生每月给家长写一封信,竟然"难倒"了大学生,他们普遍的反应是:"和父母有什么好说的?"在孩子们瞧不起父母"老土"的同时,又有不少孩子"拼爹"、"拼爷",为自己有权有钱的父母以及父母的父母变态地骄傲,一位贵族小学的学生就这样警告他的同学:"不要惹我!否则,我让我爸爸把你爸爸买下来,让你爸爸成为穷光蛋!"

当年陈亢问了孔子的儿子孔鲤一个问题,明白了三个道理:"闻诗,闻礼,又闻君子之远其子也。""诗"、"礼"容易理解,就是知道了学诗可以顺言,知道了学礼可以顺行,但"君子之远其子"则有多种理解了。如果我们将其理解为父亲当故意疏远自己的孩子,那么,寻找"父不抱子"这个古代中国人传统的育子方式的根源,似乎当然就在孔子这里了。

然而正确的理解只能是:智慧的父亲不偏爱、不独亲自己的孩子,教育子女应当采取"严"、"正"的态度。

为父要严正,为父更要慈爱!孔子只是要求父要像父,子要像子。当弟子宰我提出子女为父母守孝服丧3年时间太长的时候,孔子说:"儿女生下来,到3岁时才会离开父母的怀抱。服丧3年,这是天下通行的丧礼。难道宰我没有从他的父母那里得到3年的爱抚吗?"由此我们可以想见孔子对儿子的慈爱,绝不可能"父不抱子"。

遗憾的是,中国人的家庭,自古以来父亲跟儿子的关系,从表面上看总是最疏远的,就像《红楼梦》中的贾政,对儿子动辄责骂,贾宝玉看到贾政大气也不敢出,虽然说"爱之深、责之切",然而这样的亲子关系正常吗?

因为要故意疏远自己的儿子,中国古代的一些君王从小多半都在"易子而教"的环境中长大,即便他们的施教者都是经过千挑万选的良师,却还是养出了不少弑父杀兄的不孝之子。

我国的传统中有着丰富的家训资源,其精华混同于泥沙之中。现在的家庭教育处于无序状态,很多教师从事教育工作多年,但是自己的孩子却没能教育成功。原因何在呢？因为他们没有真正明白亲子关系的重要，也没有找到家庭教育的规律。

孩子的第一任老师只能是父母。就是要"易子而教"，也当在六七岁以后，也就是孩子开始懂得讲理以后。在六七岁上学之前，中国从前的家教教的是《三字经》、《弟子规》之类。怎么教呢？父母言传，更是身教！小孩从什么时候开始学习呢？一出生就在模仿，一出生就在学习！如果把孩子比做产品，那么父母就是生产厂家。倘若生产厂家把基础的东西疏忽了，把扎根的教育遗忘了，以后无论怎样对"产品"进行加工和装饰，都很难合格！

母爱如水，父爱如山。能够充分享受母爱的人是幸福的，但在孩子的教育过程中，父亲的角色更为重要，因为一个好父亲胜过100个教师！

洛克菲勒在教育自己的下一代方面，制定了许多严格的"措施"。比如他强调锻炼身体的重要，儿子上学时，他让儿子滑着旱冰经过中央公园到林肯学校，家庭司机只是开着车跟在后面。不过，洛克菲勒家族却经常让孩子外出游历，还总是带着家庭教师和一大堆行李飞越大洲大洋。这种教育，增强了孩子们认识社会多元化和准确把握社会常理的能力，从而有利于启发孩子确立人生的目标。

在孩子的成长过程中，父爱和母爱有着各自不同的影响和作用。母亲代表着情感，父亲代表着意志。研究表明，父亲缺席的孩子，将会变得过于胆小、内向，可能形成自信心和责任心不足，以及独立性差和意志力薄弱等等缺陷；而由父亲带大或参与带大的孩子，则会显得独立性较强，表达的能力、社交的能力、解决问题的能力也会领先。父亲不仅为男孩子提供了模仿、学习男性角色的范例，也为女孩子掌握女性角色提供了重要的参照物。父母对于孩子，犹如太阳和月亮一样，是支撑同一个世界的两极，一方缺位都意味着巨大的风险。

有人比喻：如果说孩子是风筝，母亲就是拉住风筝的线，父亲则是让风筝飘扬的风！

然而，在当今中国的幼儿园里，"亲子活动"中带领孩子的，90%以上是母亲、祖辈或保姆。父亲的身影不但少见，而且即便出现，往往也仅仅充当了一个"观望者"的角色，仿佛不知道自己应该做什么。

隔代教养在中国极为普遍，它带来的教育问题越来越受到关注。老人常常会溺爱孩子，体现出更多的"带孩子"的意味，寄托了更为复杂的情感，这就为孩子的成长带来了更多的变数。同时，隔代抚养也容易造成家庭角色混乱不清,使得家庭成员无法找到自己的本来位置。从短期看,孩子常常会"渔翁得利",从长远看,则会阻碍其健康成长。

有这样一则小故事:一位父亲常常早出晚归,与儿子难得有时间在一起。有一天,儿子等父亲归来,问父亲:"您1小时挣多少钱?""10元。""那么,请您借给我1元。"父亲当即掏出1元给了儿子。儿子赶忙跑回房间,拿出自己存下的9元零花钱,与刚"借"来的1元钱加在一起,送到父亲面前说:"我能否用这10元钱换您1个小时?"这位父亲顿时感到万分惭愧。

所以,我们对于"君子之远其子"和"易子而教",切不可片面理解,否则在亲子关系方面,将会带来更大的困惑。

当然,对于不肖子采取那种"体验生活"式的教育,也不失为一种办法或策略,但在"教"的过程中,如果缺失了亲子关系中那份说不清道不明的奇妙之爱去润滑,那么教出来的孩子,最终还是难免成为一个没有情感温度的机器人。

3. 关于为学

子曰：学而时习之，不亦说乎？有朋自远方来，不亦乐乎？人不知而不愠，不亦君子乎？

子曰：知之者不如好之者，好之者不如乐之者。

子绝四，毋意，毋必，毋固，毋我。

子曰：学而不思则罔，思而不学则殆。

子曰：攻乎异端，斯害也已。

子曰：述而不作，信而好古，窃比于我老彭。

子曰：君子多乎哉？不多也！

子曰：古之学者为己；今之学者为人。

子谓子夏曰：女为君子儒，无为小人儒！

子曰：生而知之者，上也；学而知之者，次也；困而学之，又其次也；困而不学，民斯为下矣！

子曰：好仁不好学，其蔽也愚；好知不好学，其蔽也荡；好信不好学，其蔽也贼；好直不好学，其蔽也绞；好勇不好学，其蔽也乱；好刚不好学，其蔽也狂。

郝冀川（插图）

"学习秀"与"小人儒"

近年来,"MBA"和"EMBA"的专业学位进修课程在中国持续走红。

有人曾将"MBA"和"EMBA"输入百度搜索了一下,跳出来的搜索结果高达近2000万条,绝大部分都是推荐这类进修课程的信息。

"MBA"是英文单词字头的缩写,全称是"MASTER OF BUSINESS ADMINISTRATION",翻译成汉语就是"工商管理硕士"的意思,但严格来说,这个汉语翻译的意思有偏差,因为英语"BUSINESS"的意思是"商业",并没有"工业"的意思。但在中国,去参加这个原本是面向商人的课程的人,绝大多数不是商人而是企业的高管,当然有些人连高管都算不上,甚至还有刚刚毕业却找不到合适工作的大学生。

至于"EMBA",同样是工商管理硕士,但它对学员的工作经验要求高一些,考试门槛较"MBA"要低,学费却要贵上几倍。

无论是"MBA"还是"EMBA",招生广告词都十分诱人,比如:"传播先进管理知识!交流成功企业经验!建立××人脉平台!打造中国企业领袖!"在招生简章中,总会突出这个学习班的"特色与优势",比如:"通过学习,将极大地加强大陆与港、澳、台地区同学之间、在职学员与全日制学员之间、学员与政府官员之间、学员与专家教授之间的沟通交流,互通有无、互相提携。丰富的人脉资源与收获,必将催生同学经济,商机无限!"

从这类推销广告的内容,我们不难看出"MBA"和"EMBA"培训在中国走红的关键:对于举办方来说,是一个快速捞钱的捷径,所有此类培训班的共同特点都是学费高、授课时间少;对于接受学习的一方来说,除了可以花钱买一个文凭之外,更重要的是可以花钱买"人脉"。在许多民营企业里,我们都能看到企业领导人将其在某学校获得的"MBA"或"EM-

BA"毕业照片挂在会客厅里,以向来访者展示他的学问和人脉。

　　作为企业高管,当然必须懂得经商之道,也完全可以学习原本是面向商业的 MBA 课程。问题是企业高管们通过这样的"学习",究竟提高了哪方面的能力和水平?

　　今天好学的人们,虽有不少真的是为了提高和充实自己,但是越来越多的人的好学,更像是一种"学习秀",装样子给别人看,对"MBA"和"EMBA"的非正常追捧,就是众多"学习秀"的一类。这正是孔子为之扼腕叹息的乱象:"古之学者为己,今之学者为人!"事实上,很多人虽然拿到了"MBA"或"EMBA"毕业证,仍然是"德之不修,学之不讲,闻义不能徙,不善不能改。"

　　哈佛大学校长德鲁·福斯特的就职演讲让人深省:"让我斗胆提出一个定义来吧。一所大学的精神所在,是它要特别对历史和未来负责——而不完全或哪怕是主要对现在负责";"大学要对永恒做出承诺"!

『学习秀』与『小人儒』

　　然而,当今中国的大学,哪怕是一流大学,也普遍的形同工匠作坊。教育的目标模糊不清,在很多具体的问题上争论不休,但就是没有认真探讨如何培养一个良好的公民和未来社会的领袖等等问题。很多的"师者",非道德化的倾向十分严重,甚至许多人干脆把道德看成是对人性的压抑,责任感和使命感越来越被他们轻描淡写。学校的导向和学员的目标都十分明确,就是讲授和学习赚取几辈子也花不了的金钱财富的技巧。这样的教育,别说培养什么未来社会的领袖,就是一个良好的公民也很难培养出来。

　　我们一直高喊着建设世界一流大学,但是,大学的核心使命是什么?是大学的精神引领社会,还是让世俗的社会改造大学?这些问题,没有几个人能够说清,也没有几个人愿意关心。

　　1999 年 10 月,阿里巴巴获得以高盛牵头提供的 500 万美元风险资金,创办者马云立即着手的一件事情就是从香港和美国大量引进人才。当时,在阿里巴巴 12 个人的高管团队中,除了马云自己,全部来自海外。接下来的几年,阿里巴巴聘用了更多的 MBA,但是后来这些 MBA 中的 95% 都被马云开除了。马云回忆道:首先我承认我水平比较差,但难道他们就没有错吗?因为这些 MBA 一进来就跟你讲年薪,还有就是讲战略。那些专家跟 MBA 每次都讲得你热血沸腾,然而做的时候你却不知道从哪里做起。马云说,作为一个企业家,小企业家成功靠精明,中企业家成功靠管理,大企业家成功靠做人。因此,商业教育培养 MBA,首先要教的是做人。马云对这些MBA的评价是:"基本的礼节、专业精神、敬业精神都很糟糕。"这些人一进阿里巴巴就好像是来管人的,他们总是习惯性地要把前面的一切推翻。马云由此总结出一个关于人才使用的理论:只有适合企业需要的人才,那才是真正的人才。他把当初开除MBA的事情做了一个比喻——就好比把飞机的引擎装在了拖拉机上,最终还是飞不起来。

渴望成功者注重"人脉"理所当然。但是,倘若人都没有做好,能有好的"人脉"吗?

大学培养出来的,当是学有所成的君子,而不是学有所成的小人!

如果中国的高等学府已经堕落到靠出卖文凭出卖人脉来赢利的地步,那不是在批量生产"小人儒"吗?

意大利诗人但丁有句名言:"一个知识不全的人可以用道德来弥补,而一个道德不全的人却难以用知识去弥补。"教育家陶行知先生强调:"千教万教教人求真,千学万学学做真人!"居里夫人逝世时,爱因斯坦的纪念文章没有评述她两次荣获诺贝尔奖的成就,而是高度赞扬她追求科学真理的高尚品德,他认为这种品德要高于具体的科学成就。

百业德为首,德是智之根,智是德之果。德是地基,智是地基之上的高楼,地基不牢,楼就危险,楼房建得越高,损失也就越大。有德无才是庸才,有才无德则是祸害!所以彼特拉克说:"书籍使一些人博学多识,但也使一些食而不化的人疯疯癫癫。"罗斯福的话更是尖锐:"有学问而无道德,如一恶汉;有道德而无学问,如一鄙夫。"

人无德不立,国无德不兴。对于一个国家、一个民族来说,如果没有先进的科学技术,一打就垮;但如果没有优秀的文化传承和民族精神,则会不打自垮!

人类社会如果是"智"者多,仁者少,那一定是世界大乱。

"绝四":孔门学问的中坚

孔子带领弟子在周游列国的过程中,数次历险。在当时的宋国,有一个坏人叫阳虎,宋人恨他恨得要命。不妙的是,阳虎相如孔子,所以当孔子带着弟子们经过"匡"这个地方的时候,宋人把孔子认成了阳虎,于是包围起来,要取他们的性命。大家感到事情严重,都吓坏了,而孔子镇定自若,他对弟子们说:"自文王死后,500年来文化不断衰落,难道中国文化的命运真要断绝而不再流传下去了吗?周代的礼乐文化都在我这里,上天如果想要消灭这种文化,那我就不可能掌握它了;上天如果无意断绝中国文化的根本,那么你们放心,我死不了,匡人能把我怎么样呢?"这就是孔子在危难之际表现出来的"毋我"精神。

孔子很少谈到利益,肯定天命和仁德。在对道德观念和价值观念的阐释中,孔子强调"绝四",也就是"毋意、毋必、毋固、毋我"。孔子认为,人只有做到这几点,才可以完善自己高尚的人格。

"毋意",就是说为人处世,不可主观臆想,不要事事充满怀疑,本来事情很简单,我们就不要想复杂了;本来事情很复杂,我们就不要想简单了。胡乱猜想总是徒寻烦恼,盲目欢喜往往乐极生悲。

"毋必",就是做一件事,不可先入为主,一定要求或设定自己认为的最好的结果。俗话说"谋事在人,成事在天";"不如意事常八九,可与人言无二三"。天下之事,随时随地都在变化,我们想求一个不变的、固定的、永恒的事物,绝无可能。

"毋固",就是不固执自己的成见。"吾生也有涯,而知也无涯",庄子告诫我们,人的生命是有限的,而知识却是无限的。在宇宙之中,你我都太渺小了,探索永无止境,我们不懂的总是远远大于我们懂得的,那么为什么要死死抱着自己的一孔之见呢?

"毋我",就是不要唯我独尊,不要执著于"小我"。老子说:"既以为人己愈有,既以与人己愈多";"后其身而身先,外其身而身存"。其意是帮助了他人,自己必然更加充足和丰富;在利益的角逐中把自己放在后面,反而能够把握先机;在生死关头将自己置之度外,生命反而得以保全。

佛家所言"无我相,无人相,无众生相,无寿者相"的所谓"相",就是形象或现象。我们之所以感觉痛苦和烦恼,妄想、分别、执著统统不能放下,其实是被现象困住了。

"绝四",可说是孔门学问的中坚。"绝四"是平等相,"绝四"也是孔子的日常生活态度。那些不争、不贪、不求、不自私、不自利、不打妄语,通通包括在孔子的"绝四"之内。

如果我们只是一味地喜欢创新,喜欢出彩,喜欢张扬个性,喜欢体现自身价值,也就容易主观臆想、先入为主、固执己见、放大"小我"。

中国人的"学问"这两个字,真是大有学问。"学"与"问",是一种精神上的交流,是把知识学到手而不仅仅是有所了解。学问学问,当又学又问。"学"是接受,"问"是质疑,二者交汇,才是学问的含义。随着人类社会的发展,人们受教育的程度越来越高,可惜许多人还是只"学"不"问"或者只"问"不"学",当然,更谈不上孔子的"绝四"了。

要"绝四",就要多听少说。因为善于倾听是一种能力。从学问上说,善于倾听也才善于思考;从品德上说,善于倾听是对他人的尊重。

造物主给了我们两只耳朵和一张嘴巴,就是为了让我们多听少说。大多数人一生中有70%~80%的时间都在从事某种形式的沟通,而"倾听"则是沟通过程中最重要的能力。

传奇人物约翰·洛克菲勒以谨慎著称,而且拒绝仓促作出决定。他的座右铭是"让别人说吧"!他表示:"我们的政策一直都是——内心的倾听和开诚布公地讨论,直到最后一点证据都摊在桌上,才尝试达成结论。"洛克菲勒认为,一点点的倾听练习就可以创造惊人的结果。如果你注意倾听上司要求你做的事,就增加了做对的机会,而且不必再重做;如果你注意倾听别人告诉你的方向,就比较不会走错路;如果你注意倾听顾客真正的需求,就可以避免浪费时间和金钱在他们不需要以及不会购买的东西上。"大卫·帕卡德是惠普公司的创始人之一,他要求他的经理与管理者做的第一件事情就是——先去倾听,然后去理解。

我们之所以有前面的"意、必、固",关键在于有最后的这个"我"。

人生的境界也可以这样划分:第一重境界是以自我为中心的自私境

界,即"小我"境界;第二重境界是将小我融于人类社会和宇宙自然的境界,即"大我"境界(也就是儒家的"有我"境界);第三重境界是最高的境界,即"无我"的境界。"无我"或曰"真我",既超越"小我",又超越"大我",是物我对立全部消失、实现了真正解脱的自由境界。

"有我之境"与"无我之境"皆为人生的境界。而"有"、"无"之说,是中国哲学的源头。"有"、"无"的概念,最早见之于《老子》:"天下万物生于有,有生于无"。老子的"有"、"无"概念,本是宇宙哲学的范畴,但后来对整个中国文化产生了极其广泛的影响。在先秦诸子学说中,都涉及"有"、"无"问题。一般来说,儒家"崇有",强调"有我"境界;道家包括玄学家及后来的禅宗则"贵无",强调"无我"境界。孟子的"万物皆备于我矣",张载的"视天下无一物非我",程颢的"仁者以天地万物为一体,莫非己也"等等,皆为"有我"境界;王弼的"圣人之情,应物而无累于物也",《金刚经》中"应无所住而生其心"等等,皆为"无我"境界。

儒道两种境界的共通之处,就是都建立在天人合一、物我同体的观念基础之上。儒家强调"我",是一个"有"的存在,"我"作为万物一分子与他人、与社会息息相关共生共荣,所以应视人犹己,视天下为一家,他人之苦乐即自己之苦乐,这便是"仁者"的精神境界,这种"有我"是超越了自私的我,即变小我为大我,这种境界强调的是义务和责任的积极意识;道家强调"无"为本,主张"以无为心",或称"无心","无心"便是"无我",但其实"无心"也是一种"心",即"道心"。以道心待物,不仅超越了小我,而且超越了大我,所以能与万物真正消除区别,达到彻底的物我同一而进入自由的境界,这也就是"无我"的境界。道家的"无我"境界与禅宗的"无我"境界堪称同一。

作为世俗中人,要修炼到"无我"的境界,实在不是件容易的事情,但若仅仅处于小我的状态,人格无法完善,人生患得患失,正常的呼吸总会随时遭遇障碍;而孔子正是"中国人的呼吸器",助推我们从小我走向大我、走向无我。

"六言六蔽":伪人才的良药

"才可疏,志不可不大!"一位"成功"人士论述他为何"成功"时,说出了如此的惊人之语,让许多人瞠目结舌。

这位"成功"人士为何传授如此的经验?从好的方面去猜想,他弄不清楚何为"成功",以为出人头地就是成功,世俗的成功就是生命的成功;从坏的方面去推测,那就是鼓励人们以"厚黑"之技和不正当的手段去达到自己的目的或者说实现自己的野心。此君口出惊世反叛之言,或许就是为了"成功"达到引人瞩目的一招。

培根说:"有些人的讲话,只图博得机敏的虚名,却并不关心对真理的讨论。仿佛语言形式比思想实质还有价值。"关于野心,培根认为它如同人体中的胆汁,是一种促人奋发行动的体液。但是当它被阻挠而不能实现时,就将成为一种恶毒的东西了。当一个人的抱负受到压抑而心怀积愤时,就将以"凶眼"看人,这时他们将成为好乱乐祸之人,只能从他人的挫折中感受愉快。所以领导者必须善于驾驭这种有野心的人。如果要用这种危险的人,就必须不断地提升他们,不要让他们感到失望,否则他们就可能把自己及其所承担的事业一同毁掉。如果这一点很难做到,那就最好还是不要使用他们。

从进小学的那一刻起,老师就教导我们要树立远大的理想,每一个人似乎都被要求写过这么一篇作文:《我的理想》。对于那些在作文中表示自己的理想是当工人、当农民甚至是当清洁工的同学,不论老师口中怎样表扬称道,内心很可能不以为然,家长更会提出严厉的批评,指责这样的理想不够伟大。

人生本来就是一场修炼,而修炼就得找准位置和目标。所以认识自我是一个前提,否则就不明白进步和修炼的方向。譬如本是桃树的种子,目标就是长成最健最美的桃树;譬如本是松柏的种子,目标就是长成最健最美的松柏;倘若本来只能成为一朵小小的云,却偏要立志覆盖整个天空,那就是不自量力和志大才疏了。

"志大才疏"这句成语出自《后汉书·孔融传》:"融负其高气,志在靖难,而才疏意广,迄无成功。"意思是指人志向大而才具不够。

从某种意义上说,志大才疏是一种病,志大才疏是伪人才,而伪人才总是误人误事甚至误国。

历史上,自以为熟读兵书、精通韬略然而初次带兵便全军覆没、丧命沙场的赵括,就是典型的一例。还有就是荆轲。有人指出荆轲是个志大才疏的伪人才,虽然反驳者众,我倒认为颇有道理。据记载,荆轲年轻时爱好读书和击剑,但仅仅是爱好而已,并不擅长,所以屡次在卫国国君、侠士盖聂、剑客鲁句践等人面前丢人现眼,最后只好浪迹街头。燕太子丹急于找人刺杀秦王,被荆轲的外表迷惑,认为他有能力更有雄心壮志,于是委以刺秦的重任。如果荆轲真的精通剑术,心理素质过硬,图穷匕见时,他完全可以将近在咫尺的秦王一刺成功,但令人扼腕的是:秦王轻易地就躲过了荆轲的突袭,而荆轲也没能追上秦王,最后反成秦王的剑下之魂。"风萧萧兮易水寒,壮士一去兮不复还",著名刺客荆轲虽然两千多年以来被奉为英雄,一直活在人们的景仰之中,但事实就是——他不仅没有完成使命,反而白白断送了自家性命,并且加速了燕国的灭亡。所以,荆轲的本事不到家是一个问题,该不该接受刺杀秦王的"使命",或者说该不该虽才疏却偏要志大,又是一个可以探讨的问题。

『六言六蔽』:伪人才的良药

善于识人的孔子在与弟子们交流时,多次对有些弟子的自我贴金呵呵一笑。我想,孔子既是讥讽他们的不知礼让,更是担心他们不自量力和志大才疏。

好仁、好知、好信、好直、好勇、好刚,或许都是人们的志向。那么如何才能求之有道求之能成呢?孔子给我们指明了方向:在"好"的同时,必须修炼内功,热爱学习并且善于学习!

"好仁不好学,其蔽也愚"。一个人有仁爱之心,希望仁达于天下,但如果不学习不思考,就容易泛爱甚至乱爱,结果就是处处受人愚弄,"好心不得好报"。

"好知不好学,其蔽也荡"。一个人聪明好奇,希望尽知天下之事,但如果不学习不思考,就会活得如水上浮萍,飘忽不定,没有根基,结果就是"聪明反被聪明误",很容易因追逐异端而走向毁灭。

"好信不好学,其蔽也贼"。一个人笃诚守信,但如果不学习不思考,不善权变,只懂得小节小信,忘记了大道大德,结果就是被人利用,害人害己害社会。

"好直不好学,其蔽也绞"。一个人正直坦荡,但如果不学习不思考,就会将粗鲁当率真,说话表达有眼无珠尖刻放肆,让人难以下台甚至心痛如绞,结果就是"祸从口出"。

"好勇不好学,其蔽也乱"。一个人勇敢过人,如果不学习不思考,遇事总是不过脑子,行动在先,很容易成为一个莽汉,结果就是捅出一个接一个的乱子,让谁都担惊受怕。

"好刚不好学,其蔽也狂"。一个人喜好刚强,如果不学习不思考,就容易狂妄自大刚愎自用,随时都想击败对方,结果就是成为"强梁",而"强梁者不得其死"。

那位宣称"才可疏,志不可不大"的"成功"人士,肯定不懂甚至没有听说过孔子的"六言六蔽"的告诫,更不能感悟老子所言"上善若水"。此人胆大,明显属于"好勇"之类,按照孔子的测量,其结果就是一个"乱"字。

过犹不及。即使是"仁、智、信、直、勇、刚"这样好的品德,都得在学习中完成自己的一种定位和制衡。

"六言六蔽"正是孔子完整道德思想的阐述,这与他尊崇五种美德、排除四种恶政的倡导,也是一脉相承。

尺度把握人际,角度体现智慧,高度决定视野。

倘若我们不希望自己成为一个伪人才,以免重蹈荆轲之类的覆辙,那就不能不将本事学到家,不能不深刻领会才与德、才与志的关系,不能不防治自己可能出现的种种毛病,而"六言六蔽"就是一剂治病的良药。

远离异端

"来一份'蹲坑三号'冰品!"一位年轻的女孩端详着"便便"造型的菜单,兴致勃勃地点菜。"蹲坑三号"又名"呼噜拉稀便",是一道用芒果制作的甜食。"名字太有挑战性了,我倒要领教一下这些菜的威力。"女孩说。"从各种新生文化中找到'乐子',何'乐'而不为呢!"这是另一位高校学生兴奋的评价。来到这里就餐的人们,普遍的想法都是:"人的本性都是'不甘寂寞'的,当一些原本平淡甚至并不光鲜的场所被放大成一种主题,我们反而可以瞥见它背后的力量。在'厕所'里享受'便便美食',感觉不亚于一场狂欢。"

位于北京地安门外大街的这家"便便满屋饭堂",不到100平方米,四处洋溢着"厕所文化"的影子。墙上各种便便造型的卡通人物,个个都是一副龇牙咧嘴的夸张表情;56个印着海豚图案的马桶整齐地固定在饭桌前,变身成就餐的座椅;餐具都为各色"厕具"造型;"便便系列"美食更是花样迭出。据说,此店一开业就生意火爆。

追溯起源,这类主题餐厅自20世纪90年代就风靡英国。中国传媒大学文化产业研究院教授杨剑飞介绍说:"作为一个老牌资本主义国家,英国经济在20世纪90年代出现下滑趋势。当时,人们提出用创新思维拯救国民经济的策略。"

当都市人因为工作、生活的挤压而产生负面情绪时,感官刺激就成了心理能量投射的重要方式。一位心理学专家说,当成年人身处一个玩味十足的环境,"儿童自我"的心理空间就会异常活跃,从而有助于释放长期累积的消极情绪。在诸如此类的新生事物中,我们发现正向思维和逆向思维的碰撞不再是相互抵消,而是产生了"1+1>2"的力量。

动物似乎都有好奇的天性,但人的好奇心才是无与伦比的,并且最具创新思维。法国艺术家杜尚说,赋予普通事物全新的作用,人们会心生好感。人的这种好奇天性,从积极的意义上讲,的确推动了人类社会的不断发展。

然而,倘若人人总是标新立异,随时让所谓正向思维和逆向思维的碰撞产生"1+1>2"的异样力量,从而造成普遍的"目盲"、"耳聋"、"口爽"、"发狂"和"行妨",那么这个世界就永无宁日了。

老子早就指出了人性的弱点:"大道甚夷,而民好径。"事实的确如此,康庄大道非常平坦,而人们总是偏好看似快速的捷径。

人类社会不能不在探索中向前发展,也就是既要善于创新,又要避免异端,这是一个不好把握的问题,但我们又不能不去把握。

孔子自己不谈"怪、力、乱、神",并且告诫人们:"攻乎异端,斯害也已。"什么叫"异端"呢?"异"就是特别的,"端"就是两头或多边的头。"异端"就是不走中道走偏道邪道怪异之道。

对于孔子"攻乎异端,斯害也已"的解法,长久以来存在着不小的差异,其中有两种解法差异最大。宋代孙奕于《履斋示儿编》中写道:"攻,如攻人恶之攻;已,止也。谓攻其异端,使吾道明,则异端之害人者自止。"意思是攻击那些怪异的言论,就可以终止它们所带来的危害。朱熹集注:"专治而欲精之,为害甚矣。"意思是仅钻研于义理之一端,是有害的行为;或者说,看问题要全面,处理事情要掌握度,治学要全面通脱,如果只在一个方面下工夫,或只站在一个方面考虑问题,那就是有害的。

杨伯峻先生将孔子此言翻译成:"批判那些不正确的议论,祸害就可以消灭了。"对这一解释,李泽厚先生很不同意,他认为应译作:"攻击不同于你的异端学说,那反而是有危险的。"杨李两位先生各执一词,谁也难以说服谁。

其实,抛开孔子此言,仅就他们的认识本身来说,的确都有一定的道理。对此争执,我们不妨借鉴一下孔子那"无可无不可"的智慧,便能豁达豁然了。

对于不同于自己的学说和观念横加批判,无疑是武断的自以为是的并且肯定是有害的,但对那些事实已经证明与中道相去甚远危害极大的异端,倘若不评说不批判不抨击,不就成了"乡愿"了?追寻大道的人岂能不"就有道而正焉"!

在各种新奇语言空前丰富的21世纪,人们越来越远离正常的生活。"再漂亮些、再性感些、再另类些",成为一些前卫人士不懈的追求。现代社会强调的是眼球经济,于是包括音乐艺术在内,逐步变成一项项有明确目的和手段的商业运动,以满足多种感官刺激。比如科技的发达使得以前无法达到的音响效果现在可以通过一些电子装置轻易达到,而一些音乐相应的也就越来越奇特,好像设备的重要性超越了人脑,传统的音乐在很多地方已经无人关注,而各种各样怪异的声音堆成了所谓的"实验"、"先锋",真可谓"乐"不惊人死不休。

"娱乐泛化"借助现代传媒尤其是电视与互联网的推力,越来越有声有色,造就了一个彻底娱乐化的世界,一些人甚至高喊"娱乐至死"!

西方学者本雅明指出:古典的韵味在震惊中四散。能够把人们留在电影院的,只有惊骇、震撼、魔幻,还有血淋淋的怪诞。黄色文学早就过时,毛片也早就过时,剩下的只有零距离的疯狂体验。这一切都还不够用,许多人索性就直奔毒品去了。

然而,今天的人们对异端的追求并没有给自己带给安全感与幸福感。这个一切都在变动的时代,既让人充满希望,又使人感到渺茫。文化娱乐化、网络色情化、语言失范化、艺术消费化、历史虚无化种种不良的文化生活方式,就像蛀虫一样,正一点一滴消解着、毒害着人们的心灵。至于那些邪恶恐怖组织,更是直接危害着人类。

对新奇事物的狂热追逐,实在是反映出人类不成熟的病态心理。

盲目地学习比不学习危害还大,盲目的追求比不追求祸患更甚。

为了个人和整个人类真正持久的安康与幸福,我们无论怎样追求和创新,还是行于大道远离异端为好。

孔子为何"五十以学易"

孔子说:"五十而知天命",并且感叹:"加我数年,五十以学易,可以无大过矣。"意思是如果再给自己几年时间,50岁开始学《易》,便可以没有大的过错了。

《史记·孔子世家》中说,孔子"读《易》,韦编三绝"。读《易经》读得把穿竹简的皮条翻断了很多次,表现出孔子对《易经》是何等的看重和热爱。孔子认真学习研究《易经》,很重要的一个目的,就是要将《易经》与"知天命"相联系,致力于人道合于天道。

孔子读《易》学《易》发挥《易》,在他的血脉里,既灌注融会了《易经》的基本哲学观念,又演化出许多具体的文化思想。

《易经》又称《周易》,它是中国古代大思想家对天、地、人的认识以及人如何顺应事理法则的伟大经典。《易经》是群经之首,是学问中的学问,哲学中的哲学。易学是中华文化之源。根据《周礼》的记载,占卜有"三易之法",《周易》只是其中之一,《连山易》、《归藏易》均已失传。

《易经》是集体智慧的结晶——伏羲氏画八卦,文王演绎八卦为64卦并作"卦辞",周公作"象词",孔子作《易传》。现代易学专家认为,《易经》、《易传》和《老子》,都属于传统易学的奠基之作。所以,《易经》和老子、孔子不可分割。

郭沫若感叹:《易经》是一座神秘的殿堂。《易经》之所以神秘,因为其内容本是极其简单的符号排列组合,虽然单调,但是高度抽象,常人难以揣测它象征的具体事物及其含义。秦始皇焚书坑儒之时,李斯偷偷将《易经》列入医术占卜之书而得以幸免。但是,如果仅仅把《易经》当成一部纯粹的占卜书,那就浅薄化和庸俗化了。

古代的易学家对易道的理解,有"易一名而含三义"的说法,意思是易含有变易、不易、简易三层意义。所谓变易，是指一阴一阳的变化；所谓不易，是指变易中自有不易之理，变化的是现象，不变的是规律；所谓简易，是指这种易道简单平易，掌握它并不是一般人想象的那么困难。在这三层含义中，简易之道最为重要。这种简易之道也叫做乾坤之道、天地之道，而乾坤之道就是《周易》阴阳哲学的核心。中国哲学中阴阳相生相克、对应统一的基础理论，根植于《易经》。我们只要掌握了简易的原则，理解了乾坤两卦的底蕴，就可以突出主旨，抓住要领，懂得天地之间的变易，无非是一阴一阳的变易。

许多易学研究者都是当时公认的渊博学者。研究《易经》的学者大致可分为两个学派：义理派和象数派。义理派注重发掘周易的哲学价值，象数派则着重将周易用于占卜。《易经》有着预测功能方面的巨大价值，但其背后的天地准则——道，才是最重要的价值所在。正因为如此，老子才更重其义理而集精髓于《道德经》，孔子在《易传》中也说："易与天地准，故能弥纶天地之道"，"范围天地之化而不过"。意思是《易经》的原理揭示了天地自然的准则，万事万物的变化，都不出其外。

《易经》在17世纪就传到了国外。20世纪70年代末以来，又成为全世界研究的热点，周易预测日益引起国际学术界和科学界的重视，并且风靡全球，广泛运用于自然科学。1940年留法学生刘子华用八卦推算出太阳系有第10颗行星——"木王星"，轰动世界天文学界。现在数学上的八阶矩阵也是从八卦出来的。在遗传密码研究方面，64种遗传密码的发现具有划时代的意义，接下来先后有20多位学者不断问鼎诺贝尔奖，引发了生物学领域天翻地覆的巨变。然而人们没有料到，有关遗传密码的深层次奥秘，竟然与中国《易经》的64卦有着千丝万缕的内在联系，以致国外科学家惊呼：《易经》令人惊奇地接近真理！

《易经》对中国人的影响不可估量。人们说《易经》是占卜的书也好，是高深的哲学著作也好，但有一点是共同的，那就是一致认为《易经》反映了人类对万事万物的深刻认识，并同时阐明了与之相适应的人的行为方式。

对易学和东方文明有着精深研究的一代心理学大师卡尔·古斯塔夫·荣格曾写道："几年以前，当时的不列颠人类学会会长问我，为什么像中国这样一个如此聪慧的民族却没有能够发展出科学？我说，这肯定是一个错觉。因为中国的确有一种'科学'，其标准著作就是《易经》，只不过这种科学的原理诚如许许多多的中国其他东西一样，与我们的科学原理完全不同。"

孔子等人对《易经》经文所作的进一步解读和阐释记录成书,就是《易传》。《易传》有十篇,又称"十翼",意指十种对"经"具有附翼辅助作用的文章,也就是对《易经》的注释。《十翼》包括:一、彖上传(《周易》每卦有"彖辞",《彖传》就是解释"彖辞"的话);二、彖下传;三、象上传(又称"大象");四、象下传(又称"小象");五、系辞上传;六、系辞下传;七、文言传(文言是解释二卦经文的言语);八、序卦传;九、说卦传;十、杂卦传。

《易传》中多有儒家观点出现,我们由此看出儒家在努力寻找《易经》的道德伦理价值。专家认为《易传》为发展易学做出的贡献是:提出了"一阴一阳之谓道",把阴阳概念上升为道,奠定了易学的基础;提出了"易有太极,是生两仪,两仪生四象,四象生八卦",建立了太极系统即阴阳系统、八卦系统、日月系统、天地系统和宇宙系统;提出了天道、地道、人道,并用天地之道解释人道;提出了六爻卦的基本结构;提出了六爻卦系统的基本功能;提出了先天和后天的概念,为先天八卦和后天八卦指明了方向;提出了易与历法同源,"广大配天地,变通配四时,阴阳之义配日月";提出了易学最基本的操作方法;提出了"生生之谓易"的观点,即易学是活的,不是死的,易学是发展变化的,不是固定不变的,强调不断更新,唯变所适,与时偕行。

总之,《易传》使易学由经验上升为理论,把太极八卦变为说理的工具。《易传》的出现,是易学发展史上的第二次飞跃。

钱穆先生在《孔子传》中这样评价他的历史地位:"孔子为中国历史上第一大圣人。在孔子以前,中国历史文化当已有两千五百年以上之积累,而孔子集其大成。在孔子以后,中国历史文化又复有两千五百年以上之演进,而孔子开其新统。在此五千多年,中国历史进程之指示,中国文化理想之建立,具有最深影响最大贡献者,殆无人堪与孔子相比伦。"

"知之者不如好之者,好之者不如乐之者"。非"生而知之"的孔子之所以成为伟大的文化巨人,少不了热爱之功。

4. 关于修身

曾子曰：吾日三省吾身：为人谋而不忠乎？与朋友交而不信乎？传不习乎？

子曰：知者乐水，仁者乐山。知者动，仁者静。知者乐，仁者寿。

子曰：志于道，据于德，依于仁，游于艺。

子曰：知者不惑，仁者不忧，勇者不惧。

子曰：己所不欲，勿施于人。

子曰：君子有三戒：少之时，血气未定，戒之在色；及其壮也，血气方刚，戒之在斗；及其老也，血气既衰，戒之在得。

子曰：君子有九思——视思明，听思聪，色思温，貌思恭，言思忠，事思敬，疑思问，忿思难，见得思义。

子曰：益者三乐，损者三乐。乐节礼乐，乐道人之善，乐多贤友，益矣；乐骄乐，乐佚游，乐宴乐，损矣。

走近君子

15世纪的一个宗教改革家在一本书中讲述了一个影响自己一生的小故事。

有一天他路过一个烈日炎炎下巨大的教堂工地,所有的人都在汗流浃背地劳动。他去访问第一个工人说:"你在干什么呢?"那个人没好气地说:"你看不见啊,我这不是在搬砖头服苦役吗?"第二个工人回答这一问题的态度,比第一个人要平和很多,他先把手里的砖码齐,看了看说:"我在砌墙啊!"接着他又去问第三个工人。那个人脸上有一种祥和的光彩,他把手里的砖放下,抬头擦了一把汗,很骄傲地跟他说:"你是在问我吗?我在建造一座圣殿、一座大教堂啊!"这三个人做的事情一模一样,但是他们给出来的解读却差别极大。

第一种人的态度,可称为悲观主义。这样的人往往把人生中所做的每一件事情,都看做是生活强加给他的一份苦役,他关注的是当下的辛苦。可以想见,这个心态悲观的劳动者一生都会怨天尤人。

第二种人的态度,可称为职业主义。这是孔子所说的"器"的境界,作为一个"容器"的存在他或许基本合格了,但却没有更高的追求。他知道自己砌一堵墙也就是在完成一个局部的成品,知道要对得起今天的岗位、薪水和职务,所以他的态度不低于职业化的底线。可以想见,这个劳动者的一生也许平平常常。

第三种人的态度,则可称为理想主义。在他看来,眼前的每一块砖,每一滴汗,都是为了建造一座圣殿和教堂,自己每一分钟的劳动都是有价值的,况且自己所做的事情,关系到生命的意义,关系到精神和灵魂。可以想见,这个有着使命感的劳动者,人生将是充满阳光和幸福感的。

真正具有理想主义情怀和使命感的劳动者,可以说就是具有君子人格魅力的劳动者。正如孔子所言:"君子以道义为根本,以礼仪立身处世,以谦逊的言语表达思想,以诚信的态度追求成功。这就是君子啊!"

在一部《论语》中,"君子"这个词出现了100多次。"君子"这个孔子心目中理想的人格标准,主要体现在这么几个方面。

第一个标准:"君子不器"。

孔子认为,君子主观上谋求的是道,而不谋求衣食。君子担心的是道义能不能施行,而不担心自己是否会遭受贫穷。换句话说,君子的心量大、格局大;而小人的心量小、格局小。

有人攻击孔子"四体不勤,五谷不分",而吴国的太宰伯却称赞孔子是个圣人,因而才如此多才多艺。孔子听到太宰的称赞后不以为然,他的观点是:"君子多乎哉?不多也!"他说自己由于年轻时生活清贫,所以才"多能鄙事",而真正的君子,用不着这么多的谋生技艺,因为"君子不器"。

"君子不器"四个字,看似简单,涵义却十分深刻。

"君"字是会意字,从尹,从口。从"尹"表示治事,从"口"表示发布命令,合起来的意思就是发号施令和治理国家。《春秋繁露》上说:"君也者,掌令者也。"《荀子·礼论》上说:"君者,治辨之主也。"

"器"字在早期的文字中,是一个类似"口"字的象形文字,表示装东西的器物,而后又演变成上下左右对称的四个口,表示东西多,财产多,多了怕丢失,需要看护,因此四个"口"字中间,就出现了一个"犬"字。君子不器的"器",首先指的就是器皿、器具,引申出来的意思是器重,具有清晰的人文意义。

中国老百姓习惯将某种物品叫做东西,如瓷器、漆器等等。因此,有人将"君子不器"翻译为"君子不是东西",听起来有些不严肃,但真正的君子确实不是什么器物。那些自称"君子"却被人们比做鼠或者狼之类的人,才真正的不是什么东西——比如《诗经·硕鼠》中描述的那些令百姓咬牙切齿的"君子"。

在孔子的心目中,君子应当博学多识,具有通观全局、领导全局的能力,能够担负起治国安邦的重任,对内可以妥善处理各种政务,对外能够应对四方,不辱使命。所以君子不可像器具那样,能力局限于某个方面,只有单一的用途,固定在某个职业中。具有君子人格的劳动者,他们自觉承担起社会责任,比职业主义者更高一层。

"君子不器",并非就否定了"器",孔子不是告诫说:"行有余力,则以

走近君子

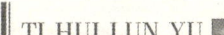

学文"吗？但是，孔子不是教授"稻粱谋"的，不主张君子将学习的重点放在谋生的手艺这类形而下的方面，而应当关注形而上的世界，行道于天下。孔子认为"不知命，无以为君子"，就是说君子最大的使命，是成为复合传统文化的托命之人！

　　君子的社会角色是变通的、与时俱进的，他们是社会的良心。君子虽然庄重、庄严，但却能够团结照顾到很多人，"和而不同"、"矜而不争"、"群而不党"、"周而不比"。

　　孔子说"士而怀居，不足以为士矣"，他的学生曾子也说："士不可以不弘毅，任重而道远。仁以为己任，不亦重乎？死而后已，不亦远乎？"法国思想家、著名格言体道德作家拉罗什福科的看法，与儒家的这些观点也是十分一致："那些太专注于小事的人，通常会变得对大事无能。"

　　这样的担当精神，后来就演化成了中国儒家人格中所谓的"天下兴亡，匹夫有责"。一个人在显达的时候能以天下为己任，而在困窘之时还不放弃个人修养，始终保持节操，这就是君子了。

　　古往今来的领袖人物，的确并不一定具备多种技能，但他们却是"通于艺"、"游于艺"的。我们必须清晰理解领袖、管理者与非管理者的本质区别。比如在企业中，许多技术专业水平很高的人才，却难以成为合格的管理者，其根本原因就在于他们只知道自己怎样工作，却不懂得怎样让别人一起有效地开展工作；而让别人或者团队一起有效地开展工作，这就是管理者的价值；至于领袖人物，更不会亲自致力于某一具体产品的制造，他关注和关心的天空和未来。

　　在一个美好的社会，身居上位者应当尽皆君子，或者说真正的君子理当居于上位。这正是以孔子为代表的古圣先贤以及无数志士仁人追求的理想。

　　第二个标准：君子心有敬畏。

　　孔子说："君子有三畏——畏天命，畏大人，畏圣人之言。小人不知天命而不畏也，狎大人，侮圣人之言。"君子敬畏上天，所担当的，也是来自上天的使命！

　　孔子没有对神明肯定，但也没有否定，他只是明确地说君子"畏天命"，并且"迅雷风烈必变"，因为"不知命，无以为君子也"。孔子要求祭祀时必须心怀诚敬，祭祖就像祖先真在面前，祭神就像神明真在面前，自己如果不亲自参加祭祀，其实就是没有祭祀。孔子患了重病，子路派门人充当孔子的家臣，负责料理后事。孔子知道后生气地说："很长时间了，仲由就干这种弄虚作假的事情！我明明没有家臣，却偏偏要装作有家臣，我骗谁呢？我骗上天吗？与其在家臣的侍候下死去，我宁可在你们这些弟子的侍候下死去，这样不是更好吗？况且，即便我不能享有大夫的葬礼，难道会被扔在路边没人埋吗？"

卫灵公的大臣王孙贾问他："人们说与其奉承奥神，不如奉承灶神。这话是什么意思？"孔子说："不是这样的。如果得罪了天，无论向什么神祷告，都没有用了。"

《古兰经》中说："你们当为正义和敬畏而互助，不要为罪恶和横暴而互助"；"你们中最尊贵者是你们中最敬畏者"。

《圣经》中说："敬畏耶和华是智慧的开端，认识至圣者便是聪明"；"敬畏耶和华是知识的开端，愚妄人藐视智慧和训诲"。

英国19世纪名相格莱斯顿评价伦敦以西偏南索尔兹伯里平原上的巨石阵时说道："这是一座崇高的、令人敬畏的古迹，它诉说着多少事情，同时又告诉人们，它隐藏着更多的事情。"

德国著名哲学家康德有一句人类思想史上气势磅礴的名言，最后被人刻在他自己的墓碑之上："有两种东西，我对它们的思考越是深沉和持久，它们在我心灵中唤起的惊奇和敬畏就会日新月异，不断增长，这就是我头上的星空与心中的道德定律。"

今天的思想家史怀哲说："只有我们拥有对于生命的敬畏之心时，世界才会在我们面前呈现出它的无限生机。"

在西方，尽管有无数的文人学者批判教会，却没有人不敬畏上帝。

关于敬畏之心，孙中山也有名言："敬畏当敬畏的神；不敬畏不当敬畏的人！"

第三个标准：君子是仁者、知者和勇者。

君子的力量始自于人格与内心。因为他的精神世界完满和富足，所以表现出来的是一种从容不迫的气度。

司马牛曾经问过孔子，什么样的人才能够称为君子呢？孔子答："君子不忧不惧。"司马牛似乎觉得这个标准太低了，又问："不忧不惧，就可以叫君子吗？"孔子不做正面回答，只是补充说："反躬自省，无所愧疚，当然没有什么可忧可惧的。"这也就是老百姓所说的"不做亏心事，不怕鬼敲门"。

孔子很认真地与弟子们讨论过君子的问题，他说："君子道者三，我无能焉，仁者不忧，知者不惑，勇者不惧。"

什么叫"仁者不忧"？一个人有了仁爱的大胸怀，内心宽厚、平和，就不会斤斤计较，就不会患得患失宠辱若惊。

什么叫"知（智）者不惑"？我们的痛苦不是没有选择，而是选择太多。拥有舍得的智慧，我们内心的选择能力才会变得强大。

什么叫"勇者不惧"？当小我融于大我，融于宇宙自然，我们便拥有了一种担当的力量，虽千难万险也无法阻挡。

孔子并不否定个人利益的存在，他强调的是重道义走正路，心中始终有一种不得超越的规矩和法度，每天惦记的不是小恩小惠一己之利。这就是孔子所言"君子喻于义，小人喻于利"；"君子怀德，小人怀土。君子怀刑，小人怀惠"。

一个人做到了知、仁、勇，内心就少了惑、忧、惧；一个人内心没有了惑、忧、惧，自然就减少了对外界的抱怨和指责，就像那位骄傲地宣称自己在建造一座圣殿的劳动者一样，从内心深处增强了把握幸福的能力。

在儒家传统道德观念中，智、仁、勇是非常重要的三个范畴。《中庸》也再次明确："知、仁、勇，三者天下之达德也。"孔子希望自己的学生能够具备这三德，成为真正的君子，而他对自己的要求更是严格。

第四个标准：君子"文质彬彬"。

《易经》的六十四卦中，只有一卦是六爻皆吉。这一卦就是"谦卦"！

谦卦初爻的卦辞就是"谦谦君子"，这是"谦"的序幕，"谦"的开始，谦下，是君子人格重要的基石。

我们的姿态向下向下再向下，我们的人格就会向上向上再向上，从而超拔出难以言传的尊严和至柔敦厚的力量。

"文质彬彬，然后君子"，是孔子对君子形象的描述，也是他对君子人格的要求。

孔子认为：质朴多于文采，就会流于粗俗；文采多于质朴，就会流于虚伪。

卫国大夫棘子成说："君子只要具有好的品质就行了，要那些表面的仪式干什么呢？"子贡当即予以驳斥："太遗憾了，夫子您这样谈论君子！一言既出，驷马难追。本质决定文采，文采表现本质，两者同等重要。去掉了毛的虎豹之皮，就如同去掉了毛的犬羊之皮一样，没什么区别了。"

荀子说："力不若牛，走不若马，而牛马为用，何也？曰：人能群，彼不能群也。"这里所说的"群"，指的是人类社会的政治结构、军事组织、社会团体、血亲宗族以及伦理道德、刑法律令、典礼仪式、规章制度等等范畴。

也就是说，人与动物的关键差别，在于文化，人得力于"文化"，才能成为"万物之灵"。

从文化人类学的角度来看，"质"，指的是人类朴素的本质；"文"，指的是文化的累积。所以人类的文化也当"文质彬彬"，与天道相合，与人道相合。

"文"与"质"的概念和范畴，内涵丰富而外延广泛。推而广之，"文质彬彬"还可以从审美、艺术、作文的内容和形式、内在美与外在美等各个方面来进行理解和发挥。

文质彬彬，是经由修习而达成的均衡和谐的状态，而内容与形式的均衡状态，就是"中道"。品味人生，认识世界，无不需要透过表面看内在，正所谓："入乎其内，出乎其外。"

第五个标准：君子言行一致。

君子崇尚实干，君子人格的养成，是一个做事的过程、实践的过程。

孔子十分讨厌那些夸夸其谈的人，他说："巧言令色，鲜矣仁！"他赞赏"君子耻其言而过其行"，"讷于言而敏于行"，因为君子表面上可能是木讷的，少言寡语的，但他的内心世界却是无比的坚定和刚毅。

君子不会把自己要做的事、要达到的目标急切地说出来，往往是已经行动了，或者事情完成了，他才淡淡地说出来。这就叫"先行其言而后从之"。

《圣经》同样提醒人们说话谨慎，因为世上最是追不回来的有3件事：射出的箭、说出的话和失去的机会。

所以，我们论君子不能只论一面，需要进行全方位的评价，否则就会把贤者当成君子，而把能人混同于贤人，而小人与能人之间的界线，原本就比较模糊。

由贤人到君子，有一段相当的距离，但贤人与能人之间却只有一步之遥。一般意义上的"小人"，并不等于坏人，他们可能是能人，但也可能是庸人。

君子与小人的外在作为，常常被弄得黑白颠倒：明明是个小人，却往往道貌岸然一副君子形象；明明是个君子，其作为又可能让世俗之人难以理解。

人生一世，所遇之事多难如意，越是想对社会有大贡献的人，遭遇的不如意往往越多，如果我们在被人误解的情况下，还能做到"人不知而不愠"，自然就"不亦君子"了。

与君子打交道，向君子学习，也得要有一个原则。孔子告诉我们："侍于君子有三愆：言未及之而言谓之躁，言及之而不言谓之隐，未见颜色而言谓之瞽。"就是说，侍奉身居上位的君子要注意避免三种过失：还没有问到你的时候就说话，这叫急躁；已经问到你的时候你却不说，这叫隐瞒；不看人家的脸色而贸然开口，这叫有眼无珠。

无论我们处于生活中的什么位置，养成君子的人格，都一定是生命修炼的方向。倘若我们一时半会儿成不了君子，至少也应当走近君子，远离小人。

内化与外化

孔子说:"吾十有五而志于学,三十而立,四十而不惑,五十而知天命,六十而耳顺,七十而从心所欲不逾矩。"这其实是一个人持续修炼、不断成长、从必然王国最终走向自由王国的完整过程。

孔子倡导"礼",自己对"礼"的遵循,也表现在一言一行。在不同的场合,他的容貌、神态、言行都相应的有所不同。在本乡本土时的孔子,给人的印象是谦逊、和善的老实人;在朝廷上的孔子,态度恭敬而有威仪,不卑不亢,敢于讲话;在国君面前的孔子,恭顺严肃,庄重敬畏。孔子在衣着方面,无论祭祀之时、服丧之时和日常生活中,都各有要求和规范。孔子在吃的方面,"食不厌精,脍不厌细",而且一定不吃有害于健康的食物。孔子与国君吃饭时,都会主动先尝;患病躺在床上,国君来探视,他如果无法起身穿朝服,就把朝服盖在身上。孔子把祭肉看得比车马还重要,因为祭肉关系到"孝"的问题,祭祀祖先之后,这块肉就不仅仅是一块可以食用的东西了,而是对祖先尽孝的一个载体。

在今天的许多人看来,孔子如此一丝不苟,似乎活得太累,但若用心体会,我们感觉孔子准确而妥帖的言行,已经炉火纯青,表现自然而然,并非矫揉造作。因为所有的规与矩,孔子都已内化于心而外化于行。所以,孔子的弟子们在谈起老师时,总是津津乐道,佩服之至。

对于芸芸众生来说,在自由和规矩之间,要达到和谐与统一,实在是一道大大的难题,好在孔子已经为我们树立了一种"从心所欲不逾矩"的榜样。

如果说"从心所欲"是本性,那么"不逾矩"就是理性,就是智慧。过于理性的人生未免拘谨僵硬,过于感性的人生则会散漫不羁还很可能因小失大。感性与理性的和合,才能造就健康、完善的人格。

凭着本性去做事,听凭内心的呼唤,让自然的生命自然地孕育、自然地生长、自然地绽放、自然地凋零，那是一件多么畅快的事情。但是，人又不能不遵循社会的法则，否则你就自在不了畅快不了。对于人类世界来说，要保证社会的存在与发展，就必须保证社会的秩序与和谐，所以我们在追求自由的同时，又需要做到"不逾矩"。这里的矩，应该是做人的尺度和基本规则，以及做人的良知。人性的弱点，如果没有理性来匡正，往往要泛滥成灾，许多人通常能做到的"不逾矩"，其实主要是因为外在的约束和威慑"不敢"而已，外在的约束和威慑一旦消除，罪恶的念头便可能产生了。

人是一个能动的主体。在不断地与客观世界的相互作用过程中，主体积累了一定的知识、经验、思想、观点、信念和能力，就会在头脑中以观念的方式形成一个相对稳定的认知结构和态度体系，达到同化和顺应两方面的统一。当这种统一的持久的信念和态度成为自己人格的一部分，就是成果的内化，人在生命过程中的实践、言行的外显与表现，就是成果的外化。

内化于心与外化于行是辩证统一的。内化是外化的基础和前提，没有内化就没有外化；外化是内化的外在表现，没有外化，内化也就失去了存在的实际意义。它们互相渗透，内化中有外化，外化中有内化。

在人生的修炼中，我们不能人为地把两者割裂开来，也不能简单地认为谁比谁重要，而应该用内化于心的成果推动外化于行，用外化于行的实践巩固内化于心，使两者相互促进、相得益彰。

美国心理学家费斯汀格认为：人都有一种力求认知一致的趋势。当认知不协调时，人就会产生心理上的不平衡。外部刺激与自身观念之间的差异越大，主体的心理失衡越强烈，力求一致的愿望也就越强烈，也就愈容易放弃旧观念，接受新观念。这就说明，生命的修炼的确不是一蹴而就的。所以孔子将一个人德行的修养过程设计为：开始于学《诗》，立身于学礼，完成于学乐。

生命的修炼自孩童时代就开始了。我们每个人从小就不停地玩各种游戏，但当时以为游戏也就只是游戏。其实我们正是在游戏的过程中，开始去学习和接触"社会"。为什么玩游戏会对我们的生活与学习造成很大的影响？因为在学习的过程里，比如读书，仅用眼睛去看，真正吸收到的只有10%；听课，仅用耳朵去听，真正吸收到的只有15%；然而，通过亲身体验，学习的成效将达到近80%。每个不同的游戏，其实都是一种未来社会化的前导训练。更重要的是，从这些游戏中，我们也开始学习自我发现与发现别人。游戏是一种最好的自我观照，参与其中时得到的种种

感受，尤其是来自骨子里的信念，从小到大都一直深深地影响着我们。这个过程，主要就是训练以身合心得心应手。

但是人的修炼，还有更高一层的标准，那就是以心合道。这就非一般人所能达到了。

如何才能"以心合道"？先哲老子已经为我们指明了修炼的路径："致虚极，守静笃。万物并作，吾以观其复。"也就是说，人的心思不可太复杂，如果真心修炼，达到虚无的极点，坚守宁静到笃实，就能在万物的生长繁衍中，观察到它们的循环往复。

学海浩瀚，我们所学所取，如果不化为营养存于内心，就是在浪费生命。所以，善于学习善于修道的人，对所有的学问，都会谨记一条：内化于心，外化于行。就如佛学里所说的"上下双回向"一样，先往上超升，摆脱世间名利、价值观念的束缚；然后往下回到现实生活，在各种处境中怡然自得，"从心所欲不逾矩"。

人是社会性动物，一方面，我们不能不和光同尘，顺势而为；另一方面，又当保持内心的宁静与淡定——这就是外化而内不化。

我们若能主动觉察、修正自己的一言一行，日复一日，就能习惯成自然，就能在感性和理性之间找到一个平衡点，从而将那些规与矩融幻成风内化于心，在人生的道路上刚柔相济进退有据，多彩而不失条理，有序而情味无限。

不能八戒也须三戒

人们都知佛家有"八戒":一戒杀生,二戒偷盗,三戒淫邪,四戒妄语,五戒饮酒,六戒着香华,七戒坐卧高广大床,八戒非时食。总之,指的是在家男女信徒一日一夜中所受的八种斋戒法。所以,《西游记》中猪刚鬣受了菩萨戒行,断了五荤三厌,唐僧就给他起了个别号——"八戒"。只是猪八戒始终"戒"得不彻底,也不情愿。

对于居士也就是信佛的不出家的人来说,所受的只有五戒,五戒之中没有不食肉的戒律,不过我们汉地的佛教徒有食素的传统,这是提高了的要求。

孔子要求的"三戒",是对人从少年到老年这一生中需要注意的重大而关键问题的忠告。

"少之时,血气未定,戒之在色。"意思是说,人在年少之时,机体尚未发育成熟,气血也未完全充实,要警戒自己不要过早过多地贪恋性爱。这种观点与现代医学的观点一致。现在的一些青少年,不仅缺乏社会经验和生活能力,对自己的放纵也是日盛一日,因性生活随便造成的如体虚、怀孕、堕胎等等一系列的问题,不仅伤害身体,并且导致堕落。

"及其壮也,血气方刚,戒之在斗。"意思是说,人到壮年之时,机体发育成熟,气血已经完全充实,要警戒自己不要争强好斗。孔子所讲的"斗",包括斗气、斗勇、斗胜,这也与现代医学观点一致。冠心病和高血压发病率很高的人,总是与他们经常处于情绪紧张的应激状态有关。40岁这个"不惑"阶段,对于天底下所有的男人来说,更是重要和关键。经过十多年的寒窗之学,再接受十多年的职场磨炼,生活基本稳定,事业初步有成,虽然劳累,但进入了人生比较得意的时期。这个时期的路走好了,可以再接再厉再创辉煌,但若把握不好,则将前功尽弃,余生落魄。

"等咱有钱了,买车买两部,开一部,撞一部。"这是一个荒诞的段子,不想竟被长春市金苹果家园的一对夫妇演绎成现实。两人吵架后,丈夫开着自己的奔驰车将妻子停在楼下的起亚轿车撞烂。夫妻间都是如此好斗,在社会上与人争斗的理由和机会就更多了。

"及其老也,血气既衰,戒之在得。"意思是说,人生在老年之时,机体的各种生理功能已经减退,体力与精力明显下降,要警戒自己不要贪得无厌,否则那些可遇而不可求的妄念,将会造成精神上极大的痛苦。对于老年人来讲,自己已经对社会和家庭尽到了应尽的义务,晚年的生活不宜继续追名逐利,甚至对儿女的"回报"也不要去苛求,应当如老子所言"为道日损",将物质世界的欲望一点一点往外扔,追求身与心的健康,感受夕阳之美妙。

太平洋有一个布拉特岛。在这个岛的水域中,有一种鱼叫王鱼。王鱼本来无鳞,但长大以后就分为两种,一种有鳞,一种没有鳞,而有鳞或者没有鳞,竟然由鱼们自己来选择。

从小到大都没有鳞的王鱼,一生都较为平静,但选择慢慢有鳞的王鱼,一生则是惊心动魄了。

王鱼的鳞很特别,来自外界。它有一种本领,只要愿意,以一点自身的分泌物,就能吸引一些更小的动物贴附在自己的身上,然后千方百计地把这些小动物身上的物质吸干,成为自己身上的一种鳞片。所以它的这种"鳞",其实只是一种附属物。当王鱼有了这种附属物后,便会比本来的自己最少大出4倍,与那些没有附属物的王鱼相比,一个像爷爷,一个像孙子。

可叹的是,吸附了外界物质的王鱼,生命一旦进入到后半生,由于身体机能的退化,这种附属物就会慢慢脱离,王鱼也不能不重新回到原本的面目。然而,从有鳞到没有鳞,对王鱼来说是一种死去活来的体会,一种从里到外的被剥夺,因此王鱼无法忍受,变得异常烦躁和绝望,甚至无端地攻击别的鱼类,可惜它的攻击又没有了往日的威力,反被撕咬得遍体鳞伤,并且越是从前貌似强大的王鱼,现在就越是痛苦。外界让它别扭,自己也让自己别扭,于是它就开始了自残,往岩石上猛撞,撞得稀里哗啦,惨不忍睹。最后,可怜的王鱼会浮上水面,跳上翻下,挣扎数日后死去。死时的王鱼,眼睛也被自己撞瞎,红红肿肿,全身腐烂。

选择本不属于自己的附属物,最后死得如此悲惨,王鱼的一生让人震惊!

王鱼的可怜,其实也喻示着人类的可怜。因为人间更有"盛极必衰"、"多藏厚亡"的悲剧。所以许多国家的耀眼政客、驰骋江山的英雄以及显赫一时的名人巨富,常常要到布拉特岛去看王鱼,希望从中得到更多的领悟。

其实,人要完成修炼,无论在哪个国家哪个民族哪个时代接受哪种信仰,戒律或者诫命都是免不了的。

"宗教"一词,本来就有"捆绑"之意。正常的宗教信仰有利于信仰者把自己的生命限制整个地化解,把自己的自我执著整个地放下。宗教设立戒律的目的,都是为了保护信徒身心的安全,让信徒减少和避免外界的干扰和障碍,从而专注于精神的修炼。

孔子不但是一位思想家、政治家、教育家,而且还精于养生之道。《庄子·人世间》中记载有孔子论"心斋";《庄子·大宗师》中记载有孔子最得意的弟子颜回谈"坐忘"。在当时的历史条件下,人均寿命30岁都难以达到,而孔子却享年73岁。

世俗中人德行的修养,很难到达孔子希望的境界,所以他感叹:"圣人,吾不得而见之矣!得见君子者,斯可矣";"善人,吾不得而见之矣!得见有恒者,斯可矣"。

我们如果受不了"八戒",甚至"五戒"也受不了,那么,为了生命的健康、祥和、快乐与幸福,孔子所说的"三戒",却是不得不努力去做到的。

好色与好德

"食、色,性也!"告子的话,常常被人尤其被男人们引用,以为自己的行为在先哲那里找到了依据。

生活中,人们总是将"食"和"色"等同看待,认为"吃饭"和"男女之事"是人的本性,是人为了生存的必然需求。其实,这是两个不同的需求等级。不吃饭,人会饿死,所以吃饭更多的是一种"形而下"的物质需求;没有美色,不见得就会要命,所以美色更多的是一种"形而上"的美感需求或者精神需求。

当然,"食"与"色"也密切关联。在物质匮乏的时代,绝大多数人的"食"就是为了生存,为了填饱肚皮,完全谈不上什么美感、享受和品位,遗憾的是今天的许多人也还是这样,"食"不过是在追求排场和奢侈,真能吃出美感和品位来的典型,要求严一点,在近代似乎只有林语堂的"菜谱"和周作人的"苦茶",其他的就很少听说了,而且"苦茶"还不能完全算是"食"。

"色"通常更是和"女色"、"美色"联系在一起。南怀瑾先生在《论语别裁》中就称"色""包含了女色、物欲和嗜好"。有人甚至说,"色"就是"美"的意思,因为没有"姿色",还谈什么外表的"美"?没有"美",还谈什么"色"?人们都听说过"好色"的,可没有听说过"好丑"的。从某种意义上说,"色"等于"美","好色"即"好美"。如果我们将"女色"或"美色"去掉,那对于中国乃至世界的文化和艺术,都将是一种无法弥补的损失!

所以,"食"与"色"应当是人的本性或者本性的正常要求。

都知道男人好色,其实女人也好色。不过,女人对男人的好色更加深恶痛绝,男人们也总爱标榜自己是如何的规矩绝非好色之徒,只有那些耳根子硬的少数,才敢于理直气壮地宣称自己"好色",而且断言:不好色的男人不是好男人。

古人读书,总要抛出个"书中自有颜如玉"这样的诱饵。今人易中天在介绍读书经验时,把"经不如史,史不如子,子不如集,集不如稗"与"妻不如妾,妾不如婢,婢不如妓,妓不如偷"紧密联系巧妙结合并逐一阐析,令读者心领神会,让有贼心而无贼胆的人拍案击掌:中听!解恨!

"寡人有疾,寡人好色",齐宣王敢于直言己之所好,虽厚颜却不失本真。不过,他之所以勇敢,还有赖于当时的制度和他本人至高无上的地位,若换了今天,哪怕"病"得再重,也断不敢"实话实说"。

普京笑说:不知道卡察夫"是如何同时与10个女人周旋的"?这话与其说是调侃,莫如说是羡慕。不过权衡轻重得失,也许普京选择"冷面"比选择"红颜"更为妥帖一些。

才华横溢的灌水高手金庸,托其书言其志并且发挥到极致。有人评说:从《天龙八部》中段氏父子到《鹿鼎记》中的韦小宝,从人见人爱的张无忌到每一个女子都为之黯然销魂的杨过,莫不流露出作者博爱的胸怀以及"鱼与熊掌不能得兼"的无奈。

古往今来,"有疾"的"寡人"何其多!说得冠冕堂皇一点:英雄难过美人关,自古英雄皆好色!

当然,这个世界,有好色的人,就有迎合好色的人。

要说世上淫荡的女人,两千多年前的南子算得上一个。作为宋国美丽的公主,尚未出阁她便艳名远播,与著名的美男子公子朝——自己同族的弟弟乱伦私通,后来嫁给卫灵公,又与其宠臣子瑕勾搭在一起。灵公为了取悦她,竟把公子朝从宋国接过来,玩起了4人游戏。南子对自己的美貌和魅力相当有信心:天下的男人,恐怕都想见见我南子夫人!

南子游离在丈夫与各个帅哥情人之间,不料亲生的儿子无法接受母亲如此安之若素给予自己的羞耻,竟派家臣刺杀南子。结果事败,被流放他国亡命天涯。

春秋时期礼崩乐坏,宫廷中如南子夫人这样的女人不止一个。如果仅仅是美丽和淫荡,如果不是她与孔子的相见,南子夫人在历史上的名气肯定不会那么大。

首先是南子夫人想见孔子。为什么呢?一个原因,就是南子这个女人的好奇心和虚荣心:四方君子都希望借认识灵公的机会一睹我南子夫人的风采,仲尼却没有这样的打算,而且还曾经予以拒绝,真是心中不爽!

另一个原因,则可能是真心要向孔子求教。除了生活作风问题,南子夫人也没有其他什么恶行,天性淫荡也不等于完全没有羞耻感和畏惧感,或许在感情和道德上还有着难以同一般人言说的困惑。那么向谁请教呢,很显然,礼教圣人孔子是最佳的人选。

据《史记·孔子世家》记载:"夫人在絺帷中。孔子入门,北面稽首。夫人自帷中再拜,环佩玉声璆然。"南子若隐若现坐在絺帷中,孔子不见庐山真面目,屈膝跪下行礼,但闻玉环璧佩璆然声响,当是南子正在里面欠身还礼,俯仰之间,弄得叮叮当当……太史公司马迁走笔至此戛然而止,其春秋笔法,给世人留下了千古之谜:南子夫人到底与孔子说了什么?

有人怀疑两人也许真有绯闻,但我认为那只不过是"以小人之心度君子之腹"的恶意瞎猜。首先,孔子就是孔子,绝非伪君子;再者,南子对孔子在男女之情方面恐怕没有兴趣。史书说孔子的长相很奇特,白眼仁多,黑眼仁少,鼻孔外翻,牙齿缝大,脑袋的形状四周高中间低,活像个倒扣的痰盂,并且当时年龄已近六旬。从南子玉环璧佩穿着国家的礼服盛装而出的表现,看得出她是真心敬重孔子。

那么孔子为什么要见这样一个艳名远播的女人呢?道理其实很简单:搞夫人外交,希望南子夫人吹吹枕头风。事实上,孔子周游列国,流落他乡的时候,还是在卫国住得最久,前后三进三出,这与卫君和南子的特别卫护是分不开的。

生活中,总有一些事情是说不清的。孔子的这个行动,因为与平时的所为似乎大相径庭,所以弟子们十分不解,子路的脾气更大,在态度上给了老师极大的难堪。孔子不想背黑锅,又无法说清楚,逼急了眼,竟然像个村妇一样发誓赌咒:"予所否者,天厌之,天厌之!"意思是说,如果我孔子的所为不合道义,就让上天惩罚我!

圣人见荡妇得到的最后结果,是满怀失望。可以想见,当初与南子密谈时,孔子当是极力把话题往他的政治主张上引,可惜南子夫人生性轻浮,哪里会对孔子的话题感兴趣,不堪重托啊!就在这之后的一天,卫灵公与南子同车出游,孔子坐在后面的一辆车上,见这两人在大庭广众之下亲热得有失体统,便发出了"吾未见好德如好色者也"的感叹。

孔子这句感叹,首先将"好德"与"好色"两个"形而上"的追求联系在了一起;其次,指出了一个普遍现象:"好色"比"好德"容易!

那么为什么"好色"比"好德"要来得容易呢?

因为"好色"是感性的,"好德"是理性的,而感性总比理性鲜活一些,容易一些,带给我们视觉和感官上的冲击大一些。

但是,孔子把两者联系在一个句子里,更明确了一个意思:一个人即便"好色",也更当"好德";不仅要有感性,更要有理性!

孔子的弟子子夏说"贤贤易色",就是希望以对人的美德和才能的重视来取代对外貌体表的重视。但要做到这一点并不容易,因为这必须具备强大的心对物的征服的能量。

儒家认为夫妻关系是一切人伦关系的基础。《礼记·昏义》说:"男女有别而后夫妇有义,夫妇有义而后父子有亲,父子有亲而后君臣有正。"先谈夫妻关系,然后谈父子关系,再谈君臣关系,说明夫妻、父子、君臣三种关系之间存在着内在的逻辑联系。

孔子从历史与现实中深切感悟到社会与人性应当统一,希望通过人道与心灵去驱动社会。儒家当然讲人性,但儒家的人性不等于为所欲为的个性,而是基于社会性的心性。将个人生存、社会生存与自然生存统一起来,思想上保持警觉,行为上持中不发,全社会保持着对人的关心和对人间正道的追寻,这就是"仁"与"义"的实质,也正是孔子和儒家精英们的思想努力。

总之,好色是一件正常的事情,属于个人自由和个人权利的范畴,但我们不能不发乎于情而止乎于礼,"乐而不淫,哀而不伤"。若任意放纵,成为"好色之徒"、"好色之鬼",那结果一定就是害人害己了。

拒绝习惯性的虚伪

"你后悔和你丈夫结婚吗？""你有没有背叛过自己的男友？"……这一系列非常隐私很难回答的问题，出自近年来美国最红的电视真人秀节目——《真心话大冒险》。被提问者只要如实回答21个问题，就可以捧走50万美元的大奖的奖金。由于所有的问题都直击内心最私密处，在如实回答问题后，也有不少人的家庭因此被毁。

这档节目的收视率已经把《豪斯医生》、《犯罪现场调查》等热门美剧远远抛在身后。但是，50万美元的大奖至今无人能够领走。

《真心话大冒险》的游戏规则很简单，但也很严格。参赛者必须绑上测谎仪，如果在节目中的回答被判定为真话就可以晋级，获得相应奖金；如果被判定为假话就出局，奖金1分不剩。

只需说21句真话就能得到50万美元，这似乎是最好拿的奖金，事实却正好相反。

一个叫克莉丝汀娜的25岁的美女曾经是空姐，有着一头金发，目前和男友经营着一家票务公司。克莉丝汀娜很自信地走向了前台，她的父亲、妹妹和好朋友也来到直播间助阵，她用微笑告诉大家：自己对巨额奖金志在必得。她的父亲也对主持人说："尽管放马过来。"第一个问题很简单："在当空姐期间，你有没有用推车故意撞乘客？"得到肯定回答后，继续第二个问题："你有没有用偷来的车去兜风？"金发女孩说："有。"这时坐在沙发上的父亲开始不自然了，因为他的职业是警察，女儿的回答让他的职业道德受到质疑。之后几个问题，克莉丝汀娜和她父亲更感到难堪："你有没有认为你的父亲破坏了你的童年？""你是否曾和你的乘客发生过性关系？"克莉丝汀娜故作欢颜回答完了13个问题之后，宣告半路退出。电视里冷冰冰的画外音再次出现："这些令人难堪的回答可能令她再也得不到父爱。"

一个人一生中都实话实说实在是太难。真有这样的人,在社会上也难以生存。比如对于领导所决策的事情,本来心里有不同的意见甚至持反对态度,但人在屋檐下,不能不低头,嘴上可能还是"英明、正确"之类的话;自己经过艰苦努力取得了成绩,虽然与领导或者别人关系不大,但嘴上总是"在什么什么领导、关心、支持、帮助下"之类的话;对于不得不去做的某件事,本来心里很不乐意、很不情愿,却因涉及饭碗前程,只能装出很高兴、很愉快的样子。所以列宁认为:"奴才可能是最诚实的人,是家庭里的典范,是优秀的公民,但他必然要虚伪。"

在一次面向大学生的报告会上,演讲者说了一句话:"我不敢说今天的报告能让大家都满意,但我可以向大家保证我会讲真话。"于是马上产生了很大的效应——大学生们竟然热烈鼓掌。这说明现在讲真话的人越来越少了,包括我们的"师者"。所以小品表演大家赵本山意味深长地说了一句话:"在一个人们习惯了假话的环境中,有时说真话就是说笑话。"

人类社会或许不可能杜绝假话,但是一定不能普遍地、习惯性地说假话!

人们要保护自己,处处表现出绝对的真实,的确算是苛求苛刻;但若为了谋私利己,形成习惯性的虚伪,并自以为是 EQ 高的表现,那就让人厌恶了。

虚伪的近义词是虚假,反义词是真诚。所谓虚伪,就是表里不一、口不对心、八面玲珑,甚至口蜜腹剑、笑里藏刀。虚伪,意味着谎言的诞生,因为时刻担心谎言被戳穿,所以虚伪的人很累。

鲁迅先生对虚伪的认识非常深刻。在他的小说《祝福》中,有一位鲁四老爷,从他身上我们可以充分领略到封建理学的陈腐气和落后性,而这种陈腐气和落后性,集中表现在他内心的极端冷酷和行为的极端虚伪上。

当年的季氏准备讨伐附属国颛臾。冉有、子路去见孔子说:"季氏快要攻打颛臾了。"孔子说:"冉求啊,这不就是你的过错吗?颛臾从前是周天子让它主持东蒙祭祀的,而且已经在鲁国的疆域之内,是国家的臣属啊,为什么要讨伐它呢?"冉有说:"季孙大夫想去攻打,我们两个人都不愿意。"孔子说:"冉求,周任有句话说:'尽自己的全力去履行自己的职责,实在做不到就辞职。'有了危险不去拉上一把,跌倒了不去搀扶一下,那还用辅助的人干什么呢?况且你说的话错了。老虎、犀牛从笼子里跑出来,龟甲、玉器在匣子里毁坏了,这是谁的过错呢?"冉有说:"颛臾城墙坚固，而且离费邑很近。现在不把它夺取过来，将来一定会成为子孙的忧患。"孔子毫不客气地说："冉求，君子痛恨那种不肯实说自己想要那样做而一定要找个借口的做法！"

孔子反感"巧言令色"，他说："花言巧语，脸色伪善，低三下四，左丘明引以为耻，我也引以为耻。有怨恨深埋心里，表面上却装得友好，左丘明引以为耻，我也引以为耻。"孔子不断提倡人们正直、坦率、诚实，不要口是心非，所以当他知道微生高从邻居家讨醋给来向他讨醋的人，并不直说自己没有时，认为微生高并不直率。

然而，孔子自己也遭遇了难以实话实说的尴尬。

季氏的家臣阳货想见孔子，孔子不见，他便赠送给孔子一只蒸熟了的小猪，目的是要懂"礼"的孔子去回拜自己。于是孔子打听到阳货不在家时，便前往他家拜谢，不料又在半路上相遇了。阳货对孔子说："请过来，我有话要跟你说。"孔子走过去后，阳货说："把自己的本领藏起来而听任国家迷乱，这可以叫做仁吗？"孔子回答："不可以。"阳货说："喜好参与政事而又屡次错过机会，这可以说是智吗？"孔子回答："不可以。"阳货说："时光一天天过去了，岁月是不等人的啊！"孔子说："好吧，我打算出去做官了。"

从这件事情上看，孔子对阳货所言不能说是假话，但的确很不直率，那么这是虚伪呢，还是世故圆滑？

设身处地想一想我们就能理解：孔子避不开阳货，又不愿与他纠缠下去，只能如此敷衍了事。本质上的孔子，那是公认的"外化而内不化"，断不会违背自己的原则。所以，这样的处世方法，应当叫做"通权达变"，绝非虚伪。

一个人在复杂的现实生活中，不可能以一个"直率"打天下，也很难对一切人都满怀真诚。

"不"是一个情感强烈的负面词，倘若不会巧妙地说出来，就可能使他人陷入难堪，说不定还给自己埋下祸端。所以，如何说"不"确是一门学问。

懂得"通权达变"的人，就懂得巧妙地拒绝巧妙地说"不"。在一次访谈节目中，有观众问白岩松："您在央视做主持人，一个月有多少收入？"白岩松笑着回答："应该说，养活一个老婆是足够的！央视主持人的收入不是固定的，要看你上节目的多少和档次的高低。有时这个月收入很高，下一个月只有它的零头。我从不走穴，没有什么外快。在央视，我的收入不算很高的,当然同下岗职工相比,我就什么也不应该说了。"

白岩松避"实"就"虚",回答十分得体,既委婉表明了自己的收入属于中等水平,同时又表现出自己洁身自爱、淡泊知足的生活态度,该回避的回避了,该回答的回答了,并且,表现自然而然。

马可·奥勒留所论述的处世方法其实也正合中道:"道德品格的完善,在于把每一天都作为最后一天度过,既不对刺激做出猛烈的反应,也不麻木不仁或者表现虚伪。"

人有自知之明乃贵

《太平广记》中有一则故事:丈夫看见妻子烧火做饭的样子很可爱,不禁诗兴大发,作诗一首:"吹火朱唇动,添薪玉腕斜。遥看烟里面,恰似雾中花。"邻居妇人知道后,很是羡慕,也不顾自己长得是那么的不中看,非要缠着丈夫也为自己作诗一首,丈夫拗不过,只好仿作了这样几句:"吹火青唇动,添薪黑腕斜。遥看烟里面,恰似鸠盘荼。"这个妇人当即气晕了头。

盲目地效仿,反倒弄巧成拙,正好给老公一个出气和作践自己的机会,这个妇人真是何苦!

常言道:"人贵有自知之明。"于是很多人认为自己真有自知之明;我倒认为此话当这样理解:人应当有自知之明,人有自知之明乃贵。因为真有自知之明的人实在不是很多。所以老子告诫我们说:"知人者智;自知者明;胜人者有力;自胜者强。"

所谓自知,就是知道自己、了解自己。把人的自知称之为"贵",可见人也不是那么容易自知的物类;把自知称之为"明",又可见只能是那些善于自省的人才容易自知。人之不自知,就像眼睛可以看见百步以外的东西,却看不见自己的睫毛一样,此所谓"目不见睫"。

人不自知常常是虚荣心在作怪。虚荣心一盛,就不会自省,不敢面对了。人都喜爱听好话、奉承话,这也无可厚非;但听到好话、奉承话,就信以为真,飘飘然云里雾里,更加放大自己,根本不考虑在这些话的背后还有些什么,说这话的人目的何在,就实在是太没有自知之明了。所以孔子说:"符合礼法的规劝,能不听从吗?但只有照着它来改正自己的错误才是可贵的。恭顺好听的话,谁听了不高兴呢?但只有认真辨别它,才是可贵的。只是高兴而不去分析辨别,只是接受而不改正,我拿他就没有办法了。"这就是所谓"法语之言,能无从乎?改之为贵。巽与之言,能无说乎?绎之为贵。说而不绎,从而不改,吾末如之何也已矣!"

孔子经常鼓励和推荐自己的弟子去做官。他在鼓励弟子漆雕开去做官时,漆雕开却对自己现在要把官做好还没有把握,表示还应继续努力,学有所成以后再去做官,孔子对此感到十分欣慰。

现实生活中,没有自知之明的人比比皆是。他们的突出表现就是好说大话。所谓大话,就是虚假夸张的话,言过其实的话。

因为无法做到和兑现,于是说了一次大话就要不断地掩盖下去,辩解下去,所以很容易把自己搞得痛苦不堪。从前有一个人叫崔大话,他家境贫寒,没钱买酒,每天只能吃两个酒糟饼子,寻求一下喝酒的感觉。一天出门,朋友问他:"大清早就喝酒?脸还红扑扑的。"崔大话回答:"不瞒老兄说,只是吃了两个酒糟做的饼子。"回到家里,崔大话和妻子说起这件事,妻子告诉他:"以后你就说喝酒了,也好装装门面。"过了几天,崔大话又碰到那个朋友,人家还像以前一样问他,他就按照妻子的话回答。朋友追问:"喝的是烫酒还是冷酒?"崔大话说:"当然是煎的。"朋友笑笑说:"你还是吃的酒糟饼子嘛!"崔大话说漏嘴后很尴尬,回家后,又向妻子说了这件事。妻子责备他说:"酒怎么能煎着喝呢?应当说是烫热了喝的。"崔大话点点头。几天后,他又碰到那个朋友。这回,崔大话主动说:"这酒,我是烫热了喝的。"这个朋友就问:"喝了多少?""两个。"崔大话脱口而出。朋友哈哈大笑:"你还是吃的酒糟饼子啊!"

就算是说点大话装点门面,也要有基本的知识、技巧和智能。倘若连勉强敷衍的本事都没有,当然就会被人一眼识破,这也是没有自知之明的表现。所以,弱智的人反要表现聪明,危险会来得更快。

身为普通百姓,他说他的大话,信不信由你,倒也造不成什么大的危害,有时候还能让人们乐一下子,但是身为领导者,如果没有自知之明,习惯于说大话假话套话空话官话,那就会害人害己害集体害国家了。许多的领导者,正是因为高高在上,众星捧月,自我感觉特别良好,认为真理都掌握在自己手中,于是更容易自我膨胀,随意发号施令,造成的恶果让人惊心动魄。

对于缺少自知之明好说大话空话的问题,今人古人都有许多论述。鲁迅先生说:"我想,大话不宜讲得太早,否则,倘有记性,将来想到会脸红。"孔子说:"古代的贤人不轻易发表言论,因为他们以自己做不到为耻。"管子说:"言不得过其实,实不得过其名。"老子的话更是一针见血:

"信言不美，美言不信。善者不辩，辩者不善。知者不博，博者不知。"他不仅认为真实的言辞不会华美，华美的言辞不会真实，善良的人不去巧辩，巧辩的人不会善良，还特别提醒我们注意那些看起来十分博学的人，他们很可能是假聪明真浅薄。

据说在阿尔卑斯山的入口处写着"认识你自己"这样一句警语，书写者希望人类永远记住这句话。

不断认识自我的过程，也是人生修炼的过程，自知之明就是我们在修炼路上的一大目标。人的趣味、才智、意志、判断力等等各有不同，我们完全可以根据自己的禀赋和长处，向着真、善、美的境界发展。因此，自省自知、自我完善从本质上来说，不是自我约束，而是自我解放。

人有自知之明乃贵

5. 关于知人

子曰：唯仁者能好人，能恶人。

子曰：巧言令色，鲜矣仁！

子曰：不患人之不己知，患不知人也。

子曰：视其所以，观其所由，察其所安。人焉廋哉？人焉廋哉？

子曰：人之过也，各于其党。观过，斯知仁矣。

子曰：中人以上，可以语上也；中人以下，不可以语上也。

子曰：可与共学，未可与适道；可与适道，未可与立；可与立，未可与权。

子曰：益者三友，损者三友。友直，友谅，友多闻，益矣；友便辟，友善柔，友便佞，损矣。

有子曰：其为人也孝弟，而好犯上者，鲜矣；不好犯上而好作乱者，未之有也。君子务本，本立而道生。孝弟也者，其为仁之本与！

孔子的人才观

有一次子贡问："老师，您看我是怎样的一个人？"孔子说："你是一种器皿。"子贡对这种泛泛的回答自然不满意，"器"有贵有贱，有大有小，用途不一，所以又问："什么器？"孔子回答："瑚琏之器。"瑚琏，是兴于夏商时代的祭祀玉器，为宗庙盛黍稷之器，可见其在祭祀器皿中的身份是尊贵的，以之喻指，当然肯定了子贡的才干，但在孔子的人才观中，有一条定律是"君子不器"，那就说明孔子对子贡的评价又不算很高。

人类社会，从来是人多人才少。能够成为人才的人，一定具有两个特性：重要性和稀缺性。

那么，孔子所抱持的，是一种什么样的人才观呢？

依据人才学专家们的分类，我也从人才的标准观、作用观、使用观、类型观以及成长观五个方面，对孔子的人才观进行了一个归纳和分析。

首先是人才的标准观。

孔子关于人才的标准，一个是理想化的，一个是现实性的。

关于理想的人才标准，南怀瑾先生总结归纳成这么几个字：智、勇、清、艺、礼。智，即智慧、悟性、看透事实本质的聪慧；勇，即勇气、毅力、气魄、强壮的体格；清，即道德、诚信、廉洁、纯真、善良；艺，即学识、才艺、情趣、本事、能力；礼，即谦逊、友善、教养、尊卑、长幼有序。

有一次，子路问孔子怎样才算是完美的人才？孔子说，"若臧武仲之知，公绰之不欲，卞庄子之勇，冉求之艺，文之以礼乐，亦可以为成人矣。"不过孔子又说："今之成人者何必然？见利思义，见危授命，久要不忘平生之言，亦可以为成人矣。"就是说，如果具有臧武仲的智慧、孟公绰的理性、卞庄子的勇敢、冉求那样的才艺，再加以礼乐的修饰，就可以算是一个人格完备的人了。但这个理想化的标准实在难以达到，现在这个时代的人,如果见到财利会想一想是否符合道义,众人危难之际敢于献出生命,长久处于穷困还不忘平生的诺言,也就算是一个人格完备的人了——这就是孔子根据社会现实确定的标准了,所以孔子认为他的弟子仲由、端木赐、冉求等等,办理政事都没有问题。

《论语》中载:"德行:颜渊、闵子骞、冉伯牛、仲弓;言语:宰我、子贡;政事:冉有、季路;文学:子游、子夏。"这段话正是孔子对自己弟子的一个比较综合的评价,这里面提到的 10 个人,被后来的研究者称为"十哲"。

这"十哲"中"德行"人数最多,占了 40%,而且在评价时是放在最前面的,可见孔子在评判人才时,德行是第一位的,这与孔子反对以武力王天下、主张以德化民的观点一致。

"十哲"的"龙头老大"是颜回,他就是孔子眼中德才兼备的楷模。在所有弟子中,孔子最为看重并且唯一连用两个"贤哉"赞美过的人只有颜回,并将其引为最深的知己。孔子曾对子贡说:"弗如也,吾与女弗如也",就是说自己和子贡都不如颜回优秀。闵子骞为人恭谨端正,以孝行名闻天下,终生孜孜于孔子的仁德之道。冉伯牛行事本着孔子倡导的忠恕之道,对人非常宽厚,责己非常严格,深受同门敬重。仲弓(冉雍)为人仁笃厚道,任劳任怨,器量非同一般。

由于这 4 个人德行出众,所以孔子基本上没有批评过他们,而且对他们的某些弱点还加以辩解,甚至引发成一种赞赏。比如,仲弓不善言辞,孔子就说有仁德的人不一定要有口才。孔子还为颜回抱不平:"回也其庶乎,屡空。赐不受命,而货殖焉,亿则屡中。"意思是说,颜回的道德学问修养不错吧,可是他常常陷于贫困;端本赐不安于现状喜欢去做买卖,估计行情,却每每都能猜中。此言背后,我们分明听到了孔子的一声叹息。

反观"十哲"中后面的 6 个人,基本上都遭到过孔子较为严厉的批评。

在后面的排名中,言语重于政事,政事又重于文学,这也是很有道理的。值得注意的是,孔子说的言语绝不是简单的口才,而是指一种外交才能。言语方面孔子首推宰我而非子贡。其实子贡真正是聪敏伶俐、能言善辩,并且练过地摊,曾以三寸不烂之舌连续游说齐、吴、晋、越四国,最终保全了鲁国并导致了越国称霸的局面。看上去子贡比宰我强多了,同样是辩才滔滔、擅长外交,而且宰我曾经在白天睡觉被孔子斥为"朽木不可雕也,粪土之墙不可圬也",但孔子更欣赏宰我平实的说辞,而不那么欣赏子贡华丽的说辞。"夫言贵实,使人信之,舍实何称乎?"这就是孔子的思想。

第二是人才的作用观。

孔子认为人才难得,人才是社会的中坚力量。如果用现代术语来说,孔子也认为人力资源是第一资源。

孔子曾感叹:"才难,不其然乎?唐虞之际,于斯为盛,有妇人焉,九人而已。"孔子认为人才难得,唐尧舜禹时之所以天下大治,是因为那时人才最兴盛。但10个能人当中,还包括武王之妻邑姜,就是说实际上名正言顺的贤能大臣只有9个人。

孔子认为国君必须善用贤才,否则败亡是迟早的事情。孔子谴责卫灵公昏庸无道,季康子问:"既然如此,为什么他的国家没有败亡呢?"孔子回答:"因为眼下他还有几个能干的人才在支撑,仲叔圉接待宾客,祝鮀管理宗庙祭祀,王孙贾统率军队,都是能人,所以现在还没有败亡。"孔子认为这样的国家不是不败亡,只是时候不到罢了。

曾子说:"生而为士,不可以不胸怀大志刚强坚毅,因为他任重而道远。实现仁德是他义不容辞的责任,难道使命还不重大吗?奋斗终生,死而后已,难道路途还不遥远吗?"曾子此言,阐明的正是优秀人才的作用。

第三是人才的使用观。

孔子强调先做人后做事,唯才是举,非才不用,并且礼贤人才。

鲁哀公问:"怎样做才能使人心服?"孔子回答说:"把正直无私的人提拔起来,置于邪恶不正的人之上,人们就会心服;把邪恶不正的人提拔起来,置于正直无私的人之上,人们就不会心服。"这就是所谓"举直错诸枉,则民服;举枉错诸直,则民不服。"

鲁定公问:"君主使任臣下,臣僚侍奉君主,该怎么做?"孔子回答:"君使臣以礼,臣事君以忠。"就是说,身居上位者用人当尊之以礼,身居下位者履职当报之以忠。

仲弓做了季氏的家臣,向孔子请教怎样管理政事。孔子说:"首先要明确目标,各司其职,不要计较手下官吏小的过错,将贤才选拔在合适的岗位。"仲弓又问:"人这么多,怎样知道谁是贤才从而把他们选拔出来呢?"孔子说:"选拔任用你所知道的,至于你不知道的贤才,难道会被所有的人主埋没吗?"

子路推荐子羔去费地担任行政长官,可是子羔愚笨,不是那块料,孔子便批评子路说:"这是误人子弟啊!"

孔子认为："先进于礼乐，野人也；后进于礼乐，君子也。如用之，则吾从先进。"他的意思是说，先学习礼乐而后再做官的人，是原来没有爵禄的在野平民；先做了官然后再学习礼乐的人，是已有爵禄的统治者世家。如果选用人才，那就应当选用先学习了礼乐的人，或者说首先具备了君子品格的人。

由此我们知道孔子十分看重来自于普通家庭的优秀者，而不是把眼光放在贵族子弟身上。仲弓出身贫贱，但他是个"可使南面"的人才，所以孔子力主重用。

"后进于礼乐"的那些人如若被重用，通常容易产生优越感和骄傲情绪，难以真心为民，还可能造成恶果。

第四是人才的类型观。

孔子将人才分为普通人才、优秀大才、贤才、完美人才和圣人。

普通人才，虽有一定的才能但不堪大任。孔子评价孟公绰说："做晋国越氏、魏氏的家臣，他是才力有余的，但不能做滕、薛这样小国的大夫。"孟武伯问他对子路的评价，孔子说："仲由嘛，一个拥有一千辆兵车的国家，可以任用他管理军事，但我不知道他是不是做到了仁。"孟武伯又问冉求这个人怎么样？孔子说："冉求这个人，一个有千户人家的公邑或有一百辆兵车的采邑，可以任用他当总管，但我也不知道他是不是做到了仁。"孟武伯接着问公西赤怎么样？孔子说："公西赤嘛，可以让他身穿礼服，立于朝堂，接待宾客，但我也不知道他是不是做到了仁。"

优秀的杰出的人才，往往是才能很大，但也有一定的缺点。孔子评价人从大处着眼，像管仲这样的人，孔子认为他气量小，不节俭，不懂礼，但却赞扬说："桓公多次成功召开各诸侯国的盟会，而不使用武力，都是管仲的力量啊。这就是他的仁德，这就是他的仁德啊！"并且特别指出："君子贞而不谅"，即君子固守正道，而不拘泥于小信。

那么子贡呢，也当在优秀人才甚至杰出人才的范畴之内。

贤才是指道德高尚且有才能的人。像子产、柳下惠、颜渊等就是孔子眼中的贤才。孔子不仅高度赞扬他们，并为他们未得重用而不满。在将子产与管仲比较时，孔子称子产为"惠人"；对于柳下惠，他说："鲁国大夫臧文仲是一个窃居官位的人吧！他明知柳下惠是个贤人，却不举荐他一起做官为国出力。"

完美人才是指品德才能堪称社会楷模的人，能够做到为仁义赴汤蹈火，"无求生以害仁，有杀身以成仁"。孔子对周代始祖古公亶父的长子泰伯非常推崇,称赞他是品德最高尚的人,几次把王位让给季历(古公亶父的三子,其子姬昌,即周文王),百姓们简直找不到合适的词句来称赞他。不过孔子同时又叹息在当下的时代已经看不到这样完美的人才了。

圣人则是指能够广泛施予天下百姓恩惠并且生命境界超凡脱俗的人。孔子感慨:"对于禹,我真是没什么可挑剔的了。他自己饮食简单却又尽力孝敬神明;他平日衣着素朴却把祭服做得十分华美;他住的宫室低矮却致力于修治水利。对于禹,我确实没有什么可挑剔的啊!"对于周公,孔子的敬仰之情那是众所周知:"甚矣吾衰也!久矣吾不复梦见周公。"

第五是人才的成长观或教育观。

孔子自道"我非生而知之者"。他认为,人要通过教化、修习才能成长、成才。

孔子认为只有拯救人心,才能拯救社会。所以,孔子从事教育的主要目的就是培养"君子儒",以期变"天下无道"为"天下有道"。

孔子有弟子3000人,其中72贤人身通"六艺",子贡、冉求、子路、宰我、子游等人,都曾从政且很有政绩。这说明孔子的教育是成功的教育。

在主张"有教无类"的孔子以前,中国的社会一直是"学在官府",并且教育的内容十分简单。孔子在办学中对教育内容作了重要改革,他研究整理了我国古代的大量文献,从中选出了《诗》、《书》、《礼》、《乐》、《易》、《春秋》这六部经典作为教科书。这六部经书后来被称为"六经"或"六艺"。孔子排除了重巫、重祭的成分,注入了春秋时代的人文主义精神,编订成世界教育史上最早的文化知识课本。

孔子的教学方法首先体现于"因材施教"。对于中等智力以上的人,孔子才会和他谈论高深的道理。孔子很注意对自己学生的观察了解,认识到"由也果"、"赐也达"、"求也艺"等等,并据此采取不同的教育方法,比如,"求也退,故进之;由也兼人,故退之"。

第二是诱导式教学法。孔子反对死读书,希望弟子触类旁通,"告诸往而知来者"。孔子教导弟子时,"不愤不启,不悱不发,举一隅不以三隅反,则不复也"。在实行启发诱导的基础上,孔子注意循序渐进,正如弟子颜渊所言:"夫子循循然善诱人,博我以文,约我以礼,欲罢不能,既竭吾才,如有所立卓尔。虽欲从之,末由也已!"

第三是叩竭式教学法。孔子说:"吾有知乎哉,无知也!有鄙夫问于我,空空如也。我叩其两端而竭焉。"这就是说,有些时候孔子回答问题时,并不是马上将答案告诉提问者,而是从提问者的疑难处出发,从正反两面展开反诘,弄清问题的性质与关键,然后促使提问者通过积极的独立思考自己找到合理的答案。

第四是切磋式教学法。孔子与他的弟子们在教学上是互相启发、取长补短的。孔子提倡"当仁不让于师",认为求学者要有强烈的主体精神和求学要求,只有师生之间互相启发,才能教学相长。颜回在孔子面前从来不提相反意见,孔子就批评说:"回也,非助我者也,于吾言无所不说。"

孔子因势利导、因材施教以及重视学习者主体精神和价值意识的教学活动,体现出他对个体的发现与尊重,增强了个体的社会责任感以及对自我价值实现的期待。孔子的教育思想,对于社会和个体人生都具有无限的价值和意义。

古往今来,所有成就大业者,自身本来就是人才,对于人才的价值、需求、心理、文化都有直接、直观的感受,所以他们"求才若渴、识才如镜、爱才如命、用才如己、容才如母、护才如虎"。

中国文化博大精深,其中的传统经典人才观和进而衍生出的系列人文思想,几乎涵盖了几千年来历史人才观的一切,包括西方的人才观。

从春秋到秦汉时代,是中国的儒家思想与道家思想合二为一的时代,传统的"内求法"方法论与"天人合一"的思想境界,是人才观的根本,并诞生与演绎了更为社会化的各种人才观分支学说,为后世人才学和人才观的建立与衍生奠定了坚实的理论基础。首屈一指的教育大家、文化巨人孔子,更是贡献卓著。

从唐宋到明清时代,传统经典人才观向社会化转移。科举制度的建立是人才观向定向性、定式性标准的过渡,并衍生出各家人才学派。虽然说这是对传统经典人才观的丰富、发展、放大与演绎,但从根本上看,却又与经典的精义越来越远,越演绎越相背离。

同时,随着社会形态的频繁变迁,人们对经典的崇尚越来越淡薄,真正符合大道之理的人才观,也在历史的变迁中逐渐变形。

到了近代和现代社会,中国的传统文化受到西方文化前所未有的强烈冲击,那种自然的、本原的、宗法的和田园诗般的结构,变得支离破碎,传统经典人才观更被人们遗忘。

那么,在道家思想、儒家思想、佛家思想等传统经典文化思想中,"人才"应该具备哪些核心素质呢?

真正意义上的人才,当是德、智、才、学几大素质兼而有之。

"德",是指道德思想和德业成果;"智",是指人生智慧和觉悟能力;"才",是指聪明才干和精进技能;"学",是指文化知识和人生经验。

至于圣贤大才,则是道器合一,形神合一,形气合一,体现的是人类最本真、最素朴、最具魅力的形态。

传统经典人才观是中国传统文化最精深的产物之一,它向我们揭示了"修、齐、治、平"的人生道路;指明了道德、智慧、学问与才艺的修炼方法和觉悟途径;阐释了形与神、心与智慧、自然之道与人文文化的关联关系。传统经典人才观合天道,合人道,既利于个人的全面发展,又促进社会的和谐进步,所以堪称"经典"。

站在历史的高度来看,现在的人才学和人才观,似乎仅仅是治标,而中国传统经典人才观,才是真正的治本。

教育只有从"治心"着手,从形而上的方面着手,才能够培养出真正的大家和大师。

大道至简,返璞归真。我们现代人如果认为传统经典人才观太简单太朴素,那么,恰恰说明它就是真理。因为越是朴素,就越是接近大道,越是接近真理。

孔子的知人法

孔子带领弟子周游列国,来到陈国与蔡国之间。因为兵荒马乱,三餐以野菜果腹,大家已经7天没有吃到一粒米饭了。

颜回好不容易筹到了一些白米,赶快下锅煮饭。饭快煮熟时,孔子看到颜回掀起锅盖,抓了些白饭往嘴里塞,当时孔子十分吃惊,但是装作没有看见。

饭煮好以后,颜回就去请孔子进食。孔子假装若有所思地说:"我刚才梦到祖先了,所以我们把还没有动过的米饭,先拿来祭祖吧!"颜回顿时慌张起来,说:"不可以的,这锅饭我已先吃一口了,不可以祭祖先了。"

孔子问:"为什么?"颜回涨红了脸,嗫嗫地说:"刚才在煮饭时,不小心掉了些染灰在锅里。一些染灰的白饭,丢了太可惜,所以我只好抓起来自己先吃了。"

孔子听了,恍然大悟,对自己的观察错误十分愧疚,抱歉地说:"我平常对颜回已经最信任,但遇到此事,仍然还会产生怀疑,可见人的内心是最难稳定的,在对人的判断方面,很容易犯错误,所以请弟子们记下这件事!"

这个故事来源于《吕氏春秋》。它说明人与人之间,由于各种各样的原因,观察与认识的误差在所难免。

"知人",在孔子的心目中处于非常重要的地位,所以他说"不患人之不己知,患不知人也"。

但是,看透人心比预测天象还要困难。自然界的春夏秋冬和早晚变化还有一定周期,而人却面容复杂情感多变深深潜藏。有的人貌似老实却内心骄逸,有的人表现率真却心术不正,有的人行为拘谨却通达事理,有的人外表坚硬却胆小脆弱,有的人性情舒缓却内心刚强。

那么，孔子是怎样知人的呢？

孔子认为："唯仁者能好人，能恶人。"也就是说只有那些有仁德的人，才能正确地爱人和恨人。孔子又说："人之过也，各于其党。观过，斯知仁矣。"也就是说人们所犯的错误，总是各有其因，那么，考察一个人所犯的错误的原因，就可以知道他有没有仁德了。

子贡问孔子说："全乡人都赞扬他，这个人怎么样？"孔子说："还不能肯定。""全乡人都憎恨他，这个人怎么样？"孔子说："还不能肯定。最好的人，是全乡的好人都赞扬他，全乡的坏人都憎恨他。"孔子认为，君子不会因为说话动听就轻信重用一个人，也不会因为一个人有问题而不听取他正确的话。

孔子察人至少有三个原则：一是由表象到本质的追问；二是深入扎实的心理分析；三是对整个分析过程进行总结。

庄子在《庄子·列御寇》中引用孔子的观点写道："君子远使之，而观其忠；近使之，而观其敬；烦使之，而观其能；卒然问焉，而观其知；急与之期，而观其信；委之以财，而观其仁；告之以危，而观其节；醉之以酒，而观其则；杂之以处，而观其色。九征至，不肖人得矣！"意思就是：让他到远的地方去，观察他是否忠诚；让他近在身边，观察他是否庄重谨慎；让他干些繁杂的事，观察他是否有才能；突然发问，观察他是否有智慧；给他一个紧急的期限，观察他是否讲信用；委托他保管财物，观察他是否仁义；告诉他处境危险，观察他是否有节操；在他醉酒时，观察他是否不忘原则；让他男女混杂相处，观察他是否失态。

几十年的人生沧桑和丰富阅历，使孔子悟出了让人无处可藏的识人之道。"视其所以，观其所由，察其所安，人焉廋哉？人焉廋哉！"孔子此语言简意明，内涵丰富，可说就是他的三步识人法。第一步，视其所以，就是看他的日常言行，看他过去及现在不同境况下如何行事，通过言行这一表现，形成直观印象；第二步，观其所由，就是观察他做事的方法和途径，从外因方面对一个人的行为进一步分析；第三步，察其所安，就是分析他做这些事出于什么动机，怀着什么心态，找出其行事的内因。如此由表及里、由浅入深，从过去到现在，从内在到外在多重角度来观察一个人，他的内心世界怎么能够掩藏得住呢？

《史记》记载，战国时期魏文侯想找一个贤能的人来当宰相。当时有两个候选人，一个是魏成子，一个是翟璜。这两个人都很有才干，魏文侯不知道应该如何取舍，就去请教他的一位大将李克。李克的识人法与孔子一致。他说:第一,居视其所亲。看他平常都与谁在一起。如与贤人亲,则可重用;若与小人为伍,就要当心。第二,富视其所与。看他富有之时钱花在什么地方。如接济穷人或培植有为之士,则可重用;若只满足自己的私欲贪图享乐,就要当心。第三,达视其所举。看他处于显赫之时如何选拔部属。若任人唯贤,则可重用;若任人唯亲,就要当心。第四,穷视其所不为。看他处于困境时操守如何。若不做苟且之事,则可重用;若出卖良心,就要当心。第五,贫视其所不取。看他处于贫寒之时是否求财以道。若不取不义之财,则可重用;若饥不择食慌不择路,就要当心。魏文侯根据李克所提供的标准,结果录用了魏成子做宰相。此人果然不负厚望,帮助魏文侯成就了霸业。这则故事,同时也反映出孔子识人方法的有效功用。

孔子之后的孟子,曾经跟齐宣王讨论如何识人选人的问题。孟子说:"国君选拔人才要慎重,左右亲近的人都说某人好,不可轻信;众位大夫都说某人好,也不可轻信;国人都说某人好,然后去了解,发现他真有才德,再任用他。左右亲近的人都说某人不好,不可听信,众大夫都说某人不好,也不可听信,国人都说某人不好,然后去了解,发现他真的是有问题,再罢免他。"这跟孔子所说"众恶之,必察焉;众好之,必察焉"的识人观点完全一致。

孟子还善于从对象的目光中来考察其正派与否:"存乎人者,莫良于眸子。眸子不能掩其恶。胸中正,则眸子了焉;胸中不正,则眸子眊焉。听其言也,观其眸子,人焉廋哉?"

三国时的诸葛亮,则总结了知人"七观":问之以是非而观其志——通过其对是非的判断来了解他的志向;穷之以辞辩而观其变——通过一连串的追问来了解他的应变能力;咨之以计谋而观其识——通过征求其谋略意见来了解他的学识见识;告之以难而观其勇——通过从事复杂困难的工作来了解他的胆识;醉之以酒而观其性——通过其酒醉后的表现来了解他的本性;临之以利而观其廉——通过给予其获取财物的机会来了解他是否廉洁;期之以事而观其信——通过嘱咐其办事来了解他是否诚信。

魏代刘邵所著《人物志》,可说就是关于"人事管理"、"职业分类"的学问,值得我们进行专门的分析。

曾国藩是受儒家思想影响较深的晚清名臣,自有一套独到的识人之术。他在其《冰鉴》中精辟总结道:"功名看器宇,事业看精神,穷通看指甲，寿夭看脚踵。"为了考察李鸿章推荐的三个年轻人，曾国藩让他们在庭院里等待了很长时间，然后悄悄在离他们不远的地方暗暗观察。炎炎夏日下，第一个人不停地用眼睛观察着房屋内的摆设；第二个人低着头规规矩矩站在庭院里；第三个人背负双手，仰头看着天上的浮云，并且一直气定神闲，而另外两个人已经颇有微词。又过了好久，曾国藩才传令召见三个年轻人，与他们攀谈。曾国藩发现那个抬头看云的年轻人虽然口才一般，却常常有惊人之谈，结果当然是他得到了重用。

分析原因时，曾国藩道出了真谛。第一个年轻人用心打量大厅的摆设，只是为了谈话时投其所好罢了，且他当面恭敬，背后发牢骚，表里不一，有才无德，不足以托付大事。第二个年轻人唯唯诺诺，只能做个刀笔小吏。第三个年轻人在庭院里长时间等待，却不焦不躁，仰观浮云，显现出从容淡定的大将风度，而且他面对显贵能不卑不亢地说出自己的想法和见地，更是难能可贵。这个仰头看云的年轻人，果然没有辜负曾国藩的厚望，在后来的一系列征战中迅速脱颖而出，受到了军政两界的关注，他便是台湾首任巡抚刘铭传。

曾国藩的识人方法与孔子的识人方法，显然是一脉相承。

郝冀川（插图）

直面女子与小人之"难养"

2500年前孔子说:"唯女子与小人为难养也,近之则不逊,远之则怨。"2500年间,中国人对孔子的这句话似乎没有什么争议,然而进入现代社会以后,人们对于此言的争论,一下子就多起来了。

著名国学大师钱穆这样解释:"先生说:只有家里的妾侍和仆人最难养。你若和他们近了,他将不知有逊让。你若和他们远了,他便会怨恨你。"

闫合作先生的解读颇具"个性化":只有把女儿嫁给小人,是最难相处了。亲近他则骄横无礼,疏远他则怨怒。闫合作说,经过仔细研究,他发现孔子此话谈的是如何选择女婿的问题。而且,孔子选女婿的标准在当时看来也相当有个性。他一不看重钱财,二不看重权势,在乎的只是人品。孔子这句话讲的正是择婿时他独独看中人品的真正原因。

对于闫合作的这种有趣解读,清华大学思想文化研究所原所长、中华孔子学会副会长钱逊表示:有些牵强,不能这样随意发挥!

台湾学者李敖则认为,孔子在说这些话的时候,他的原义不是特指而是泛指的原因,乃在于他颇能体味出女子与小人基本性格的那一面。从这种体味里,孔子这段话的现代表达应该是:"只有女人和小人才是最难同他们相处的。你对他们好,他们便不知天高地厚,试探你、冒犯你、搅你;你对他们板下脸来,他们便埋怨个不停,说你对不起他。"

在《论语别裁》中,南怀瑾先生对此语的解释是:孔子说女子与小人最难办了,对他太爱护了,太好了他就恃宠而骄,搞得你啼笑皆非,动辄得咎。对他不好,他又恨死你,至死方休,这的确是事实,是无可否认的天下难事。但问题是,世界上的男人,够得上资格免刑于"小人"罪名的,实在也少之又少。孔子这一句话,虽然表面上骂尽了天下的女人,但是又有几个男人不在被骂之列呢？

不过，更多的学者在谈到《论语》中这句话时，总喜欢表态说孔子此言有"历史局限性"，因为"轻视了妇女"，很不好。为表示自己的开明和智慧，还一定要对封建社会"男尊女卑"、"夫为妻纲"的男权主义狠批一番。有人尽管自己也认为女子与小人真的"难养"，还是不肯"得罪"女性，于是总要找出许多的原因来，比如当时的男女不平等啦，妇女受教育的权利被剥夺啦，古代社会宦官和后宫联手作乱啦，人主贪婪多欲啦，等等。

虽然说一千个人眼中就有一千个《哈姆雷特》，但我认为孔子的基本意思其实是明确的，没有必要争论。我对孔子此言的解读是："那些齐国送来的小舞女，和小人一样，是难以共处的。亲近了，他们就会无礼，疏远了，他们就会抱怨。"因为当时齐国人赠送了许多歌伎舞女给鲁国，宰相季桓子接受以后，好多天不上朝。孔子非常失望，于是就离开了。这就是《论语》中所载："齐人归女乐，季桓子受之，三日不朝。孔子行。"

在这里，我不想在专家们众多解释的对与错方面纠缠，我只希望人们直面一个问题：女子和小人是不是亲近了就容易无礼，疏远了就容易抱怨？

反正孔子认为，在女人身上的确有"小人性格"，在小人身上的确有"女人性格"，因此他发出感慨，做了泛指的论断；反正南怀瑾先生不怕"得罪"女性，他认为这的确是无可否认的事实。

如果是事实，我们众多的男人和女人，为什么又始终不肯、不敢面对呢？

我们在回避什么？是怕骂了女人，还是怕骂了女人性格的男人？甚至就是怕骂了我们自己？

事实就是事实，无论我们怎样心虚、怎样回避、怎样辩解，事实还是事实！

非常佩服女人中的坦诚者！我遇见过好几位知识女性，对孔子的这句话，她们并未表现出愤怒和不满，而是乐呵呵地表示：说得到位哦，孔子怎么这样了解女人呢；你们男人不正是认为女人有一点"小人"反而可爱吗？男人像个小女人一样，那才让人恶心！孔子说了真话怕什么，女人的小人性格适可而止就好，但孔子的这句话可以作为对自己的警示。

在我看来，"近之则不逊，远之则怨"的小男人的恶心自不必说了；而女性的"近之则不逊，远之则怨"，既是弱点毛病，同时又正是男欢女爱的有趣之处。对男人而言,也可以说对人类世界而言,"大女人"可贵可敬,"小女人"也是可亲可爱。女人若一点都没有这些"问题"或者"技巧",男人真的就满意了吗?

一个优秀男人的背后,往往有一个甘于奉献的女人,而一个腐败男人的背后,也常常伴随着一个贪婪的女人。不过,男人腐败的根源,还是只能从自己的身上去寻找!

男人与女人思维的不同和差异,其实正好互补。有些所谓的"女人见识",恰恰正是真理所在。就说孟子的母亲吧,如果没有非凡的见识和行动力,在含辛茹苦的境况下连续三迁其居,哪里能够成就一个中国的"亚圣"呢?

在孔子非常推崇的《诗经》中,不也有许多歌颂女性的篇章吗?"淑女"和"君子"相知相伴,那是生命的美事。

再看看当今世界,无论企业界、教育界、文化界甚至国家政府,刚柔相济的领袖型女性越来越多,她们的成就,许多的男人都无法企及。

老子对善于"守柔"、善于"雌伏"的行为,大加倡导大为赞赏,并深刻揭示说"上善若水";而人类的女性,则天生地深谙"守柔"与"雌伏",更被视为水一般的生命。

造物主将生物分为雌雄,将人类分为男女,本来就大有深意。

阴阳的对应统一,相冲相克,正是宇宙自然万事万物产生、发展、变化的普遍规律。

太极图中的黑鱼和白鱼,阴中有阳,阳中有阴。两鱼在一个圆周中,谁都不会也不可能吃掉谁,而是相依为命,谁也离不开谁。老子有言:"万物负阴而抱阳,充气以为和。"一阴一阳之谓道,阴与阳相激相荡,于是就形成了生命世界的"和气"。

无论如何,在世俗生活中,男人都不可离开女人,女人也不可离开男人。然而由于世风日下,现在的男人总是迁怒于女人,女人也总是迁怒于男人,并且都骂得越来越凶,越来越狠,结果不仅无济于事,反而造成阴与阳的变异,大大损耗了生命中的"和气"。

男人与女人,其实根本上并没有什么高下之分,都需要拓宽心量,扩大格局。"长短相形,高下相倾,音声相和,前后相随",正是生命的和谐之道。

小人之祸

　　孔子痛恨小人——那些祸国殃民的人。在《论语》中,我们看到孔子经常和弟子们论及小人,对小人劣德劣行的揭露和批评,前后20来处。"君子坦荡荡,小人长戚戚",已经成为中国人熟知的一句名言。

　　孔子划分君子、小人,关键的标准不是个人的社会地位或者社会阶层,而是个人的境界与品行。那么,在孔子的眼里,典型的小人劣德劣行是什么样的呢?

　　劣德劣行之一:小人不遵大道而习诡术。

　　孔子说:"君子成人之美,不成人之恶。小人反是。"就是说,君子成全别人的好事,不促成别人的坏事。小人恰好与此相反。并且,小人不懂得天命所以没有敬畏,不尊重在上位的人,对圣人的言语也敢进行戏侮。

　　道德规范只对君子不对小人,小人不在乎人格,而且一旦打入君子世界,便会不择手段,如入无人之境,这也是历史上小人常常得逞的原因之一。

　　中国历史上有几个"著名"的小人,虽然人格猥琐,职轻权微,却长袖善舞,工于心计,干出了"惊天动地"的大事,几乎改变了历史的进程。

　　唐朝李林甫素质低劣,但是进谗言搞阴谋是其强项,"口有蜜,腹有剑",居然身居相位,排挤走了大唐名相张九龄,陷害并杖杀了享有"书中仙手"美誉的大书法家李邕。李林甫当政期间,"文士知名者,汴州崔颢,京兆王昌龄、高适,襄阳孟浩然,皆名位不振"(《旧唐书》),李白、杜甫这样的大诗人,也同样受到压制。李林甫嫉恨文化人的阴暗心理,已然渗透到朝廷的用人政策,由于害怕德才兼备的文化人出将入相威胁到自己的地位,李林甫蛊惑唐玄宗专用没有什么文化的胡人为边将,酿成的恶果就是安史之乱,大唐从此一蹶不振。

劣德劣行之二：小人重利轻义重色轻友。

孔子说："君子怀德，小人怀土；君子怀刑，小人怀惠"；"君子喻于义，小人喻于利"。就是说，君子想的是道德，小人想的是乡土；君子关心的是法令制度，小人贪图的是一己私利；君子明白的是大义，小人追逐的是私利。

楚国大夫费无忌是极有"成就"的一个小人。楚平王为儿子娶亲，派他前往迎娶。费无忌看到新娘娇美便心生邪念，不顾一切快马回宫对楚平王细述姑娘之美，并进言趁太子尚未见其面先娶之。好色的楚平王被巧舌如簧的费无忌说得动了心，转眼间，这位本该成为太子夫人的秦国姑娘，便成了公爹楚平王的妃子。移花接木的费无忌于是成了楚平王的心腹。但他做贼心虚，因为太子迟早是要接班的，便对楚平王诬陷说太子谋反。楚平王又听信其言，马上下令捕杀太子及其老师伍奢父子，这两个人只好逃离楚国。数年后，伍子胥率大军复仇，楚国就这样被灭掉了。

劣德劣行之三：小人拉帮结派营私祸害。

孔子说："君子周而不比，小人比而不周"；"君子和而不同，小人同而不和"。就是说，君子与人团结，而不是互相勾结；小人结党营私而不讲团结。君子能够和谐共处，但不会盲目附和；小人盲目附和却不能和谐共处。

小人擅长拉帮结派制造内乱，然后浑水摸鱼。春秋时，鲁国的庆父与鲁庄公夫人(也是其嫂)通奸，庄公死后，继位者上去一个就被庆父搞下来一个，接连谋杀两任国君，折腾得国无宁日，留下了"庆父不死，鲁难未已"的千古警训。

西汉江充是小人中最有"魄力"的一个。他先是搅得赵王父子不得安宁，为报私怨，诬告赵太子秽乱后宫，导致赵太子险些被汉武帝判了死刑，虽赦其死罪，但是太子地位被废。后来他又蛊惑汉武帝，挑唆其父子关系，制造大量冤假错案，最后逼得太子造反被杀。这场大乱，史称"巫蛊之祸"，不仅白白死了好几万人，把个汉武帝一家也弄得骨肉相残，国家险些覆亡。

劣德劣行之四：小人苛责他人难以共事。

孔子说："君子求诸己，小人求诸人"；"鄙夫可与事君也与哉？其未得之也，患得之。既得之，患失之。苟患失之，无所不至矣"；"君子易事而难说也。说之不以道，不说也；及其使人也，器之。小人难事而易说也。说之虽不以道，说也；及其使人也，求备焉"。就是说，君子对自己严格要求,小人对他人十分苛求。同一个鄙陋庸俗的人共事很不容易。他在没有得到名利官位时,总是担心得不到。已经得到了,又总是担心失去它。如果总是担心失去既得利益,那他什么事情都干得出来。在君子手下做事很容易,但很难讨得他的欢喜。不按正道去讨他的欢喜,他是不会欢喜的;但当他使用人的时候,总是量才录用。在小人手下做事很难,但要讨得他的欢喜则是很容易的。不按正道去讨他的欢喜,也会得到他的欢喜;但等到他使用人的时候,却是百般责备。

南北朝人鲍邈之是小人中十分阴险的一个。他原来是太子萧统身边的一个太监,颇受信任。太子母亲病故不久要做"生忌",须由一太监值宿一夜,太子便让这个小太监去。不料他擅离职守,跑去和宫女鬼混,正巧被太子巡视时撞见。此太子是编纂著名的《昭明文选》的昭明太子,"《文选》烂,秀才半",就是对他的高度评价。太子宽厚,本该严惩却没有治他的罪,只是对他不如从前亲近了。哪知这小太监不思图报,反而怀恨在心,探听得皇上身体不适,便跑去密告,说太子请道士作法,埋蜡鹅咒皇上早死,企图夺权篡位。太子受此不白之冤,又无法辩解,气急交加,一病不起,31岁竟驾鹤西去。

劣德劣行之五:小人心浮气躁无所不为。

孔子说:"君子而不仁者有矣夫,未有小人而仁者也";"君子固穷,小人穷斯滥矣"。就是说,君子之中可能有不仁义的人,但小人却断不会成为仁义之人。君子在穷途末路时能够安守节操,小人一旦穷途末路就会为所欲为。

龚自珍是清代大名鼎鼎的思想家、爱国诗人,他万万没有想到,自己的儿子龚半伦竟然卖国求荣,成了英法联军火烧圆明园的帮凶。英法联军攻入北京后,"所以焚掠圆明园者,因有龚半伦为引导。英以师船入京,焚圆明园,半伦实与同往……取金玉重器而归。"为一己私利,不惜引狼入室,害宗灭族,烧毁"万园之园"。龚半伦死后,龚家禁止埋入祖茔。

其实,痛恨小人的哪里仅仅是孔子!古往今来所有的人,包括小人对小人,都从心里鄙夷。

在中国历史上,小人在很多时候成为左右政局的重要因素,每每朝代更迭、社稷颠覆,常与小人作乱有关。换句话说,小人有小人的本事,小人能翻大船,实在是轻觑不得。

无才无德的愚人危害有限,有才无德的小人危害就大了,所以司马光说:"小人智足以遂其奸,勇足以决其暴,是虎而翼者也,其为害岂不多哉!"

小人的危害很大,但他们其实又很可怜。子夏说,小人一旦有过错必然要掩饰。孔子说:"君子泰而不骄,小人骄而不泰";"色厉而内荏,譬诸小人,其犹穿窬之盗也与?"就是说,君子心境安宁,不骄傲自大;小人骄傲自大,心态浮躁,他们产生物欲的速度总是很快,但实现的速度却永远也不可能跟上心里的念头,于是他们外表严厉内心虚弱,就如挖墙爬洞的小偷,心怀鬼胎,患得患失,眉头紧锁,局促不安,所以孔子说"小人长戚戚"。

小人虽然往往也是统治者的工具,但统治者并非时刻都需要小人为虎作伥,一旦被弃,便可能身首分离。杀一小人而赢得舆论,从而有效增加政治砝码,何乐而不为?

武则天时代,有一年朝廷禁屠牲畜,右拾遗张德得子,私自杀羊宴请同僚,有个叫杜肃的人吃了喝了然后一抹嘴向朝廷举报。翌日,武则天质问张德杀羊摆宴的事,张德叩头服罪。武则天说:"朕禁屠宰,有吉凶事不干预。但你请客也得看清什么人啊!"冷不防将杜肃的奏表给张德看,杜肃大窘,落了个"举朝欲唾其面"。武则天何以令小人当众出丑?因为当时小人太过猖獗,告密之风盛行,人人自危。所以武则天要适当调控一下小人的火候,做个样子给大家看。这就是女皇的领导艺术。

历史充满了辩证法。损人者自损,污人者自污,毁人者自毁,玩火者自焚,"千夫所指",结果一定是"不得其死"。

孔子知道小人的危害和下场,所以一再提醒弟子不要学成小人。

但是,古人又告诉我们:"无德必亡,唯德必危。"道德只宜律己,难以治人。道德的效果在于感化,但人的品流太复杂,不感无化待他如何?感而不化又待他如何?所以荀子主张"敬小人",因为不敬小人等于玩虎。坏人有时必须用坏招来对付,以毒攻毒,才能制胜。

但是,即便不得不用小人,也一定要限制使用。孔子告诫:"君子不可小知而可大受也,小人不可大受而可小知也。"就是说,对君子不可以使用小技巧小手段去考察他,但他却足以担当大任;小人不可担当大任,但可以使用一些小技巧小手段让他们做一些小事情。

小人当然不仅仅指那些祸国殃民的人,广义的"小人",也包括"群居终日,言不及义,好行小慧"的俗气之人。不过,生活中真正的君子和典型的小人其实只是极少数,连孔子都说:"就典章文化来说,我和别人大约还差不多,但做一个身体力行的君子,那我还没有做到。"

但是,一个人倘若完全被世俗同化,也的确是一件悲哀的事情。泰戈尔说:"那些缠扭着家庭的人,命定要永远闲卧在无灵魂世界的僵硬的生活中。"尼·奥斯特洛夫斯基说:"只为家庭活着,这是禽兽的私心;只为一个人活着,这是卑鄙;只为自己活着,这是耻辱!"

所以孔子坚信:"君子学道则爱人,小人学道则易使也";"君子之德,风;小人之德,草。草上之风,必偃。"

女怕嫁错什么郎

70多年前,上海《民国日报》登出了一位女士的征婚广告。她对如意郎君的要求如下:

一、面貌俊秀,中段身材,望之若庄严,亲之甚和蔼。二、学不在博而在有专长。三、高尚的人格。四、风姿潇洒,身体壮健,精神饱满,服饰洁朴。五、对于女子的情爱,专而不滥,诚而不欺。六、经济有相当的独立。七、没有烟酒等不良嗜好。八、有创造的精神,有保守的能力。

在今天的许多美女看来,70多年前的上海女子对如意郎君的要求太低,也太琐细。诸如"学不在博而在有专长"、"高尚的人格"之类有必要说吗?男人在经济方面仅有"相当的独立"就行了吗?至于"保守的能力",很多人想不明白更不会提及。

时过境迁,当今不少的美女已经公开声明:非高薪者不嫁,非有车族与有房族不嫁;学得好不如嫁得好,"宁在宝马车中哭,不在自行车上笑"。有位90后女大学生更是出语惊人:"白毛女就是应该嫁给黄世仁!"这些观点言论,让社会各界人士为之瞠目。

俗话说:"男怕选错行,女怕嫁错郎。"由于女性的"折旧率"高于男性,因此女性的婚恋风险也较男性大得多,所以婚姻的经济学越来越受到关注。

在一个物欲强盛的社会,嫁入豪门,也就是"鲤鱼跳龙门",成为众多美女的第一愿景。

翻一翻现在的女性读物,常常可见对女青年寻偶的"谆谆教导",内容无非是指点怎样见到"真佛",在哪些地点做哪些职业才最容易碰到豪门阔少,例如飞机头等舱、高级营养师、私人健康教练、财经女主播等等,甚至还教授美女们先接近、再勾引的若干诀窍,并列举成功案例,供她们参考学习。

然而,如果你本身只是一条鲤鱼,跳龙门真不是一件简单的事。且不说高发生率和低成功率这个跳龙门的过程何等艰辛,就算你真的到了龙的世界,会发现自己仍然还是一条鱼,而身边再无一条亲近熟悉的鱼类与你共鸣。从今往后,孤单、寂寞、忧郁甚至屈辱,也许就会与你长相伴随。

红楼梦里,贾珍的强势和尤氏的和顺,就是典型的高攀型婚姻的既定模式。"人之美者曰尤",正是凭借年轻貌美、聪明才干、温和的处世态度、灵活的周旋手腕、过硬的心理素质,尤氏才得以跨越出身背景的悬殊,续弦为贾珍的正室,麻雀变成了凤凰。然而尤氏找到幸福了吗?她的生活,用现代语言描述就是:"那种高级让我感到压力,那种优越让我感到无力。"再看看凤姐这个人物,她的年龄、相貌、才干以及在贾家的名分都与尤氏相类,但她远高于尤氏的实际地位,因为她娘家势大。王熙凤生于这个阶层,长于这个阶层,熟谙这个阶层,适应这个阶层,所以,在这个阶层所有的规则和潜规则之下,王熙凤在贾府豪门之中如鱼得水。至于她"机关算尽太聪明,反误了卿卿性命",那又是另外一个话题了。

所以,哪怕找到"金龟婿",要想在豪门中混出个样儿来,实现人生的"可持续发展",对于技术含量的要求,那是相当的高!

当然,并非每个女人都想嫁给有钱人,但是很多的现代女性对于自己应该嫁一个什么样的人,又总是不大说得清楚。这似乎是一道很难的选择题,因为所有的男人,长处或者优点的背后,都存在着各种各样的问题。

嫁给有官位有权势的男人?保不准婚姻会成一副人生枷锁。他若是一个真正的"人民公仆",那就没什么节日假日,也不会大包小包的天天给你惊喜,还会让你处世为人更加谨慎,于是你在家中只能形影相吊。他若是个追求权力和财富的人,你可能吃不完用不完,但也需要助他一臂之力,跟他一起赤膊上阵,行走于生态环境恶劣的官场和商场协助交际。由于反腐倡廉的呼声一日高过一日,与受贿者或行贿者为伴,弄不好哪天就同他一起进去。况且,事业心太重的男人,你不得不时刻担心他的健康问题。

嫁给帅气英俊的男人?自取灭亡的可能性太大了!帅哥就算有心一生只爱你一人,也顶不住别的女人痴心不改的爱心奉献。帅哥长得帅,艳遇也来得快,而且"野火烧不尽,春风吹又生",于是你与第三者、第四者甚至第若干者的战斗在所难免。

嫁给甜言蜜语的男人？难说能够甜到多久。这种男人细致聪明,善于发现女人的美,比如他会别出心裁地夸奖你的发型、衣服或者口红,让你陶醉得云里雾里。但是,这种男人也很善于发现除了你之外的其他女人的美,同样可能把甜言蜜语说给其他的女人听。

嫁给有闲有空的男人？说不定感觉自己嫁了个破铜烂铁。这种男人虽然外事活动很少,能够与你每天相伴,你的生日、你们的结婚纪念日甚至岳父岳母的生日,他都会记得一清二楚,但他往往能力有限,钱没有什么,精神世界也可能苍白一片。你不得不亲自打拼,以实现小家庭的温饱。当你看到别的女人嫁个"钻石男人"养尊处优的时候,心中的酸楚一定会油然而生。

嫁给老实巴交的男人？你可能会感觉自己的女性之美不复存在。尽管他可能对你忠心耿耿,对身边擦肩而过的美女目不斜视,可是这种男人往往迟钝得要命,你指甲的粉色早已换成浅紫色了,他不仅不知道,撒撒娇让他评价,他还是一脸茫然。如此缺乏情趣,你会觉得像是与一块木头在过活,生命与浪漫无缘,只能与乏味相伴!

嫁给有才华的男人？才子佳人组合的美妙多在小说中才能看到。况且当今社会也难出几个真正的智者。很多的所谓才子,如果春风得意,他会嫌你肤浅,让你心生自卑。他若怀才不遇,则会抱怨时运不济,小人当道,上苍无眼。抱怨久了深了,才气、锐气、灵气可能全部跑光,最后剩下的无非一股阴气甚至霉气。

至于可怜的"凤凰男",现在的"孔雀女"们早已达成一致的看法:嫁不得!

这些年,以往一向不怎么入美女眼帘的"经济适用男"行情开始看涨。由"经济适用房"衍生而来的"经济适用男",其素描特征是:顾家、有责任感、不吸烟、不喝酒、不关机、不赌钱、无红颜知己。职业分布:教育、IT业、机械制造、技术类等行业。月薪:3000-10000元,有"首付能力"。

许多女白领认为"经济适用男"最大的优势是让人有安全感,是结婚的"好材料"。不过,也有同样多的女性对其颇有微词,因为他们"小富即安",职场生涯中规中矩,无抱负无野心,生活情趣需要下工夫引导,生存状态几十年如一日。他们也许是一只收入稳健的基金,但绝不是一飞冲天的潜力股。而且,嫁给专业技术型的男人,可能自己会被"专"得难受——嫁个律师,他说话逻辑严密,如果吵架,你永远都赢不了;嫁个医生,看起来身体保健没问题了,但他忌讳之多,让你胆战心惊;嫁个老师,可能你随时听到的都是严厉的口气,感觉自己总像一个不合格的小学生。再有,那些专业男士,说不准还会患上什么职业病呢!

当然,若能嫁给既有钱又有闲、既有思想又能行动、既有情趣又忠贞不渝的男人,那该多好!但是,人世间难有如此完美的男人,即便有,轮得上可能也并不那么完美的自己吗?

这个问题讨论多了,我想男人和女人都会失望。爱情不是很美好吗?怎么变成了买卖交易?!一名匿名女子在互联网上发布广告,咨询怎样才能嫁给年薪超过50万美元的富人。她自称25岁,"相当美丽"而"肤浅"。一名神秘的银行家回复了这则广告,他说自己符合女子寻夫条件,但却不想做这桩全无价值的买卖。他写到:"你的美貌会消逝,而我的钱很可能保值……事实上,我的收入极可能增加,但你绝对不会变得更美……所以,从经济学角度来看,你在贬值而我在增值。因此,按你的要求'买下你'是桩亏本买卖。"

现代社会日新月异,比之于古人,我们见得更多,想得也更多。我们批判、嘲笑古人在婚姻上的"父母之命,媒妁之言",而今人的婚姻更是一塌糊涂。难怪人们叹息:爱情与婚姻早已不能画上等号;爱情是婚姻的坟墓!

《诗经》之中,那句"关关雎鸠,在河之洲。窈窕淑女,君子好逑",让今天的许多人也有些眼热梦幻。由此我们能够看到孔子对美好的爱情与婚姻的肯定。远古的中国人,婚姻未被异化之时,其实是自然的、淳朴的、美妙的,当然,也是现实的。

孔子为什么会将自己的女儿嫁给了曾经身陷牢狱的弟子公冶长?因为公冶长品格无疵,虽遭冤屈终究无事;孔子为什么又把自己的侄女嫁给了弟子南容?因为国家有道时,他有事可做,国家无道时,他也能够免于刑戮,况且他反复地诵读、体会《诗经·大雅·抑之》中的诗句"白圭之玷,尚可磨也;斯言不玷,不可为也(白玉上的污点还可以磨掉,言论中有毛病就无法挽回了)",让孔子感到十分欣慰。

根据孔子的思想,换个角度来说,一个女人如果嫁了没有品德的人,那就是嫁错了;如果嫁了没有生存能力的人,那就是嫁错了;如果嫁了不懂保平安的人,那就是嫁错了。

在孔子看来,择婿嫁女,并非一定要求有财、有势或者有多高学位,人品正、有能力、能避祸这3条,才是所有原则中最最要紧的!

婚姻是大多女人一生中的头等大事,不可不慎重;漂亮是上天送给美女的第一件礼物,也是上天最早收回的东西。

今天的女性,无论个人的爱好怎么样,无论择偶的标准有多少,若想寻得一个真正可靠的幸福的家庭港湾,不妨汲取一点孔子的智慧,也不妨再次体会一下70多年前那位上海女士对如意郎君的8条要求。

女怕嫁错什么郎

6. 关于道义

子曰：贫而乐，富而好礼。

子曰：获罪于天，无所祷也！

子曰：君子之于天下也，无适也，无莫也，义之与比。

子曰：父为子隐，子为父隐，直在其中矣。

子曰：邦有道，谷；邦无道，谷，耻也。

子曰：道不同，不相为谋。

子曰：人能弘道，非道弘人。

子曰：乡愿，德之贼也。

子曰：人而无信，不知其可也。大车无輗，小车无軏，其何以行之哉？

子曰：君子义以为上。君子有勇而无义为乱，小人有勇而无义为盗。

子曰：富与贵，是人之所欲也，不以其道得之，不处也；贫与贱，是人之所恶也，不以其道得之，不去也。君子去仁，恶乎成名？君子无终食之间违仁，造次必于是，颠沛必于是。

融仁义于利欲

狗是人类最亲近的朋友或者宠物之一。如果家里饲养了多只狗，我们就会看到每只狗都会各自在一定的空间行使权力，而且各自都有其固定的睡觉场所。狗类有收集贮藏物品的行为，有些我们认为毫无用处的东西，它们都会加以收集，比如木块、石头、树枝、袜子、书本、儿童的塑料玩具等等，它们会将这些东西衔入自己的领地内啃咬、玩耍，并且绝不愿与其他的狗甚至人分享。野狗和流浪狗会用前肢在自己的领域挖洞，将吃剩的食物埋在里面，再用土掩好，如果有其他的狗经过掩埋地点时，它就会站在贮藏食物的地点龇牙咆哮，以示自己的所有权。当然，正是因为狗的占有欲，才具备了保护主人家园财产安全的能力。

狗的敛财行为在人类看来十分滑稽可笑，但是人类对于自己的敛财行为，则认为理所当然。

占有欲是所有动物的本性，但以人类为甚。列夫·托尔斯泰就说："谁也不满足自己的财产，谁都满足于自己的聪明。"牛顿1720年炒股赔钱后感叹："我可以计算天体运行的轨道，却无法计算人性的疯狂。"

从茹毛饮血的原始时期开始，当似乎属于自己的东西被其他人用过或者碰过之后，人们总会产生出一种厌恶或憎恨的情绪；至于人类社会连续不断的战争，归根结底，都是因为对土地、财富、人口等等的占有欲而造成。

努力创造财富，过上丰衣足食的生活，这是人类正常的需求，但是人类在这个方面容易走远，比如中国人尤其喜欢把财富留给子孙后代，包括权力这种最大的"财富"在内。很多人看来明白"钱财如粪土"的道理，但终究还是舍不得肥水流了他人田。

现代社会的人们，似乎哪一个阶层都越来越没有安全感。为政者没有安全感,企业家没有安全感,白领人士没有安全感,"城里人"和"乡下人"都没有安全感!

平民阶层的不安全感当然更是实实在在。他们的不安全感来自最基本的生存威胁。如果没有公平、正义的社会分配政策,如果社会贫富分化日趋严重的问题不解决,每个人的日子都不会好过,每个人都不会有安全感。因为这种社会性问题所带来的"不安全感",是深宅大院、狼狗保镖、公安警察或者什么"绑架保险"之类所不能解决和消弭的。

"丘也闻有国有家者,不患贫而患不均,不患寡而患不安。盖均无贫,和无寡,安无倾。"《论语》中这句话经常被认为是孔子搞平均主义的典型语言。其实,孔子说的"均",其意不仅仅指利益,还包括"机会"、"公平"、"齐同"、"一致"等等。

人类正在面临诸多危机,深层的原因,正是传统伦理道德观和价值观被断绝、抛弃和否定。现代社会的人们,已经被"经济和利益决定一切"的观念统治了思想。许多身居上位的人只讲自己都没有理解清楚的"经济"和"科学",不讲什么信仰和道德,只从本位的角度出发,侵占、掠夺、损害他人、他乡、他国利益,甚至破坏大自然的规律和法则,结果必然是"自作孽不可活"。

蒙古有句谚语:"来路若是光明,去路一定平坦。"智者们都相信财富是具有灵性的东西,向善和济世是它最后的归宿;而贪婪的人们却总是看不清楚想不明白,所以权力和财富在他们身上就表现出毁灭的本性。

许多人以为孔子这种圣人肯定鄙视财富,其实不然,孔子不是说"富而可求也,虽执鞭之士,吾亦为之"吗?当然他接着说:"如不可求,则从吾所好。"孔子的信念是:"笃信好学,守死善道。危邦不入,乱邦不居。邦有道,贫且贱焉,耻也;邦无道,富且贵焉,耻也。"荀子也有同样的见解:"先义而后利者荣,先利而后义者辱。"

事实上,义与利并非尖锐对立、非此即彼。

仁,是孔子对人类最美善的道德状态的高度概括。孔子所谓"富贵于我如浮云",是从伦理道德原则出发的,他鄙夷用不正当手段鼠窃狗偷取得高位和财富的做法:"富与贵,是人之所欲也,不以其道得之,不处也;贫与贱,是人之所恶也,不以其道得之,不去也。君子去仁,恶乎成名?君子无终食之间违仁,造次必于是,颠沛必于是。"意思是,富裕和显贵是人人都希望得到的,但不用正当的方法去得到,我不会接受;贫穷与低贱是人人都厌恶的,但不用正当的方法去摆脱,我甘守贫贱。君子如果离开了仁德,又怎么成为君子呢?君子没有一顿饭的时间有违仁德,仓促时刻不会有违仁德,颠沛流离的时候也不会有违仁德。所以,当弟子冉求帮助富有的季氏继续搜刮钱财时,孔子非常生气,并发动其他弟子大张旗鼓地声讨他。

孔子向公明贾问到卫国大夫公叔文子时说:"是真的吗?听说先生他不说、不笑、不取钱财。"公明贾回答道:"告诉你这话的那个人说得不准确。先生他到该说时才说,因此别人不讨厌他说话;快乐时才笑,因此别人不讨厌他笑;合于道义的财利他才取,因此别人不讨厌他获取。"孔子说:"原来是这样啊,不过,真的是这样吗?"因为"道听途说德之弃",孔子还没有证实,所以对卫国大夫公叔文子是否具备这些品质还是持怀疑态度。但若一个人真能做到"时然后言"、"乐然后笑"、"义然后取",孔子一定会从内心钦佩。

孔子常常把富与贵、富与礼、富与教、富与骄连起来讲解。老子则劝导人们"去甚、去奢、去泰",揭示出"物壮则老"、"甚爱必大费,多藏必厚亡"的世间法则,让我们深刻体会"生而不有,为而不恃,长而不宰"的"玄德",境界更为高妙。

在美国加利福尼亚州和内华达州边界的沙漠里,有一个莫诺湖。据说有76万年的历史了。莫诺湖能在沙漠中几十万年都不枯竭,是因为有五条来自雪山的河流源源不断地把水注入湖里,莫诺湖湖水清澈透明,谁看着都忍不住想喝上一口,但这看似纯净的湖水,却是无比的苦咸。经过科学家们的努力,终于解开了莫诺湖湖水不能饮用的秘密——虽然有五条河流注入,莫诺湖却没有出口流出,水在湖中不断积蓄,同时又在阳光的照射下慢慢蒸发,水中的盐碱成分存留下来,越积越多,于是莫诺湖湖水的咸度越来越高,碱性极强。

莫诺湖的形成也给了我们启示,那些习惯于索取而不愿付出的人,虽然表面看似滋润圆满,心中却是苦涩无比。

"舍得",是一种人生的哲学。人生需要舍得,舍得丰富人生。有"舍"才有"得",小"舍"小"得",大"舍"大"得",不"舍"则不"得",天下智慧皆"舍得"!

当然,这种"得",更多的是指精神的丰润和境界的升华。舍得之间暗藏玄妙,意境深远,只能靠自己去琢磨和感悟。

人类要有效地规避劫难,必须来一次革命性的意识改变。

有什么样的社会就会流行什么样的观念,包括财富观念。但是,只有健康的财富观才能成为和谐社会的基石之一。在美国,富豪们都被征收高额的遗产税,以防止财富因世代相传而过度集中。财富越多,税赋越高,这就"逼迫"富豪们把钱拿出来"贡献"给社会;同时,社会又照顾了富豪们的满足感和安全感,让他们成立各种基金会,大限度地拥有对财产的"支配权"。于是,富豪们把管理自己的慈善基金当成了一件有成就感的愉快的事业,所以掏钱掏得愉快,从而巧妙地实现了富豪财富的社会化。

越来越多的财富拥有者相信:"慈善是富人向社会缴的税","带着巨富死去是可耻的"!

财富观的关键,或许并不是如何创造财富,而是如何分配和使用财富。"仁者以财发身,不仁者以身发财",中国人凭借自己优秀的传统文化和先哲的智慧,更可以实现这样一种财富观:取之于社会,用之于社会。

放下短视的占有欲,融仁、义于利、欲,人类才能走向大气和开阔,也才能拥有真正的快乐与幸福!

乡愿之"贼"

唐朝的时候，有一年大丰收。唐德宗这年外出打猎时，也顺便体察了一下民情。有一天，他到了一个叫赵光奇的农民家里，亲切地问他们生活得怎样，结果赵光奇向他哭诉：政府不讲诚信，说不多立名目课税，却继续征收差役代金。德宗听罢，不甚唏嘘，当场就把这家人的税赋给免了。

看起来，德宗宽宏大量，听得进民间抱怨，是个好皇帝，实际上，德宗在位期间，三度丢掉首都长安，安史之乱后唐朝国力大损，被德宗一折腾，更是一蹶不振，直至亡国。

税是国家大法，应该一体适用，免了这家，那么其他人家呢？身为一国之主，如果是苛税伤民，就应该从政策上减税免税；如果是官吏贪贿，就应该好好整顿吏治。德宗不思索完善制度使人民休养生息，只顾做好人，表演亲民秀。如此做法，其实没有什么公平公正可言，结果必然是一家人在笑，一街人在哭，国家整体的法律制度，将会因此而荡然无存。所以，德宗的表现是"乡愿"。

所谓"乡愿"，就是没有原则、不辨是非、不讲法律秩序而一味充当"好人"的那种人。孔子对于这类人表现出明确的鄙视态度，并批评说："乡愿，德之贼也！"

"贼"在这里作形容词用，贼人、盗贼、贼赃、贼窝、祸害等等，皆为"贼"的意思；"德之贼"就是道德的败坏者的意思。孔子说话通常温文尔雅，像如此强烈的否定和激愤的语气，在《论语》中是不多见的。

那么，孔子为何要斥责"乡愿"呢？因为孔子强调做人要注重"仁"与"礼"的统一。

孟子又深刻地分析了"阉然媚于世"的乡愿的恶劣影响："非之无举也，刺之无刺也，同乎流俗，合乎污世，居之似忠信，行之似廉洁；众皆悦之,自以为是,而不可与入尧舜之道;故曰:'乡原,德之贼也'……"意思是说,这种人,要指责他却又挑不出什么大错来,要责骂他却也无可责骂,他只是同流合污,为人似乎忠信,行为好像廉洁,大家也都喜欢他,于是他也常常自我感觉良好。但是,这种人与尧舜之道相背相离,所以说乡愿是"德之贼"。

万事万物中,人是最难认识和评价的。人的个性多种多样,而许多人又往往以个性来掩盖其思想和情感上的弱点与错误,使得乡愿们混迹于其中,令人更难看清他们的本来面目。

"仁"体现的是人的真善美的德性,而"礼"则是外在的约束、规范和体现。将两者自觉地融为一体,达到"中行"的境界,就是君子的目标。当"仁"与"礼"两者相矛盾的时候,孔子倾向于保持真性格、真情感,而对披上"礼"的外衣、伪装得十分得体的人,则无法容忍,所以他说:"不得中行而与之,必也狂狷乎!狂者进取,狷者有所不为也。"意思是说我孔丘找不到那些具备中行品格的人做朋友,只好结交"狂"与"狷"这两种人了。这两种人虽然都未能很好地接受"礼"的熏陶,但"狂"者有进取心,并且直率,"狷"者不会去做坏事,不懂圆滑世故心肠不坏。换句话说,"狂"者与"狷"者尽管其人格修养所达到的境界还不够高,但毕竟流露的是真情实感,所以仍然值得肯定。

孔子恶"乡愿",因为"乡愿"似忠似廉,无非伪善面孔;孔子弃"鄙夫",因为"鄙夫"患得患失,尽是小人心肠。

在我们的周围,总有一种所谓的"老好人",他们在大是大非问题上不偏不倚,在善恶大义原则上无择无从,甚至在生死攸关的时刻无动于衷。表面看,他们左右逢源、处处行好,实质上,良莠不辨,是非不分。

纵容邪恶,实际上就是伤害了忠良。很多时候,笑里藏刀的伪君子比明火执仗的强盗更为可恶。所以有人说:"天下非小人之为患,伪君子之为患耳!"

面对国家的积弱不振,清末的谭嗣同反思历史时说了一句被后人广为引用的话:"两千年之政,秦政也,皆大盗也;两千年之学,荀学也,皆乡愿也!"明儒顾允成说,他看到的是"三代而下,只是乡愿一班人,名利兼收,便宜受用"。张东荪把 20 世纪前几十年中国的一切问题,都归咎于"士阶级之腐烂",亦即所谓中流阶级心性的恶化,具体表现在"只知苟且;只知规避责任;只知迎合意旨;只知从中取利;只知说假话;只知在夹缝中讨生活"。

对于谭嗣同的看法，毛泽东也表示赞同。那么谭嗣同又为何认为"荀学"皆"乡愿"呢？有学者进行了专门的研究分析——

"乡愿"的内涵包括"同流合污以媚于世"、"似德非德"、"愿系以人"等三个方面。《荀子》一书述有大量"持宠处位终身不厌"之"术"，这些"术"或讲究"顺上好同"，或讲究"欲恶取舍"，其内在规则、内容正与"乡愿"内涵重合，因此许多人认为荀学中存有一种乡愿思想的倾向。荀学"乡愿"思想的形成有其特定的原因。王权专制的政治环境与学官一体的政治角色限制，是其形成的社会背景。在学术渊源上，荀子汲取稷下学士"因循"、"趣物"的思想，整合成为其乡愿思想的资源。韩非子等主张揣摩自保、揣摩迎合、揣摩斗人之术，将荀学乡愿思想从理论上向"臣术"演进。大一统环境下，西汉士人的主观需要与荀学传播的客观环境相结合，更加发扬光大了。

读书人这些激烈的批评也是自责，可以说体现了中国读书人反求诸己的传统。顾允成一生都在得罪权贵，在进士殿试对策时就"语侵帝妃"，排名被移置最末，后又数次抗疏大员，仕途不畅，最后不得不乞假归乡讲学；谭嗣同更是以身试刀，欲为天下存士节；不苟且的张东荪，两朝皆曾身入牢狱。

当今的世界，"乡愿"、"鄙夫"追名逐利的范围更广，手段更多。比如现在的学术界就是好好先生太多，因而各类"大师"的帽子互相赠与。又如今日校园中乡愿之风盛于一切时代，自古以来居于强势的老师早已开始迁就甚至讨好学生，他们在意识层面未必有意为之，更多的是遵从某种风气而已，然而，普遍的无意识趋从，恐怕比少数的有意为之还更加可怕。至于官场，已被世人喻为"粪场"，更不用说了。乡愿的风气，让所有的人生活在一个异样的世界。

阿拉伯有句谚语："对真理沉默，等于为谬论呼喊。"该说出真相时却保持沉默，那就是一种残忍！

很多人认为儒家塑造的就是温良恭俭让的好好先生，中庸就是不讲原则的明哲保身一团和气，这是对中国经典智慧的最大误读。

儒家强调"为士之道"，张扬知识分子的独立意识与批判精神，绝非委曲求全的"妾妇之道"！

"以德报怨"与"以直报怨"

提婆达多得了重病,很多医生都不能把他治好。于是,身为堂兄弟的佛陀亲自来探望他。

一个弟子不解地问佛陀:"您为什么要帮助提婆达多?他屡次害你,甚至要把你杀死!"

佛陀回答说:"众生平等,每个人都想幸福快乐,没有人喜欢生病和悲惨。因此我们必须对每一个人都慈悲。"

佛陀走近提婆达多的病床,然后真诚地说:"我如果真正爱着始终要加害我的堂兄弟提婆达多,就像爱着我的独生子罗侯罗的话,我堂兄弟的病,立刻就会治好。"

果然,提婆达多的病症在佛陀此番话语之后很快消失,不久之后他就恢复了健康。

佛陀对待堂兄弟提婆达多的态度,就是以德报怨。

基督教奉行的也是"以德报怨",你对我坏,我还是对你好,你打了我的左脸,我就把右脸也凑过去,直到最终感化你。其他有些宗教则奉行以怨报怨,以毒攻毒,以恶制恶,你伤害我,我也伤害你,通过这种方法来消灭世上的坏事和恶行。

娄师德是唐代武周时的重臣,也是历史上比较少见的一位低调官员,史称其"宽厚清慎,犯而不校";"人有忤己,辄逊以自勉,不见容色"。

狄仁杰由普通将领官至高品,主政朝廷,正是娄师德发现并向武后推荐的人才。不过,当时狄仁杰并不知道这样的背景情况。后来,当狄仁杰与娄师德一起主持朝政时,感觉两人不好磨合,便多次向武后进言,欲将其排挤出内阁。在他眼里,娄师德不过一员普通武将而已。武后于是找狄仁杰谈了一次话,并将以往娄师德推举狄仁杰的奏章一一拿出来让他观看。引荐之切,求贤之急,知人之明,让狄仁杰面红耳赤,十分惭愧,他于是叹息道:"娄公盛德,我为所容乃不知,吾不逮远矣。"

娄师德的弟弟要出任官员,临行前来向哥哥问询为人处世之道。娄师德问他:"如果有人骂你,并且往你的脸上吐唾沫,你打算怎么对他呢?"他的弟弟大概以为自己的修为很好,非常自信地说:"无论他怎么骂我,我都不还口。他吐唾沫我也不骂他,我把唾沫抹掉就是了。"娄师德听后却告诉他:"别人吐你唾沫,就是对你有怨恨,如果你把唾沫给抹掉了,那么他泄愤的目的就没有达到。所以你不但不能抹去,还应该把你的另外半边脸伸过去。"

如此的态度,常人实在难以做到,也有人不以为然,但娄师德这样换位思考,总能使双方头脑冷静,避免矛盾激化,还可能化干戈为玉帛。事实上,娄师德正是以如此低调的处世之道,在险恶的政治环境中免于灾祸,且"独能以功名始终"。

这就是道家的处世哲学。老子有言:"大小多少,报怨以德。"即是说无论或大或小或多或少,对待冤仇当报以大德。

孔子的说法则似乎与老子很有差异。有人问孔子:"用恩德来报答怨恨如何?"孔子说:"那么用什么来报答恩德呢?应该是以直报怨,以德报德。"

如果是儒家中人,你要是吐他一口唾沫,他肯定不会把另外半边脸伸过去。他可能自己擦干净,静静地走开;也可能义愤填膺,严厉地予以斥责。这两种回应方式,都属于孔子所说的"以直报怨"。

现实生活告诉我们,有的人德行太差,无论你怎么感化,也是"朽木不可雕也";同时,一些无辜的人们很可能会被这种人妨碍、冒犯或伤害。受委屈受伤害的人当如何面对与处置,真不可强求一律。

区区小事,有涵养的人会一笑置之,避免针锋相对,然后对于后果严重的恶行所采取的态度行为,那就不尽相同了。但不论具体的态度行为如何,对恶行表达的正常愤怒,甚至绳之以正义之法,难道不算是"直"吗?这样的"直",难道不是"德"吗?

所以,老子的"以德报怨"之说与孔子"以直报怨"的主张,并非那么对立。孔子所言之"直",其实完全地包含在老子所说的"德"之中。

在老子眼中,只要是遵循大道,无论"以正治国"还是"以奇用兵",无论"常与善人"还是"常有司杀者",都是有德!

按照孔子的思想,他所谓的"直",无疑必须符合于"仁",而"仁"的外在表现是"礼",所以,"直"的标准也应该符合于"礼",而"非礼勿视,非礼勿听,非礼勿言,非礼勿动"的"直",正是"德"的表现。

曾子就对孔子最得意的门生颜渊的"犯而不校"大加赞赏,他认为这就是高尚的品德。

大道"隐没"了。老子把最本质意义上的道德观留给了人间,而后飘然离去,孔子则致力于人类社会由礼而义、由义而仁、由仁而德、由德而道。他们追寻大道的理想是共同的,而行为方式、教化之法则是有差异的。

孔子从世俗中人能够理解的角度所言之"德"与"直",用现代人的话来说,就是要宽容、包容,但决不可纵容!而世间真正的王者、智者,自能体会老子所言的道与德,从而与庄子一般"齐物"。

老子说:"和大怨,必有余怨,安可以为善?是以圣人执左契,而不责于人。有德司契,无德司彻。天道无亲,常与善人。"意思是,和解了深重的仇怨,必然还会留下余怨,就算是以德报怨,又怎么能够称作上善呢?因此,有德的人哪怕拿着契约凭证,也不会用来索求苛责,虽然司执契约,债务人乐意归还就归还,不归还也不会讨要以免引发恩怨。而无德的人则一定会来个彻底的了断,绝不允许别人欠他一点点债务或者恩德。但是,天道没有什么偏亲,它会永远帮助那些淳朴良善的人。

对待仇怨,我们如果以老子的静胜躁、寒胜热、柔胜刚、弱胜强的思想去面对和处理,一定会更加有效。

孔子其实同样强调消除恩怨。"夫子之道,忠恕而已矣。"一个"恕"字,胸怀何其伟大!孔子还明确地说过:"听讼,吾犹人也。必也使无讼乎!"以德治国,以德养民,争讼少,案子少,甚至无官司可打,无案子可断,这就是孔子心中理想的社会形态了。

儒家的追求,不是"听讼",正是"无讼",这与道家老子的"以德报怨"不是十分一致吗?

人是世界万物的一部分,人在万物之内,大道的德性,也应当是万物的德性,人的德性。有了天道,才有人道,所以人类最根本意义上的德,是遵道而行生存发展的行为表现;人类最高的行为准则,就是促进生命世界的和谐,就是"以德配天"。

雪中送炭与锦上添花

孔子的弟子公西赤出使齐国,冉有替他的母亲向孔子请求补助粮米。孔子说:"给1釜(6斗4升)吧。"冉有请求再增加一些。孔子说:"那就再加1庾(16斗)。"冉有却认为至少应该给5秉(800斗)。孔子说:"公西赤出使齐国,乘的是肥马驾的车子,穿的是暖和轻便的上等皮袍。我听说的道理是:君子为人的原则是救急不济富啊!"

雪中送炭与锦上添花,是两种不同的人生观。

雪中送炭,是你在冰天雪地之中,寒冷战栗之时,给你送来的一盆取暖的火炭,虽然并不值什么钱,却让你有熬过严寒活下去的可能;锦上添花,是你春风得意之时,荣华富贵之中,为你增添的艳丽花朵,让你更加自豪和骄傲。

雪中送炭者,往往不指望有什么回报,献出的是爱心,表现的是仁德,享有的是付出的快乐;而锦上添花者,心态就是千差万别了,但可以说多半的人是有所欲求甚至别有用心,这正如古人所总结的"富在深山有远亲,穷在闹市无人问"。所以,就一般情况而言,前者利他,后者利己;前者是人之美德,后者为人之顽疾。然而,现实生活中,雪中送炭者总是凤毛麟角,锦上添花者总是趋之若鹜。

对于接受锦上添花的人来说,其实多一点不算多,少一点也无所谓,所以极易视"花"为过眼云烟,最多会感动一时却不可能感动一世。再有,千万别以为锦上添花很简单。添花者为了使自己的花儿夺目,难免相互比拼,而人比人会比死人;更危险的是,鲜花着锦烈火烹油,容易成为众矢之的,一旦出了事情,不仅树倒猢狲散,大难临头各自飞,并且无论你愿不愿意,受花者与添花者往往会互相拉扯着共赴祸难。

真正的朋友之间,需要的一定是雪中送炭,而不是锦上添花。

伏尔泰论及美德时就谈到了雪中送炭。他认为美德就是恩惠施于同胞,并详细列举了一些具体情节:他贫穷,你慷慨解囊;他处在危难之中,你帮助他;他做错了事,你告诉他真理;他被轻视,你安慰他;他在某件事上外行,你教会他……

孔子主张"君子周急不济富",正是奉劝天下之人多一些雪中送炭之事,少一些锦上添花之举。因为属于"周急"范畴的行善,才是真正的"仁爱"。"老吾老以及人之老,幼吾幼以及人之幼","君子贵人而贱己,先人而后己",这些经典的话语,本来就是中国人自己的圣经。

当然,身为世俗中人,难免有时候给人雪中送炭,有时候又要给人锦上添花。严格说来,两者要做得恰到好处都不容易。将雪中送炭和锦上添花两项技巧都练至炉火纯青地步的人,《红楼梦》中的王熙凤算是一个。只要有她跟老太太同时出场的情节,总能看到她抓住机会恰到好处地夸赞别人或者拍马屁。比如夸林黛玉通身的气派好,不像外孙女倒像亲孙女,打牌故意放牌给老太太,输了钱又假装心痛之类等等,特别是吃螃蟹那回,老太太跟薛姨妈说自己小时玩耍失了脚掉下去,好容易救了上来,但到底被那木钉把头碰破了,如今这鬓角上还有指头大一块窝儿。凤姐不等人说,先笑道:"那时要活不得,如今这大福可叫谁享呢!可知老祖宗从小儿的福寿就不小,神差鬼使碰出那个窝儿来,好盛福寿的。寿星老儿头上原是一个窝儿,因为万福万寿盛满了,所以倒凸高出些来了。"脑袋上摔个坑,她都能想出一篇话讲,而且还似乎很是在理,实在叫人佩服之至。但凤姐也做过雪中送炭的好事。邢岫烟家贫,省下月钱给父母,还曾当了棉衣。凤姐儿虽冷眼看岫烟的心性为人,却怜其家贫命苦,比别的姊妹多疼她些,送给她一份月钱。若无凤姐的这种施恩,真不知道岫烟的日子怎么过。

助人之心常有,助人之行不常有!从孔子的时代直到今天,"让世界充满爱"这个人们共同的理想远未实现,还非常需要人们有更多的实际的行动。

北京大学中国经济研究中心研究员赵晓有一个著名的判断:中国转轨期间涌现的"转轨富豪",相当一部分都是"问题富豪"。他们没有把财产投入到社会公益事业中,而是大肆进行炫耀性消费。这些"炫耀性消费",其实全都是"损不足以奉有余"的锦上添花。

有良知的人们忧心忡忡,大声呼吁:当我们面对着"中国式奢侈文化"的潮流时,更需要具备理性的、警醒的态度。现今的中国,农村还有几千万人口生活贫困、窘迫,城市中还有相当数量的下岗工人和领取最低生活保障金的人群。

　　当然,"雪中"和"锦上"都可能是一种相对的境遇,某个人的"雪中"相对于其他人可能是"锦上",某个人的"锦上"相对于其他人也可能是"雪中"。排除特殊情况,长期陷于"雪中"或处于"锦上"的人,都非"一日之寒"或者"一日之功"。导致截然不同的局面,当是外因与内因都起了作用。但是,作为施予者,要紧的是自己的态度和仁爱之心。如果总是习惯于锦上添花而不懂得雪中送炭,自身陷于"雪中"恐怕也是迟早的事情。

　　予人玫瑰,手有余香。如果人人都能用一颗仁爱之心对待身边的人和事,尤其懂得雪中送炭,那结果,必然如孔子所说:"老者安之,朋友信之,少者怀之。"

7. 关于为政

子曰:为政以德,譬如北辰居其所而众星共之。

子曰:道之以政,齐之以刑,民免而无耻;道之以德,齐之以礼,有耻且格。

子曰:不在其位,不谋其政。

子曰:政者,正也! 子帅以正,孰敢不正?

子曰:举直错诸枉,能使枉者直。

子曰:上好礼,则民莫敢不敬;上好义,则民莫敢不服;上好信,则民莫敢不用情。夫如是,则四方之民襁负其子而至矣!

子曰:如有王者,必世而后仁。

子曰:近者说,远者来。

子曰:能行五者于天下,为仁矣。恭、宽、信、敏、惠——恭则不侮,宽则得众,信则人任焉,敏则有功,惠则足以使人。

官路：大道还是捷径？

黑龙江省某厅有位女副处长，丈夫是省政法委的领导，凭了两口子都当官，她非常敢说狠话："谁动我就灭了谁！"女副处长酒后驾车，违章肇事，不仅拒绝处置，还掀翻办公桌，打了交警一记耳光。

2009年9月1日，在广州全市中小学开学之时，记者深入校园采访。当问及一个小学生将来的人生理想时，没想到他的回答令记者大吃一惊：长大后要当"贪官"，因为"贪官有好多东西"。

这位小学生的"理想"让人想笑却笑不出来。孩子嘴里说出的"实话"，如果说是幽默，也是黑色的幽默，更是绝望的幽默！

中国人为什么如此热衷于做官呢？今天的这位小学生给了世人一个扭曲的答案，而战国时代的苏秦则早已给了世人一个普遍认可的说明。

当年的苏秦读了几年书后，便周游列国，希望有所作为，然而没人肯用他。回到家时，嫂子不肯为他做饭，妻子织布不理他。于是他发愤读书，"头悬梁，锥刺股"，最后终于大展宏图，当上了六国的"纵约长"。当他衣锦荣归时，一路上各国官员都会老远就出来迎接、拜见。到家之时，他的嫂子跪在地上，一个劲儿地磕头。苏秦问她这是为何，她说："如今叔叔做了大官，对于大官谁敢不恭敬啊！"苏秦感慨地说："怪不得世人都想当大官啊！"

做官也是一种正常的人生理想，但是，我们的社会如果有十分之一的孩子"立志"当贪官，他们长大以后，哪怕1%如愿，结果一定是国将不国。

培根总结：一个有心爬上高位的人，可能怀有三种动机——其一，做有益于社会的事业；其二，取得权势；其三，取得富贵。他认为怀有第一种抱负的人，才是明哲的君子。培根还说："身处高位者是三重意义上的臣仆——君主和国家的臣仆，名誉地位的臣仆以及事业的臣仆。所以，他们

没有自由——没有言行的自由,也没有支配时间的自由。"

"水往低处流,人往高处走。"马斯洛的需要层次理论,提出了人的需要分为生理、安全、社交、尊重和自我实现五个层次,其中的自我实现是人最高的需求。从管理学的角度讲,追求自我价值的实现理所当然。但在现今的中国,对于非技术系列的人,只要你进了政府部门或者国有企业,要想进步、要想取得成绩、要想实现个人价值,似乎只有一条路:做官!即使在大学里,那些带长和不带长的教授们,待遇上的差别也是巨大的,有权就有一切的理念和现实,让学生毕业之后,怎能不拼了命地追求权力。

想做官的太多,但又不可能人人都做官。一个单位也不可能局长、处长太多。怎么办呢?自从"创新"了行政级别,这个问题就迎刃而解了。即便挤不进"长"之类,条件"成熟"了,也可能享受这个级别的待遇。于是,便有了厅级副厅级巡视员、处级副处级调研员以及主任科员、正科级、副科级办事员等等不伦不类的岗位名称,即便权力不及带"长"的人,或许能力也并不见得比他们差,并且因为有时间有级别有待遇有关系又没有太大的责任,如果真的能干,同样可以混得个人模人样。

中国财富的"集中度"问题日益受到关注。一些官员的子女或者关系密切的亲友,依仗他们的权力影响,通过在资源产业、垄断行业和资本市场的纵横捭阖整合运作,迅速积累下令人咋舌的巨额财富,组成了一个名副其实的"超级富豪"俱乐部。于是人们看到了一幅意味深长的画面:左边,各地各级高级干部掌握着绝对多数的政治资源;右边,子女亲朋占据着"超级富豪"中的显著席位。

有人如此评价现在一些官员的双重人格:"有时是一本正经的干部,有时是流里流气的混混儿。"还有人总结:"为领导干一百件好事,也不如与领导一起干一件坏事。""裸官"也成为我们社会的一个热门词,它指的是子女、配偶、财产均转移国外,只身在国内当官,随时可以拔腿外逃的官场现象。

落马贪官毕玉玺从北京通县县长岗位调任北京市交通局副局长时,认为安排不公平,精神抑郁。后来在其夫人点拨下,精神一下子好多了,他对夫人王学英说:"你帮我找到了治疗抑郁症的仙丹妙药!"这个所谓的仙丹妙药,就是为自己为家人弄钞票,以此达到心理的平衡。

在官本位的大环境下,买官卖官的事件自然而然层出不穷。花钱虽然不少,但"成功"以后的回报更为可观,届时"工资基本不用,抽烟基本靠送,老婆基本不动",并且还荫及子孙。

我们的国家领导人曾经指出:"历史上的腐败现象,为害最烈的是吏治的腐败。"据史料记载,我国历史上最早出现的不是卖官,而是鬻爵。所谓鬻爵,是指用爵位来换取粮食,是国家在面临自然灾害时,因粮食不足而采取的应急措施。卖官则始于汉武帝时代。当时边关多事,国库开销甚大,用爵位换取粮食的做法已不足以满足人欲从而解决国家的难题,于是便卖官位创收,以支付庞大的军费开支,至此,卖官鬻爵合二为一。随着时间的推移,卖官鬻爵越来越变味,成为身居高位者搜刮民膏的一种手段。唐朝韦皇后和她的女儿安乐公主联手卖官,只要交上足够的银子,母女俩就用皇帝的名义通知中书省发布"任职书"。清朝卖官之风最盛,京官可以买到郎中,地方官可买到高于知府的道员。对买官的人无任何限制,地主、商贾且不必说,连流氓、盗贼等等也无不可以。卖官鬻爵,直接导致了世风日下。

2500年来的中国人似乎大都想做官,但官路却从未到达今天这样拥堵的程度。

那么多人想做官,但又没有几人能够理解中国的先哲们关于为官的意义和从政的见解。

为了行道于天下,当年的孔子同样希望自己做官、弟子们也做官,所以曾急切地表示:"沽之哉!沽之哉!我待贾者也!"但他的原则是:"邦有道,谷;邦无道,谷,耻也。"也就是国家有道,做官拿俸禄正常,国家无道,还做官拿俸禄,这就是耻辱。

因为天下无道,孔子没有找到符合自己理想的政坛岗位,于是古今都有人骂他为"丧家狗"。但是孔子无怨无悔,他教育弟子冉求:"全力去履行自己的职责,实在做不到就辞职不干。"对鲁国国君不忠的季氏,曾经派人请孔子的弟子闵子骞去做费邑的长官,闵子骞对前来请他的人说:"请你好好替我推辞。如果再来召我,那我一定会跑到汶水之北去的!"

老子对领导者的要求是:"贵以身为天下,若可寄天下;爱以身为天下,若可托天下。"就是说,只有能像珍惜保重自身生命那样去服务天下的人,我们才可以把天下托付给他。

庄子说:"帝王之功,圣人之余事。"而世俗中人总是不顾一切地去追求外物,并以"王者之功"而自居,这与"唯道是从"的圣人境界,相去实在太远。

尽管拿破仑私下坦言"这一生从未有过一天幸福的日子",但他的"不想当将军的士兵不是好士兵"的豪言壮语,还是成了一代又一代人的

官路:大道还是捷径?

励志誓言。

孟子说的"穷则独善其身,达则兼济天下"比较容易理解,但《论语》中子夏所说"仕而优则学;学而优则仕"则让许多人误读了。子夏的意思是说:做官办完公务还有余力,就应当去学习;圆满完成学业之后还有余力,就可以去做官。曾几何时,中国人不仅普遍误读祖宗,还断章取义自以为是举国批判。更为滑稽的是,在误读"学而优则仕"并激烈批判"万般皆下品,唯有读书高"之后的今天,又千军万马齐奔升官之路。

归纳总结一下,为官的价值大约是:可以推行道义;可以为民造福;可以实现价值;可以增长智慧;可以更好生存;可以光宗耀祖;可以满足权欲;可以占有资源;可以吃喝玩乐;可以为所欲为……

古往今来那些真正为人民服务、为国家奉献的公仆和官员,人民会永远记住他们,国家和民族也会永远记住他们,因为他们为官的目的,就是让一方百姓甚至天下的人行于大道,安居乐业!

遗憾的是,今天许多热衷于做官的人,对于推行道义、为民造福、实现价值这几项,已经只是一种说法,主要意义在于美化自己通过考试,从而走上谋取个人利益的捷径,他们哭着喊着寻死觅活真心企望的,无非是要让别人成为自己的奴仆!

倘若老子、孔子等先哲们地下有知,对于两千多年后同样丑陋的不道追求,不知他们会有怎样的悲凉!

为"政"与为"正"

广东原韶关市委常委、政法委书记、公安局局长叶树养有个特别而另类的爱好——杀猪！个别基层领导为了投其所好,便在他下来检查工作时备好肥猪供其"小试身手"。一位民警回忆他的一次杀猪经过:"猪在楼后被捆好,叶连刺几刀,未中要害。猪挣扎,久不断气。旁人上来,补上一刀,猪死。"

此公为何喜欢杀猪？是因为从前干过这个职业不忘本,还是天生喜欢血腥？或者说他认为干公安就需要如此的"硬汉"形象？

一个人的爱好与习性,总是彰显出本人的世界观、人生观和价值观。正常的人都有正常的个人爱好,而贪官的个人爱好,则既揭示了畸形的人生,又预示了可悲的下场,并且影响非同小可。

两千多年前,楚王爱细腰,宫女多饿死。南宋时,权相韩侂胄在家大摆宴席,酒酣耳热之际,韩侂胄指着竹篱茅舍说:"田野气象,可惜缺少了鸡鸣狗叫。"没想到,一位叫做赵师铎的臣僚听见后,竟然神不知鬼不觉地钻进小树丛,学起了狗叫,把个韩侂胄喜得不亦乐乎,赵师铎也因此博得名副其实的"狗官"称谓。

地球上的人类,构成了一个个庞大的社会系统。既然形成了民族、国家和社会,就不能不进行管理,否则,任凭人性的弱点肆意发挥,人类自身将不复存在。所以,为官为政,必然必要也必须,并且一个人官位越大,权力越大,责任和利害也就越大。

尧让位给舜的时候这样告诫他说:"啧啧！你这位舜！上天的大命已经落在你的身上了。诚实地保持那中道吧！假如天下百姓都陷于困苦和贫穷,上天赐给你的禄位也就永远完结了。"舜让位给禹的时候也这样告诫过他,禹则发誓说:"我——小子履,谨用黑色的公牛来祭祀,向伟大的天帝祷告:有罪的人我不敢擅自赦免,天帝所有臣仆的善恶我也不敢隐瞒。天帝无所不知,心中明明白白。我本人若有罪,不要牵连天下万方,天下万方若有罪,都归我一个人担当。"

明智的人间领袖都明白这个儒家所说的道理:执政宽厚就能得到百姓的拥护,诚恳守信就能得到百姓的信任,勤敏就能获得成功,公平公正就会使天下百姓心悦诚服。

做官其实也是做人,并要完成更为高深的做人的考题。关于怎样做人,许多人一辈子都在思考和实践。然而,很多人连普通人的考题都不及格,便获得了高高在上影响巨大的权位。所以,很多人自当官上任之日起,就是一个悲剧的开端。

季康子请教孔子如何治理政事。孔子回答:"政者,正也!子帅以正,孰敢不正?"孔子认为,"政"就是"正"的意思。为政者本人带头走正道,那么谁还敢不走正道呢。季康子担忧盗贼猖獗,问孔子怎么办。孔子回答说:"假如你自己不贪图财利,即使奖励人们偷窃,恐怕也不会有人去偷窃了。"

子路问老师:"假如卫国国君要您去治理国家,您打算先从哪里做起呢?"孔子回答:"首先必须正名分。"子路很不以为然:"有这样做的吗?老师您不合时宜竟然到这种地步了!为什么首先要去正名分呢?"孔子也生了气:"仲由,你真粗野啊!君子对于他所不懂的事情,总是采取存疑的态度。名分不正,说起话来就不顺当合理;说话不顺当合理,事情就办不成;事情办不成,礼乐制度也就不能兴起;礼乐不兴,刑罚的执行就不会得当;刑罚不当,百姓就不知怎么办才好。所以,君子定下一个名分,必须能够说得明白,说出来一定就能够行得通。君子对待自己的言行,从来都不会马马虎虎。"

孔子主张"不在其位,不谋其政",因为一个社会要走上正常的轨道,每个人都需要明确身份,摆正位置。孔子的"正名"二字的实质,就是建立秩序。

"正名"之所以必要,一方面,客观存在的种种事物本来就应当与其名称的含义一致,否则社会将会陷于混乱。"名之必可言也,言之必可行也",以"名"教之"知廉耻",化为民俗,形成一个秩序井然的和谐社会,这就是孔子"正名"的初衷。当然,孔子更为强调的是"其身正,不令而行;其身不正,虽令不从"。

鲁定公曾经问孔子:"一句话就可以使国家兴盛,有这样的话吗?"孔子答道:"话不可说得这样绝对,但从根本上讲是有道理的。有人说:'为君难,为臣不易。'如果知道了为君之难,这不近乎于一句话可以使国家兴盛吗?"鲁定公又问:"一句话可以亡国,有这样的话吗?"孔子回答说:"话不可说得这样绝对,但从根本上讲是有道理的。有人说过:'我做君主并没有其他什么可高兴的,我所高兴的只在于我所说的话没有人敢于违抗。'如果说得正确而没有人违抗,不也是好事吗? 如果说得不正确而没有人敢违抗,这不近乎于一句话就可以亡国吗?"

子张问孔子怎样才可以治理好政事。孔子说:"尊崇五种美德,摒弃四种恶政,就可以治理好政事了。"所谓五种美德,即"惠而不费,劳而不怨,欲而不贪,泰而不骄,威而不猛"。就是说,给百姓的恩惠要多而国家的耗费要少,使百姓劳作他们却不会怨恨,追求仁德而不贪图财利,庄重而不傲慢,威严而不凶猛;所谓四种恶政,即"不教而杀谓之虐;不戒视成谓之暴;慢令致期谓之贼;犹之与人也,出纳之吝谓之有司"。就是说,不经教化便加以杀戮,叫做虐;不事先告诫便突然翻脸,叫做暴;命令下达很晚而限定短期完成,叫做贼;关注民生爱护百姓责任所系理所当然,出手却十分吝啬,叫做贪婪的有司。

孟氏任命曾子的学生阳肤做典狱官,阳肤向曾子请教。曾子说:"在上位的人离开了正道,百姓早就离心离德了。你如果能弄清他们犯罪的真相,就应当怜悯他们,而不要为自己的明察沾沾自喜。"

许多人口口声声弃传统奔现代。那么,我们看一看那些分不清官和民的芬兰、瑞士等国是怎样的一种"现代"——

俄罗斯《论据与事实》周报为考察芬兰的廉洁程度,曾与芬兰警方合作进行了一个试验。俄方派出记者在芬兰的路上故意超速,被警察抓住后,记者暗地掏出1000欧元塞过去,芬兰警察顿时脸色大变……接下来的对话是在警察局进行的。记者告知原委后,警察向他道歉,并说:"您真的以为我会收钱吗?我可不是白痴,拿自己的工作冒险……"此后一个星期,该记者在芬兰多个城市"作案",但结果颇令人"泄气",因为他没有碰到一个接受贿赂的警察。一位资深警官告诉记者,自他进入警察局上班之日起,就没有看见过任何贿赂发生。

与此异曲同工的是,前几年芬兰监察部门别出心裁地搞了个高科技的公务车监控系统,跟踪是否有人开公车办私事,结果系统装了几年,没抓到一个违规者——不是系统不灵,而是公务员太守规矩了!芬兰的总统倒是"不守规矩",前总统阿赫蒂萨里曾经自己拖着行李在机场与普通民众一起排队通关,另一前总统哈洛宁也不顾身份,在超市打折时常挤在人群里抢购便宜货……芬兰已经平等得让人分不清官和民了,干净得快让人忘记世间还有腐败这回事了。

2008年,英国《经济学人》杂志曾建议欧洲领导人暂时放下所有事情,去芬兰"上课"。

在瑞士这个国家,如果你问他们国家最高首脑人物也就是联邦政府主席是谁,很多人会回答"不知道";在苏黎世,你若问该州州长大人的名和姓,他们的回答也可能是"不知道"。瑞士人就是这样,喜欢什么就记住什么。在瑞士当官并不吃香,而且许多人的"官"乃是他的第二职业,他的第一职业可能是教授,也可能是科学家或商人。所以,一个仅有700万人的小小瑞士,竟然产生了25名诺贝尔奖获得者!而对这25个人的名字,瑞士人会如数家珍般自豪地告诉你。

治理社会,孔子主张以德行来教化,主要内容是"文、行、忠、信",具体教育办法就是"兴于诗、立于礼、成于乐",也就是说一个人的修养以《诗》启蒙,以礼约束,以乐完善。

《诗经》经过孔子的整理加工以后,被用做教材。他评价说:"诗三百,一言以蔽之,曰:'思无邪'。"在历代诗话中,"思无邪"三个字有着极重的分量。

《毛诗序》中对"思无邪"有这样的注释:"发乎情,止乎礼仪。发乎情,民之性也;止乎礼仪,先王之泽也。"这段注释概括了《诗经》的两个特点:一是"真实",因为发乎情;一是"纯正",因为止乎礼仪。就是说,正常的情感应该宣泄,只是要保持中道。

在王守仁《传习录·门人黄省曾录》中,记载了这样的问答——问:"'思无邪'一言,如何便盖得三百篇之义?"答:"岂特三百篇?六经只此一言,便可该贯。以至穷古今天下圣贤的话,'思无邪'一言,也可该贯。此外便有何说?此是一了百当的功夫。"

孔子之所以重视诗教,因为诗歌都出于真情流露,百姓最容易接受,人们在读诗的过程中,性情得以陶冶,境界得以升华,风俗得以改变。为政的关键是教化民众走正道,孔子对《诗经》"思无邪"的概括,实际上是将其教育的功能提炼了出来。

作为一代教育家,孔子学说的焦点,一直是教育问题、伦理问题和道德问题。所以,"思无邪"的意义哪里只在文艺批评之中,这其实是对人类社会理想状态的憧憬。

"当人类无法用语言表达的时候,音乐出现了"。所以,孔子同样注重乐教,他认为"乐"是一个人人格完成的境界。他所教授的六艺之中,音乐就是重要的一项。孔子在音乐方面造诣高深,并可以说是我国最早提倡和实施"美育"的人。孔子不仅曾跟师襄学琴,还对乐曲进行审定和整理,使《雅》和《颂》乐章各自得当。在孔子的一生之中,差不多每天都要弹琴唱歌,即使被困在陈蔡之野,仍在歌唱,每当他听到有人唱了一首好歌以后,必定要请人家再唱,自己跟着学。孔子临终前7天,还流着泪对着子贡唱道:"泰山坏乎?梁柱摧乎?哲人萎乎?"

音乐不可背离它的原始意义。真正的音乐,是能够抓住人的内心的声音,是使人心灵恬静的声音,是与大自然天籁吻合的声音。孔子进而还提出人的品质与音乐的内在联系。孔子厌恶用紫色取代红色,用放荡的郑国音乐搅乱高雅音乐,因为他希望用高雅的诗、礼、乐唤起百姓对生命与生活的美好情感,形成纯正无邪的社会风尚。

"礼呀礼呀,难道只是说的玉帛之类的礼器吗?乐呀乐呀,难道只是说的钟鼓之类的乐器吗?"面对礼崩乐坏的现实,孔子发出了这样的感叹!

法律是道德的底线,但天下没有一套完整的包治百弊的法律,所以虽然以法治国必要,以德化民更不可忽视。2500多年来,在皇权的阴影之下,父子兄弟相残、血缘亲情沦丧的宫闱惊变屡见不鲜。统治集团如此,百姓又怎会淳朴?

所以老子说:以正道治理国家,以诡策用兵打仗,以清静无为治理天下。国家禁戒忌讳越多,百姓反而越是困贫;人间的利器越多,国家越是陷于昏暗;人主机巧伪智越多,怪异事物连连发生;刑法命令森严,强盗窃贼反而层出不穷。统治者不妄为,百姓自然顺化;统治者喜好清静,百姓自然正直;统治者不去生事,百姓自然富足;统治者无所贪欲,百姓自然朴实。

无论在什么时代,什么民族,什么国家,也无论什么风尚,什么潮流,什么文化,最美丽、最动人、最令人向往的,一定是"思无邪"!

很多人搞不懂何为"政治家"何为"政客"。我想如果从本质意义上来区分的话,政治家走的是人间正道,以权力辅助真善美圣等价值的实现,而政客走的是邪门小道,以权力限制或妨碍真善美圣价值的实现。

在"思无邪"逐渐远去的当今社会,为政者如果不懂为"正",不懂抓根治本正人心正制度,更将造成财富转移扭曲,贫富差距悬殊,利益关系

为「政」与为「正」

失衡,基本秩序破坏,社会矛盾加剧!

为政为官真正走正道,就会如子贡赞叹孔子时所说:"教百姓立于礼,百姓就会立于礼;引导百姓前进,百姓就会跟着前进;安抚百姓,百姓就会从四面八方归顺;动员百姓,百姓就会齐心协力。"也会如老子所说:"圣人处上而民不重,处前而民不害。是以天下乐推而不厌。"

羞恶之心与导善功能

近10年来，安徽的黄山市和山东省的阳谷县、临清县三地，纷纷举起"西门庆故里"招牌，竞争不息几成"内战"。西门庆也被一改在传统文学名著中"大淫贼、大恶霸、大奸商"的艺术形象，华丽转身成为当地政府追捧的文化产业英雄。

阳谷和临清二县旗帜鲜明、声势浩大地打造"西门庆故里"。与它们的喧哗不同，黄山市徽州区围绕"徽文化体验和休闲度假基地"这一旅游品牌，重点打造呈坎、潜口、唐模等三个旅游节点，开发建设完成投资9亿元，收到了极其巨大的轰动效应。黄山脚下生生地"孵化"出全新的徽州文化游，西门庆可谓大淫棍办了一件"大好事"！

黄山市黄山区谭家桥镇不久前又开发了一个"创新"的旅游项目：游客扮成侵华日军攻打村庄还抢"花姑娘"！从网友的微博贴图上我们看到，一群身着侵华日军军服的人，手握"三八大盖"，押解着几位"花姑娘"，其中的"日军军官"手提军刀坐在三轮摩托车上，"侵华日军"们的脸上都露出开心的笑容。

谭家桥镇一位汪姓主任介绍，这一旅游项目是经镇政府同意后由当地一家公司开发的，初衷是"为了做红色旅游，让年轻人参与该项目，了解这段历史，教育年轻人"。

我想，如此的"教育成果"，一定会让日本军国主义者大声叫好：谁说当年日军惨无人道了？看看这些中国人！他们不是兴高采烈吗？我们的所为，不正是他们的需要吗？

当社会的风气变成"笑贫不笑娼、笑忠不笑奸、笑廉不笑贪"的时候，我们还能为这样的人类文明骄傲吗？当传统经典文化被流行文化庸俗文化打得落花流水的时候，我们还能为这样的文化产业自豪吗？

所以，今天的中国共产党不遗余力地倡导"八荣八耻"，希望国人懂得人之为人的最基本的道德准则。

其实，中国人自古以来，就是人类中最具羞耻之心的一类。

儒家的荣辱观十分的鲜明，它包括羞耻心和荣誉感两个逻辑层面。

在我国古代思想家中，最先把羞耻感上升到人之为人层面进行论述的是孟子。"无羞恶之心，非人也"，孟子说："仁者也，人也。合而言之，道也。""仁"可以以"人"作为其规定性，"人"也可以以"仁"作为其规定性，因此这两个名词的内涵和外延是一致的。

孟子说：每个人生下来都有"恻隐之心"、"羞恶之心"、"辞让之心"、"是非之心"，这"四心"被孟子看做人之天然本性，他甚至认为无此"四心"则无异于禽兽。"四心"又称为"四端"，"四端"如果能够发展起来，就成为"仁"、"义"、"礼"、"智"这"四德"。

羞耻感是人的道德意识能动性的重要表现，是人的主体性的有力彰显，是个体违背道德或感到个人无能时，基于是非观、善恶观、荣辱观而产生的一种自觉指向和自我的痛苦体验。

所以，羞耻感具有标识的功能、自制的功能和导善的功能。

在西方，德国哲学家舍勒专门对羞耻感的起源、本质和功能进行了精到的分析和描述，试图从存在本体论的维度来把握。舍勒指出：人生活在"本质秩序"与"存在秩序"这两种秩序之间。所谓"存在秩序"就是动物性的自然秩序，所谓"本质秩序"就是以"神"的秩序所标识的人的完满存在状态。从本质上讲，人乃是介于动物性和神性之间的一道"桥梁"、一种"过渡"，羞耻感的存在是和人的这种本质密不可分的，它源于人对自身存在本质的自觉。

斯宾诺莎在谈到羞耻时指出："羞耻正如怜悯一样，虽不是一种德性，但就其表现一个人因具有羞耻之情而会产生过高尚生活的愿望而言，亦可说是善的……因此，一个人对于他感到的羞耻，虽在他是一种痛苦，但比起那毫无过高尚生活的愿望的无耻之人，终究是圆满多了。"

羞与耻，以否定的形式表达了对善的追求。作为一种内在约束，羞耻感是促使人向善的强大的心理动力，是人的良知的一个最重要的源泉。与其说羞耻感是道德习俗的后果，不如说羞耻感是道德习俗的基础。

朱熹说："人有耻，则能有所不为。"顾炎武也说："不耻则无所不为。"

个体道德自律与社会规范内化，需要高度的精神自觉。一个有羞耻感的人，内则心存善念，思学正人；外必洁身自好，不做歪人。所以，羞耻感还是人身心保持和谐的条件之一。没有羞耻感的人要么"任人凌辱",要么"放荡不羁",毫无道德的约束感,感官、生命和精神的统一性在他身上就会土崩瓦解,同时身心健康也将不可避免地受到损害和摧残;相反,有羞耻感的人懂得尊重自己,尊重别人,懂得生活中最重要的不是肉体的享乐而是对更高价值的追求,由此,就会如孔子所说"耻其言而过其行",就会让等级低的价值服从于等级高的价值实现,在道德上自强不息,止于至善。

总之,羞耻感是一种积极的良善的情感,是激励人们"成为一个人,并尊敬他人为人"的一种内在力量。所以我们在教育工作中,不可不引导这种情感成为一切美德的发端。

正因为羞耻感具有显著的导善功能,所以孔子认为:"道之以政,齐之以刑,民免而无耻;道之以德,齐之以礼,有耻且格。"就是说,用政令来管理,用刑法来约束,百姓只是不敢犯罪,但并不感到羞耻;用道德来引导,用礼制来约束,百姓不仅会有羞耻之心,而且会主动地学习和遵循。

不过,为政者在教育教化他人之前,先得让自己成为君子,先得让自己知耻,因为"知耻而后勇",知耻而后正。

信仰与信用（上）

16世纪正值西方的大航海时代，许多冒险家开始环球航行，梦想找到黄金之国——中国。1533年，英国有240个伦敦商人也加入了这一行列。他们每人出25英镑买了3艘船，雇佣了一批海员，组成一支舰队去寻找黄金，舰队的旗舰叫"莫斯科威号"。

但是这些商人并不熟悉这些海员，他们有点担心，这些海员会不会在哪里卖掉了船再也不回来，或者独吞了财宝，但是他们又想不到更好的办法。最后，他们向这些海员表示："我们唯一能给予你们的，就是信任你们，并把我们的财产和梦想都托付给你们！"他们发明了一个英文字来描述自己当时无比复杂的心情，这个英文字叫Trust（信托）。事实上，除此之外，这些商人什么也不能做。

于是这些海员带着商人们的财产，也承载着商人们的梦想上路了。很不幸，到了挪威的外海，舰队遇上了大风浪，打沉了两艘船，只剩下旗舰莫斯科威号继续往北航行。进入北极圈，他们发现没法走了，所以向右转到了一片荒野。200个船员下船划着雪橇走了2000千米，终于遇到了一群人。他们非常激动，拿船上的东西与当地人换了很多貂皮，双方都觉得自己得到了便宜。这些货物带回伦敦后，卖了一大笔钱，那240个伦敦商人如愿以偿。这就是世界上第一次公司治理。那个换貂皮的地方，后来就用旗舰的名字来命名——"莫斯科"。

这个故事在当时的英国老百姓中间流传开了，大家纷纷讨论：什么样的人才能得到最高的市盈率？结论就是：有信托责任的人！人家把钱交给你以后你不会乱花，这种人下次再去筹款的话，当然就能筹到最多的钱，市盈率最初的含义，就是这么来的。

但是，这种"信托"的方式在英国当时的环境下还难以生存，因为16

世纪到18世纪，欧洲国家之间为了争夺世界霸权，战争连年不断。不过正是在这个时候，由战争产生了现代的金融工具，出现了第一笔债券，叫做"战争债券"。实际上就是各国打仗到最后没钱了，就向老百姓借钱继续打仗。可是仗打完了钱是要还的，而国家却还不上这些钱。怎么办呢？有个比较聪明的人就对国王建议，搞一个战争债券市场，取名叫"stock market"，人们可以在这个市场里买卖放在家里的这些像存货一样的债券。政府只需要给大家说，一旦战争胜利，敌国殖民地的黄金和财宝，马上就会被用来偿还这些债券的本息就行了。于是，这些所谓的"Stock"也就是股票一次又一次地转手交易了，最后接住的一批傻瓜是在1723年左右。在1721年到1723年之间，法国的股票市场发生了大崩盘，被称之为法国密西西比泡沫；同时英国的股票市场也发生了大崩盘，被称之为英国南海泡沫。在这3年之间，各地的股市为什么大幅崩盘呢？因为内幕交易、操纵股价、浑水摸鱼等等龌龊的事情层出不穷。最后，实在没有办法了，英国政府推出了泡沫法案，关掉了股市，一关就是100年。法国政府也是一样，由于很多人向银行借钱炒股，所以禁止使用"银行"这个词长达150年之久。

这是历史上第一次信托责任的大崩盘，而罪魁祸首就是欧洲各国政府。信用的沦丧就是从这些政府开始的。

然而，资本市场形成的先决条件就是信用的确立。人类今天的现代经济，已经成为信用经济。因为一种具有扩张性质的经济，需要借助于负债、借助于各种信用形式筹措资金，去更新设备、改进工艺、推销产品、扩大生产规模。所以，在现代经济中，债权债务关系已成为最基本、最普遍的经济关系。

不过，现代信用在现代经济中的作用既有积极的一面也有消极的一面。促进社会资金的合理利用、优化社会资源配置、推动经济增长是其积极的作用，信用风险和经济泡沫的出现则是其消极的表现。由于社会各个主体之间债权债务交错，形成了十分复杂的利益链条，只要有一个环节断裂，就会引发连锁反应，对整个社会的信用联系造成很大的危害。同时，如果资产或商品的价格大大偏离了基本价值，而信用对膨胀的需求给予了现实的购买和支付能力的支撑，经济泡沫也就必然出现了。

那么究竟什么叫做"信用"呢？《牛津法律大辞典》的解释是："信用（Credit），指在得到或提供货物或服务后并不立即而是允诺在将来付给报酬的做法。"《货币银行学》的解释是："信用是以还本付息为暂时条件让渡资本的使用权的借贷行为。"

实际上,"信用"这个词所包含的丰富的内涵,远远超过上述定义。

信用,是人类社会中涉及承诺与践约、规定与遵守的伦理关系,是守约遵规的道德意识和行为规范,是诚实履约的品质以及由此获得的置信度。"信用"的概念除了经济学的特定内涵外,还应在社会学意义上来把握。更为重要的是,经济信用不是孤立存在的,因为在经济可持续发展战略观和科学发展观为主唱的现代市场经济社会,市场主体不仅具有谋利的"经济人"特性,而且也具有"社会人"特性,这样的信用活动,绝不止是利益让渡和偿还、增值的经济问题,更是法律信用的契约精神和伦理信用的道德文化问题。所以,我们在关注经济信用的同时,对法律信用、制度信用、政府信用、职业信用、家庭信用等方面的研究也不可偏废。

因为中国的改革是从经济入手的,市场经济带来的繁荣和引发的问题,也是首先在经济领域显现的,因此,我们过去考证经济的发展或一个地区的经济状况,惯常用的指标是 CDP 产值,经济活动中出现的失信问题以及引发的经济秩序的混乱,也必定成为人们首先关注的焦点。

信用从来不是强迫的,而是自觉自愿的。信用又是难得易失的,费十年工夫积累的信用,往往由于一时一事的言行而失掉,而信用一旦丧失,就很难完全恢复。所以,信用还是一种行为艺术,是一种人人可以尝试的自我约束的行为管理模式。

在婚姻、家庭关系中,信用伦理包括忠诚信用、许诺信用、义务信用;在职业生活关系中,信用伦理包括职业组织的信用和职业个人的信用;在公共生活关系中,信用伦理表现为人际交往信用和日常生活信用。这些基础性的不同层面的生活信用,我们都应该给予充分的重视,因为一个社会如果缺失了日常生活的基本信用,就不可能有良好的经济信用和政治信用。

从伦理角度理解的"信用",实际上是指"信守诺言"的一种道德品质。许慎在《说文解字》中解析:"诚,信也。信,诚也。"人们在日常生活中讲的"诚信"、"可信"、"讲信用"、"一诺千金"、"答应的事一定要办到"、"君子一言,驷马难追",实际上反映的就是这个层面的意思。良好的社会"信任结构",是一个社会正常运转的重要基础。没有人们之间相互享有的普遍信任,社会本身将会走向瓦解,所以没有一个社会不强调与褒奖伦理层面的守信之德。可以毫不夸张地说,信德从来是个人的立身之本、民族的发展之本、国家的安邦之本!

在我国,崇尚信用的风尚有几千年的传统,《论语》中"信"字出现了38次,频次虽然低于仁(109次)与礼(74次),但是高于描述道德规范的多数词汇,如善(36次)、义(24次)、敬(21次)、勇(16次)、耻(16次)。

"信"是儒家五常之一,在儒家思想和文化中处于核心地位,并且是一个涉及做人、交友、用人、社会、治国诸方面的伦理范畴,信德的自律性、信德的情感性、信德的义理规制性,是中国传统信德的特征。

在中国文化中,"信"、"信用"又是与精神、信仰密不可分的概念。面对金融危机的涤荡,面对人格、名誉、良心等等都可以当做商品来出售以换取金钱的道德信用、人格信用失范的困境,面对人类生存环境的恶化和幸福指数不断下降的现实,我们今天已经不能不这样思考:信用,难道仅仅是技术层面、制度层面的事情? 信用是不是真的还与人们内在的精神、信仰息息相关?

在本世纪这场百年不遇的金融危机中,那些拥有上百年历史、貌似强大品牌的华尔街金融巨兽,为何如此不堪一击?这些按照西方信用与品牌蓝图建构起来的大厦,究竟遗忘、缺失了什么样的关键环节与核心关怀? 这逼迫我们又不得不去思考、追问信用与信仰的关系演变。

在西方社会,守信当然也是人们奉行的道德主轴,《圣经》中关于信用、信任的词汇也出现了几十次之多。

在西方,对经济与金融活动起着重要制约作用的是宗教文化。从金融历史看,银行的信用,最初就与精神、信仰的发生场所——庙宇有着不解之缘。根据各国学者的考证,最初办理货币信用业务的活动都是在寺庙或教堂进行的。在中国,即使到了清朝中后期,商品经济比较发达,国内外贸易往来频繁,货币经营活动已不必再在庙宇中进行,但是金融机构的经营活动仍然与信仰、精神层面有着深深的关联。在天成亨票号的合约中,就训诫东掌"务宜协力同心,蒙天获利",这里的"天",就是中国传统文化层面的"神灵"与信仰世界。关公是中国传统道德范畴中"义"的象征,票号把关云长奉为自己崇敬的财神、行业神,实际上与经商要讲义气、讲诚信互为表里,浸透着儒家文化精神中"君子爱财,取之有道"的理念,支撑着票号崇尚信义、以义制利的价值观,所以,票号的信用,事实上的确有着深刻的精神源泉与道德血液。

寺院当初之所以能够像银行机构一样从事金融活动,一方面是由于人们对宗教的信仰,视寺庙为神圣不可侵犯的场所,从安全性上讲适宜钱币的保管;另一方面,寺庙拥有大量产业,实力雄厚,可以及时兑付人们的货币需要,抗风险能力强,给人以信赖感。总之,在当时的商品经济与金融活动水平之下,货币或银行的信用在很大程度上是同信仰结合在一起的。

中国古代社会本来是一个以道德为本的伦理社会,但在枪炮与经济、资本入侵的背景下,19世纪、20世纪交替之际,中国的金融机构终于"悔过自新",以西方为师,走上一条全面学习、移植西方银行信用制度的道路,甚至最早成立的中国通商银行,其会计制度全部引自汇丰银行,采用英文计账,连"大班"也是英国人。此后的100多年间,中国的信用体系似乎在技术、制度层面日益精细、完备,而在道德、人格层面却日渐忽略和粗鄙。

信用与信仰是互相发现价值的。有人总结:信用发现了信义,信义发现了真理,真理的集合就是总信仰,而信仰反过来也通过正义、信义、真理发现了信用的价格。在这个相互运动的过程中,物质是基础,精神是指引,信义是媒介,三者紧密依存,并且构成了一个三维的、多层次、多结构的递进博弈模式,进而三者又相互发现了价格和价值的存在。

我们追随、引进了一个多世纪的西方银行技术、制度,但也许当它真正植根、融合、嵌入于中国文化、中国精神的深厚土层与积淀之中,我们才会真正拥有金融的自觉、自醒与自信。

信用,这个长期以来我们认为的经济的、技术的、数据的、物质的躯体,是不是早就应该寻得一条路径,让它通达人心、触摸精神与信仰的天空呢?

信仰与信用(下)

行侠仗义的黄飞鸿早已成为佛山历史与民风的一种代表,佛山也因这一"城市名片"而在中国家喻户晓。不幸的是,2011年11月的佛山成为全国关注的焦点,不是因为黄飞鸿大师,而是因为一名两岁多的小女孩小悦悦遭两部汽车碾过身体,18名路人经过却无人问津,唯有第19名路人——一位拾荒阿婆将孩子抱到路边。在经过多日抢救之后,小悦悦仍然不幸离开了人世。她的遭遇引发了一场关于当今中国人道德状况的沉痛反思。

南京市一辆18路公交车驶入下关区三叉河公交站台,一名75岁的老汉在下车时滑了一跤,从后车门的台阶上跌落,身体重重地摔在公交站台上,半天也爬不起来。众乘客看到老汉躺在地上呻吟,却无一人上前相扶。老汉自己起不来,急得大喊:"是我自己跌到的,跟你们没有关系!"喊罢立刻晕倒昏迷。

这类事件在当今的中国已经是层出不穷。人们为何变得如此冷漠?南京市那位跌落的老汉已经说出了一个答案:担心做了好事反被赖上!

尽管"信"是中华传统美德之一,但在今天却成为了我们十分稀缺的道德资源。

由于社会结构的变迁、中国传统文化逐渐式微以及社会种种腐败乱象,信德在中国社会的衰落已经超过了任何一个历史时期。在今天的各个生活领域,掺假作伪、商业欺诈、金融诈骗、虚假投标、虚假广告、盗版侵权、政绩造假、法律白条、考试作弊、学术剽窃、承诺失约事件,已经是举不胜举。

中国正处于一个宏大深刻的社会转型时期,人们感受着种种不适应甚至痛苦,各种价值观、伦理观与社会观已经或正在瓦解,新的信仰、价值观与伦理道德等社会底线共识又没有及时整合出来,人们既感觉被牢固控制又自由喧嚣放纵无羁,普遍分不清楚自己是这个系统的受益者、参与者还是受害者,或者三者都是。千千万万的中国人,已经成为受财富之累的经济动物,饱食之后却找不到自己的精神坐标。

在一个互不信任的社会,我们到哪里去寻找安全感呢?

地产富豪潘石屹一直都在关注和思考信仰问题,他在世界金融危机后撰文指出:"这次经济危机和金融危机的实质的确是精神的危机和信仰的危机。在危机中,信心的确比黄金更重要,但信心的基础是诚实,是信赖。越是处在欺骗的环境中,大家就越没有信心。试想,如果我们的食物中还有许多的三聚氰胺,如果我们身边还隐藏着许多兼职的、专职的、间接的和直接的麦道夫欺骗着我们,我们的信心如何再建立起来?诚实、关爱、负责任……这些精神品质是全社会财富的基础,失去这些基础,物质财富就像是建在沙滩上的高楼,难以持续。"

"精神品质是如此的重要,但在一个没有共同信仰的社会环境中去谈爱,强调诚实,常常会显得可笑、幼稚。一般人认为这些是小学生才谈论和学习的问题,甚至会有人斥之为伪君子,讲大话,或者另有其他目的。也确有人想利用物质世界的原则去促进精神品质的进步,但常常显得力不从心,有劲使不上。物质和精神是两个完全不同的世界,精神世界统领着物质世界。其实,世界的本质不是我们过去所学的物质决定精神,物质世界有物质世界的规律,精神世界有精神世界的法则,如果用物质世界的手段去解决精神世界的问题,就如同用尺子去量温度,也如同用温度计去称重量一样的不可能。精神品质提高的基础是信仰。"

有些哲学家、史学家说,如果没有法律,人类就会成为野兽。实际上,人类如果没有信德、信仰,那才更容易成为野兽!

人类社会的信仰体系十分庞杂,但可以大致分为自然性的信仰和宗教性的信仰两大类。

很多人说中国人从来没有什么信仰,过去几千年,中国人在功利实用中寻找自己的信仰,中国人所拜的偶像也在随着时代的改变而不断改变,无论是一些妖魔鬼怪、魑魅魍魉,无论是释迦牟尼、太上老君、观音菩萨,中国人始终没有找到一个灵魂的归宿。于是从古至今,中国人的灵魂一直以孤儿似的方式生活着,没有依偎,没有依靠,没有勇气,没有信心。

这种观点其实并非那么正确。人们都知道宗教是一种信仰,但信仰并不等同于宗教,不信仰宗教并不等于没有信仰。在汉代以前,道德信仰这种自然性的信仰是中华民族人文精神的共识，它出自于天然本性，是每个人心性本能的自然反应，有人将其称为先天的"真土"或者"真信"。几千年来，不需要任何组织形式，人们就自然地崇信道德，遵循道德，尊道贵德。

当然，自然性的信仰和宗教性的信仰的划分标准并非那么绝对，自然性的信仰中，不见得就完全排除了对神灵的敬畏，而在宗教性的信仰中，又存在着根本上的无神论，比如佛教便是。

孔子说"敬鬼神而远之"，老子说"以道莅天下，其鬼不神；非其鬼不神，其神不伤人；非其神不伤人，圣人亦不伤人。夫两不相伤，故德交归焉"，佛家则有六道轮回之说，同时又强调众生皆有佛性，人人都是当下佛或者未来佛。儒道佛的经典论述，在我看来共同表达出两个意思：其一，没有否定神灵；其二，如果依照天道规范人道，自会得到上天的护佑。所以，儒道佛三家在信仰这个问题上，其实有着很强的一致性。

我们中国人说的这种"真土"、"真信"，虽然对人类而言是一种天赋的内在的德能，但是每个人身上所储备、携带的德能的厚薄、强弱是不相同的。这种自然性的信仰，如果没有后天的正确规范和引导，那就会随着物欲的逐步增强和私心的逐步膨胀，慢慢地被遮蔽和淡化，乃至于被完全封闭。

孔子说的"君子有三畏"，首先就是"畏天命"，如果没有信仰，孔子会"迅雷烈风必变"吗？如果没有信仰，孔子能说"三军可夺帅也，匹夫不可夺志"吗？如果没有信仰，孔子能够知其不可而为之吗？况且孔子本来就明确地说过："祭神如神在。"

当子张请教如何才能够立身处世时，孔子说："言忠信，行笃敬，虽蛮貊之邦，行矣。言不忠信，行不笃敬，虽州里，行乎哉？立则见其参于前也，在舆则见其倚于衡也，夫然后行。"意思就是说话要讲信用，对人要诚实，行事要笃敬，即使到了蛮貊地区，也能够行得通。否则，就是在本乡本土也行不通。站着，就仿佛看到"忠信笃敬"这几个字显现在面前，乘车，就仿佛看到"忠信笃敬"这几个字刻在车辕前的横木上，人若如此，到处都能够行得通。

事实上，一个有信仰的人，才容易真正做到忠信笃敬。

当离道失德日趋严重，当自然性的信仰逐步失落，人类就需要宗教形式的规范制约了，所以宗教信仰的出现是一个顺理成章的过程，也是对自然性信仰失落的"补缺救偏"。

老子指出:"忠信之薄,而乱之首也!"张道陵在汉朝后期所创立的道教,就是在经历了社会多年的乱象以后应世而生。

宗教信仰所信仰的对象,通常是神秘的彼岸世界和神圣的力量,具有强烈的超越性、出世间性,以研究宇宙人生真相、解析生死及人生之学为基本特征,以生命的升华与完成为终极目标。宗教信仰又可细分为天启宗教、智慧宗教和实证宗教等,还可分为一神信仰、多神信仰和无神信仰。

至于那些与现实社会密切关联的世俗信仰,那就更是繁多了。它们有的是生命信念,有的是风俗习惯,有的是人类在进化过程中的心路历程,主要与生活气息相关,比如英灵信仰、生活信仰、血缘信仰、地域信仰、政治信仰、物质信仰、关系信仰、文化信仰等等。

信仰不会速成,它是一种长时间与困惑的对话关系,好像是在一种螺旋形的山路上的盘旋,每次的盘旋都会升高一点点,但又好像是在原地绕圈子。

现代社会奢侈泛滥的物质生活,掩盖不了摆在我们面前的信仰危机。这种危机非同小可,因为国家无信仰则亡,民族无信仰则衰,社会无信仰则乱,大学无信仰则烂,教授无信仰则堕,人无信仰则躁,家庭无信仰则变!

学者吴思论述说:"如今,我们的血缘社会和地缘社会都解体了,而西方所谓的'市民社会'又没有建立起来。满大街的人谁也不认识谁,想随地吐痰就吐,想干坏事就干,连丢脸都不用怕,只要能躲过警察就不必承担责任,就可以不遭报应。随着私德领域的缩小和公德领域的扩张,我们(重视私德)的优势没了,(忽视公德的)劣势却露馅了。中国社会陷入了历史性的危机。"

全世界都认为中国这条巨龙已经苏醒,然而,倘若这条巨龙失去了信德和信仰,苏醒之后它会给这个世界带来什么呢?

有人说,"我信仰科学",或者"我只信仰我能验证的东西"。其实,能验证的东西,那叫做事实,不是信仰。如果我们只相信科学,只相信验证,或者只相信金钱这种看得见、摸得着的实实在在的东西,那就是"信仰的缺失"。

人在黑夜和迷茫之中,什么都看不见,什么都无从验证,此时指引我们方向和约束我们行为的那种力量,这就是信仰。当别人不了解甚至误解自己的时候,还有一种与功利无关的顽强坚守,这也是基于信仰。从真理的概念来理解,信仰就是人们对于未来世界正确的意识,道德就是在信仰的支配下正确的行为。

我们必须相信科学,但科学本身不能作为信仰。科学和信仰是围绕一个人的同心圆。科学是小圆圈,信仰是大圆圈。科学的圆圈越大,信仰的圆圈必然更大。所以,科学与信仰是相互助长而不是相互抵消的,科学越是发达的地方,信仰所起的作用也就越大。

当信任变得极端化,将会形成信仰。信仰能够帮助人们共同应对不幸和灾难,促成整个社会的相互作用和支持。所以,信仰是构成幸福人生幸福社会的一个非常积极的因素。

对一个人来说,知识越丰富,越能感受到自己的知识不够。科学的进步,经济的繁荣,也同时带来了更多的不确定性,人们会更加清楚地认识到自己在自然面前是多么的渺小,从而产生出更多的期待与恐惧。以科学的发展和知识的掌握来否定信仰的作用,恰恰是违背科学精神的,当然也是无知的。

人类需要救赎,所以耶稣牺牲自己,佛陀警醒世人。实际上,人类的救赎从来都必须依靠杰出人物的耳提面命,所以说"天不生仲尼,万古如长夜"!

康德说:即使这个世界上帝真的不存在,那么因为需要,我们也要创造出一个上帝来。如果说上帝是宗教的需要,那么宗教就是道德的需要。如果没有了上帝,那么还有谁能够管理超出道德、游离于法律之外的行为呢?按照康德的理念:上帝应该是真、善、美的代表,是智慧、正义、力量的化身,是道德行为的审判者,而人们需要真善美,需要智慧、正义、力量,需要道德审判!

拿破仑曾经说过:"基督存在的本质是奥秘的,我并不明白。但我明白一件事,他能满足人心。拒绝他,世界就成了一个费解的谜;相信他,人类的历史就可以找到圆满的答案。"

歌德晚年对信仰有过精辟的论述:"世界历史唯一真正的主题是信仰与不信仰的冲突。所有信仰占统治地位的时代,对当代人和后代人都是光辉灿烂、意气风发和硕果累累的,不管这信仰采取什么形式;另一方面,所有不信仰在其中占统治地位的时代,都只得到一点微弱的成就,即使它也暂时地夸耀一种虚假的繁荣,这种繁荣也会飞快地逝去。"

崇高的信仰,来自于优良的教育,来自于爱的熏陶,来自于一个伟大的时代和伟大的社会!

基于信仰的个性化,我们应该包容和理解每一种正常的信仰;基于彼此信任的需要,我们应该找到不同信仰中的共有成分,比如仁爱、善良、诚信、包容等等。

我们不能说信仰包治百病,因为人类的信仰是一座百花园,信仰不同,人们的道德观价值观也不尽相同,各种各样的矛盾依然会不断产生。所以,只有顺应宇宙大道的信仰,才能从根本上和谐人心和谐社会,正如老子所言:"人法地,地法天,天法道,道法自然。"再者,即便在一个拥有普遍信仰的社会,总会有人真信,有人假信,有人半信半疑,有人嗤之以鼻,况且,披着信仰的外衣使人类的社会成为一个"黑暗世纪"的历史,我们仍然历历在目。

但是,倘若人类缺失了真诚的信仰、缺失了敬畏之心,哪怕倾尽全力搞出一部前无古人后无来者的《信用法》,也同样会"奇物滋起"、"盗贼多有"!

"信仰"与"信用"的关联太密切了!我们关注信仰问题,其实可能是关注人与人之间的信任和信用问题;而我们关注信用问题,就不能不关注信仰问题。

经济学的研究成果表明,影响当今世界经济增长的变量,已不再是单纯的资金、技术等物质资本形态,以道德为核心的人文资本愈益发挥着主导的作用。

信用作为对置信方行为预期的一种确信状态,其信任的性质和普及的程度,是社会风气正邪和政府形象好坏的一种标识。

我国政府的职能定位和管理模式形成于计划经济时期,虽经多次改革,发生了很大转变,但适应市场经济发展需要和民主政治要求的以宏观调控、市场监管、公共服务和社会管理为核心职能的有限政府模式,还没有完全确立。

因为我们不能指望市场经济的良好信用自发形成,所以政府不能不直面信仰的问题,不能不致力于形成一定的社会机制给予保障和推动,包括在社会中建立和完善一套现实的"报应"体系。专家呼吁,治理我国社会信用紊乱,政府要"归位"、法律要"到位"、心态要"正位"、模式要"定位"、教育要"补位"!

发达的市场经济国家,不仅形成了法律信用,而且也在全社会普遍形成了伦理信用,更不可忽视的是,经济越是发达的国家,人们越是拥有真诚的信仰!

只有在信仰问题上不打折扣的政府,才能让信仰与信用良性互动,各司其职，也才是一个深谋远虑的对民众对历史负责的政府。

　　荒原之所以是荒原，就是因为有种力量从那个时空关系中退场。在今天这个时代，那种让人敬虔的信德的力量、信仰的力量，我们不能不把它找寻回来！

信仰与信用（下）

8. 关于成功

子曰:不患无位,患所以立。不患莫己知,求为可知也。

子曰:谁能出不由户?何莫由斯道也?

子曰:人之生也直,罔之生也幸而免。

子曰:夫仁者,己欲立而立人,己欲达而达人。

子曰:譬如为山,未成一篑,止,吾止也;譬如平地,虽覆一篑,进,吾往也!

子曰:苗而不秀者,有矣夫!秀而不实者,有矣夫!

子曰:未之思也,夫何远之有?

子曰:无欲速,无见小利。欲速则不达,见小利则大事不成。

子曰:小不忍则乱大谋。

子曰:力不足者,中道而废。今女画。

子曰:暴虎冯河,死而不悔者,吾不与也;必也临事而惧,好谋而成者也。

当世之名与没世之名

《左传·襄公二十四年》载,鲁国大夫叔孙豹去晋国,晋国执政范宣子迎接他,问道:"古人有句话叫'死而不朽',是什么意思?"叔孙豹没有回答。范宣子说:"我的祖先在虞舜以前是陶唐氏,在夏代是御龙氏,在商代是豕韦氏,在周代是唐杜氏,晋国称霸中原的时候是范氏,'死而不朽'说的是这个吗?"叔孙豹说:"据我所知,这只能叫做'世禄',并非'不朽'。"他继续解释:最高的境界是树立德行,其次是建立功业,再次是留下言论。能做到这些,经历再长的时间也不会被忘记,这才叫做"不朽"。

不过,"太上有立德,其次有立功,其次有立言"这话,并非叔孙豹的发明,而是流行于鲁国上层社会和知识人中间的名言。叔孙豹对范宣子说这话时,孔子还只有两岁,但是很显然,孔子成年后完全接受了这一思想。立德、立功、立言"三不朽",也成了后世儒家推崇的人生目标。

许多的儒者对德、功、言三者都有自己的界定,但总体来说,"立德"系指道德操守,"立功"系指事功业绩,而"立言"系指把真知灼见形诸语言文字,著书立说,传于后世。

孔子说:"君子疾没世而名不称焉。"这就产生了一个问题:孔子不是说"君子病无能焉,不病人之不己知也"吗?所以君子忧虑的应该是自己没有能力,不忧虑别人不了解自己。孔子教导子张区别"达"与"闻"时说:"夫闻也者,色取仁而行违,居之不疑。"闻,就是名声、名气、名望。孔子对"在邦必闻,在家必闻"不是持明显的批判态度吗?

其实,孔子的意思是:君子不求当世之名,但要看重没世之名。按照司马迁记载,"君子疾没世而名不称焉"是孔子针对作《春秋》而发:"子曰:'弗乎弗乎,君子病没世而名不称焉。吾道不行矣,吾何以自见于后世哉?'乃因史记作《春秋》……"并且,孔子预见自己会以《春秋》闻名于世,正如《史记·孔子世家》所言:"后世知丘者以《春秋》,而罪丘者亦以《春秋》。"

所以,无论"立德"、"立功"或者"立言",其实都旨在追求某种"身后之名"、"不朽之名",这正是中国古人超越个体生命、超越物质欲求而获得精神满足的独特形式。

在转瞬即逝的时间之流中,人总想抓住些永恒的东西。屈原就说:"老冉冉其将至兮,恐修名之不立。"美国现代哲学家詹姆士在《人之不朽》一文中也曾这样讲:"不朽是人的伟大的精神需要之一。"当然,詹姆士这里所说的"不朽",并非凡世的永恒价值,而是指宗教性的不朽。

人生难以摆脱之欲念有三:权、钱、名,而"名"又往往是知识阶层永难超越的欲障。司马迁就说:"立名者,行之极也!"

个人的意志与作为要做到不为世俗所移易,不随波逐流于功名利禄,实在不是件易事。至于隐士,也不是那么好做的。小者隐于野,独善其身;中者隐于市,全家保族;大者隐于朝,全身全家全社会。如此之"隐",几人做到了?

从个体的角度来说,对死后不朽之名的追求,可以激励生命释放出无比巨大的正能量,贡献出自身的价值;从社会的角度来说,对于弘扬道义精神,促进社会进步,意义同样是极大的。屈原修身为名原因何在?在于实现其美政理想,并以昭著后来,结果也真是"楚人悲屈原,千载犹未歇"。

孔子说:"志士仁人,无求生以害仁,有杀身以成仁。"孟子说得更明白:"生亦我所欲也,义亦我所欲也,二者不可得兼,舍生取义者也。"在儒家文化的哺育下,中国历史上确实出现过不少"可杀不可辱"、"可夺其帅不可夺其志"的刚毅之士。许许多多的英烈先贤,不以物喜,不以己悲,以天下为己任,救生民于水火,高远博大的情怀让人无限敬仰。

名声是事实的客观反映。那些置个人身后名誉于不顾的人,难免流于酒囊饭袋、行尸走肉,甚或沦为恶棍暴徒、独夫民贼。

尽管太多的人希望成名,但这世上还真是有只求耕耘不问收获的一类人。

求当世之名,即便做好事,其主观目的是自己的名声,一开始就偏离了正道,倘若心口不一,言行不一,表里不一,很可能会变成无所不用其极的小人。孔子反对君子求当世之名,正是从道德角度着眼,从个人修养角度着眼,更是从社会责任角度着眼。孔子倡导重没世之名,可贵之处在于让人清楚地认识自己在社会和历史中的地位、作用、价值，并以毕生的心血和精力去实现。没世之名是不求而死后自来的，也是听不到看不到的，所以与其说君子重视死后的名声，不如说君子重视生前的作为。

没有成名的人，总是渴望着成名早一天到来，张爱玲有句名言就是"成名要趁早"。然而成了名的人，却又天天牢骚成名的坏处。在得到名声带来的一系列好处的同时，名人们又的确感受到许多的麻烦，比如，再也不能像从前那样，在无人关注的情况下，宁静而深入内心地工作了，这时，做一个无名小辈的种种好处，又会闪现在眼前。所以说，要发光，就必须忍受燃烧的痛苦！

不求当世之名而又得到了当世之名，其实也未尝不可，无须非议，顺其自然受用就是；只是现在熙来攘往奔竞于名利场上的人们，根本无暇顾及不朽之名的诉求。"立德"方面，太多假仁假义、外廉内贪的道德作秀；"立功"方面，"形象工程"、"政绩工程"劳民伤财；"立言"方面，著书撰文者大多追求速成，而速成者，其实都难免速朽。

因为绝大多数建立在世俗基础上的功业，都将如同建造在海滩上的沙塔一样被时空的大潮所泯灭，一切的财富、权力、地位等等，都不过是镜花水月。所以老子希望人们思考为什么"至誉无誉"？为什么"死而不亡者寿"？

有"生"就有"死"，"死"是任何一个人最终必然的结局。真正的"寿"，拥有的是宇宙大寿。所谓死，只是抛弃了败坏的肉体和拘泥于实有境界中的成见、偏执，而最精华的一部分，则随着他崭新的生命的开始，得到了生生不息的合理延续。精神只要保守着"道"，我们就会随着"道"而获得永生。

"穷且愈坚，不坠青云之志"，从来被我们民族视为传统美德。宋代思想家、诗人欧阳修说，唐代诗人"少达而多穷"，但从另一个方面看，唐代诗人也最富，他们灿烂的光芒和精神的富有，让今天的人们难以企及。对于金钱，李白豪唱"千金散尽还复来"，杜甫写道"点溪荷叶叠青钱"，都表现出对金钱的那种平静的情致和幽默。

"千秋万岁名，寂寞生后事"，其实是一种规律。

论"富"与"贵"

公元193年,罗马帝国当时的皇帝被仇恨他的一群禁卫兵杀死。国不可无主,于是禁卫军想将这个肥缺交给元老院的几个议员处理,但元老院不敢接受,最后草草决定将皇位拍卖。61岁的老富翁迪迪厄斯·朱利艾纳斯做海上贸易发了大财,听说有这等好事,当晚就跑去报名,最后出了个天价买下皇位,成为罗马帝国的统治者,由极大富一跃而成极大贵。

然而此举引起了广大市民的不满。事情才过两个月,不服新皇帝的造反派就攻进罗马城,活生生地把迪迪厄斯杀掉了。可怜的迪迪厄斯,花了一生积蓄却只买了60天的皇位,不仅搭上了一条性命,还成为中外历史上最大的笑话。这桩买卖,实在是太不划算。

付出生命代价的迪迪厄斯让我们知道了"富"与"贵"真是有别,富与贵不能简单地画上等号。钱可以买到皇位,但那至高无上的让人敬畏的身份,则是无法立刻用钱买到的。在别人眼里,迪迪厄斯还是那个阔佬,至多是个政客,绝不是个政治家。

在中国,"富贵"两字常常写在一起,常指财多位尊。但是作为独立的两个单词,"富"与"贵"的内涵其实有着本质的区别。

富,是有形的,财产金钱是否充裕,加起来就知道了,所以一道简单的小学算术题就可以大致确定;贵,则是无形的,品行是否端正,操守是否优良,内在的修养和气质怎样,家庭的荣耀感和使命感如何,简单的计算哪里能够得出结论。

富并不等于贵,贵也不等于拥有巨额财富。既富且贵者从来都只是人类中的极少数,在当今时代,更是凤毛麟角。

人们所称的"贵族"或者"上流社会",蕴涵着受人尊敬的意味。无论在过去时代的中国还是在外国,传统型的贵族都是行为端庄,品味高雅,人格高尚,生活方式精致优雅,所以受到人们的普遍尊敬。古往今来的精神贵族或是上流社会精英,一直是人们健康生活方式的标杆,带动着整个社会文明水平的提升。

90年前,五四新文化的倡导者陈独秀曾指出:所谓的贵族精神,指的是一种高尚的人格理想和高贵的精神气质,既无关乎门第、血统,更与消费水平无关。事实上,我们这个民族的诸多文明礼仪,包括最简单的礼貌用语,大多出自他们。

改革开放使得中国人的物质生活水平普遍改善,一部分人率先富了起来,其中还不乏巨富。同时,奢靡之风也是愈刮愈烈。富豪们纷纷以奢侈品以及各种好听的社会名誉装饰自己,以显出"富态"和"贵相"。但是,真正的尊贵并不是装饰出来的,也不可能单是因富就能买得到的。高位能卖出高价,但高价买不到高贵!

演员张国立曾经老实地说,刚有钱的时候,他也有过不知该怎么享受的一段日子。他觉得现在的一些所谓富人,就是在这样的层次上徘徊——听歌、跳舞、打牌、洗桑拿浴、吃喝玩乐等等,总之都是饱食终日无所事事的一种表现罢了。

人们对财富的渴望和对地位的向往是很自然的,一个国家也只有富裕起来,才有实力,才能强大,才不会挨打。但是,"让少数人先富起来",只是一个鼓励性的权宜之计,最终还是要带动人们共同富裕起来。

如今的社会有这样一种奇怪的现象:有一定文化的人,总喜欢骂几句粗话,以表明自己的"与时俱进";而肚子里没什么墨水的老板或商人,不管在私下里言行如何,在公众场合又附庸风雅,竭力显出一副"儒商"的模样。

中国人自己评论说:被胡润界定为"新贵族"中的许多人,不单慈善情怀缺失,更严重的是周身缺少"道德的血液"。外国人也如此评价:"中国的穷人是真正的穷人,但是富人不像富人。"

越是重视传统的国家,富人和贵族越是要严格区分的。有些人虽然很富,但毕生也没能获得自己向往的社会地位,至于贵族身份,有些国家要靠授勋才能获得。

这些年来由于"富"与"贵"的界限被混淆,助长了人们不顾尊严毫无廉耻地羡富谀富急于求富,以至于富而骄、贫而谄的风气日盛,销蚀着整个社会的道德基石。

在世人眼中,贵比富其实更具有魅力,因而追求贵比追求富更容易使人认同。凯撒大帝临终时就嘱托操办丧事的人:"在棺材的旁边开两个洞,把我的手伸出来,让别人看到,我是空空地来空空地去,什么也没带走。"他无非是要向世人证实:我只求贵,而不求富!

一个阅尽历史沧桑而兴盛不衰的世家,总是让人敬仰之情油然而起。正因为贵族的品格有魅力,所以不少"贵族"的后代,哪怕家族早已走向没落,也要做出"贵族"的样子。然而,倘若其精神世界已经变得苍白,文化底蕴丧失殆尽,家族的使命感烟消云散,酸酸的装样子的结果,只能使人感到好笑或者为之叹息。

在很长一段时期,人类文明史都是明显鄙视财富追求的。中国历代的王朝就从来是重农抑商。秦始皇28年,嬴政东巡琅琊台,留下碑刻文字"上农除末,黔首是富",富人被划为不好的成分。中国的商人们在很长时期没有什么政治权利,即便是唐朝盛世,商人也不得参加科举考试,到了宋朝,商人的儿子辈才可参加考试步入仕途,虽然后来商人的地位有所改善,但总是低人一等。从前的罗马帝国也是同样的观念,并且居然有这样的法律:窃盗者处以两倍的罚金,放债者处以四倍的罚金!因为他们认为放债致富比偷盗更为恶劣。

还有一句名言我们人人皆知,那就是"富不过三代"。

当今时代,全球的家族企业就普遍面临"穷孙子"的问题。在美国,家族企业在第二代能够存在的只有30%,到第三代还存在的只有12%,到第四代及四代以后依然存在的就只剩下3%了。在葡萄牙,有"富裕农民——贵族儿子——穷孙子"的说法;在西班牙,也有"酒店老板,儿子富人,孙子讨饭"的说法;在德国,则有人用"创造、继承、毁灭"三个词来代表三代人的命运。

富不过三代,其实也不见得就是人类的悲哀。一个财富从聚拢到分散、再由分散到聚拢的过程,有益于社会资源和社会财富的流动。在并非无限的社会财富格局下,必然需要有分散才能有新的聚拢,在聚聚散散之间,就形成了一个社会的良性运行。

老子说:"天之道,其犹张弓乎?高者抑之,下者举之;有余者损之,不足者与之。天之道,损有余而补不足;人之道则不然,损不足以奉有余。"自然的规律,不正像拉弓射箭吗?弦位高了就往下压低,弦位低了就往上抬举;拉得太满就减损一些,拉得不足就补充一点。自然的规律是减损多余而补充不足,人世的行为却不是这样,总是剥夺那些不足用来供奉有余的人。

孟子也有言:"富贵不能淫,贫贱不能移,威武不能屈,此之谓大丈夫。"事实上,立于天地之间的,只能是人类中这样的大丈夫!

林则徐对此看得透彻,所以他说:"子孙若如我,要钱干什么?贤而多财,则损其志;子孙不如我,留钱做什么?愚而多财,益增其过。"

由富而贵,摆脱身富心穷的怪异状态,那是社会正道。注重生活的品质,在可能的情况下,过绅士一样优雅的日子,应该是一个积极的生活理念。

但是"贵族精神"并非与生俱来,也不可能一蹴而就,它需要一个长期的培育过程。著名评书表演艺术家单田芳常说一句口头禅:"人分三六九等,木分花梨紫檀。"莎士比亚也说过,人类可以在一夜之间产生无数个暴发户,但是需要上百年才能培养出一位贵族。至于中国人都知道的"三代才能出一个贵族"这句话,其涵义与"十年树木,百年树人"有着异曲同工之妙,甚至连需要的年头可以说都大致相等。

先秦时期的吕不韦,是中国由富及贵的一个典型,但结果是善始而未能善终。明初有个沈万山,为江浙巨富,还是开国元老刘伯温的朋友。他以为凭着金钱的力量和上层的关系,就能高贵得不可一世,所以向刘伯温吹牛说:国家在别人手里,财富却在我手里!不料他的大款派头让皇帝都感到不爽,于是由刘伯温献计,轻而易举地定其为欺君之罪,发配到四川充军去了。

古代中国是一个权利支配财产的社会,如果发现某人富到一定程度,对统治权力构成威胁,那他的结果就一定是"多藏厚亡"了。

仁、义、礼、智、信是儒家伦理规范的"五常"。在《论语》中,孔子谈到"富"有十多次,并常常把富与贵、富与礼、富与教、富与骄连起来讲评。《学而》篇中谈到"温、良、恭、俭、让",《阳货》篇中则谈到"恭、宽、信、敏、惠"。

富人要转为贵人,不能不懂得"富而好礼",不能不多花一些时间思考为人之道,为善之道。

汉武帝时期,匈奴南侵,连年战争,国家财政困难。当时的河南卜氏,世代勤劳,家业兴旺,他上书朝廷,愿意将家产的一半捐献给国家。事后,武帝派人询问他是否愿做官,卜氏回答,自己从小做牧羊人,没学过仕宦,也不想做官。又问他是否想申冤？卜氏回答，自己向来不与人争，和邻里相处很好，没有仇人，何来冤情。再问他为何捐献家产？他说，匈奴犯境，国家派人征伐，国库空虚，自己量力行事，希望将匈奴赶走，人民太平。当时包括宰相在内的很多人，都认为卜氏一定有所图，所言不能当真，但是武帝深信其忠义，赠他官职作为酬劳，最后卜氏官至御使大夫，赐为关内侯。这个卜氏，就是一个希望由富及贵的人们的成功榜样。

但是，如果从前致富的途径过于偶然或者不义，那么，要完成从"流氓"向"绅士"的转变，难度一定更大。

至于由贵及富，相对于由富及贵来说，或许要容易得多，但若不懂得取之以道，同样有相当的危险，"凤凰落草不如鸡"的事例比比皆是。当然，这里的"由贵及富"的"贵"，通常的含义应该是"权贵"。

自古以来就是"官尊者禄厚"，官越大，薪酬越高，世人普遍理解，这个道理已经无需多议。

遗憾的是许多的权贵们，往往不满足于依靠俸禄治家，他们总是利用地位和特权"以身发财"。晋代的开国名臣之后石崇，是个利欲熏心的贪官，他在当荆州刺史时利用船只做起江洋大盗，由于头脑灵活，善于应变，成为巨富。石崇不仅大胆致富，而且大胆斗富，甚至要把皇亲国戚们比下去。他的行为引起了众人的嫉恨不满，最后终被设计告发处死。如此的利令智昏，其实本来就是找死。然而，不遗余力步其后尘的人几千年来从未断绝！

"权利"的含义，本来是指公民或法人依法可行使的权力和享有的利益，当与义务相对；但是现在的许多人，对"权利"两字的实际理解已是有权就有利、无权难获利了。于是人人都想做官，做官以后还要将权与利享用到极点。所以，尽管今天的权贵越来越多，但是真正的贵族与贵族精神却是越来越少。

中国的贵族精神其实就是君子传统。旧时商人在店堂内总是悬挂着"陶朱事业，端木生涯"8个大字，为的是标榜自己属于儒商一类。陶朱，指春秋之末的范蠡，他无论从政还是从商都是智慧过人，"功成身退"以后迅速致富，一旦发家又广散钱财，所以司马迁称赞他"此所谓富好行其德者也"。端木赐，即孔子的弟子子贡，他不但利口巧辞，善于外交，而且才思敏捷，能对未来作出准确的推测判断，因经商发财，"家累千金"。但他的致富没有什么越轨行为，不依靠权力，也不搞假冒伪劣和坑蒙拐骗。

《论语》中所言的"富而不骄"、"富而好礼",子贡是当之无愧。尽管曾经多次被孔子批评,但他心有敬畏,从善如流,疾恶如仇,所以司马迁称赞他"喜扬人之美,不能匿人之过"。孔子名扬于天下,子贡也是功不可没。

人类社会真正的贵族与贵族精神,无论在哪一个时代,从来都没有彻底泯灭。

"贵为天子,未必是贵","贱如匹夫,不为贱也"。沧海横流,方显出贵者本色!

以螃蟹为鉴

在南美洲的一处草原,山坡上的草丛突然燃烧起来。无数蚂蚁被熊熊大火包围住了,而且包围圈越来越小,蚂蚁们无处可退无路可逃。就在这时,令人惊叹的一幕出现了——蚂蚁们迅速聚拢起来,紧紧抱成一团,很快就形成一个黑乎乎的大蚁球,这蚁球滚动着冲向火海。在噼里啪啦的响声中,一些居于蚁球外围的蚂蚁被烧死了,但更多的蚂蚁绝处逢生!

与蚂蚁万众一心牺牲自救境界相反的是螃蟹的思维。

螃蟹是怎样被捕捉的呢?人们安置一个一端打开的箱子,供螃蟹们爬进去。箱子有底部而没有盖子,当箱子装满螃蟹后,人们才会把打开的那一边盖上。螃蟹其实原本可以轻松爬出箱子而获得自由的,但事实却是——当一只螃蟹开始向上爬时,负面的心理情绪使得其他的螃蟹立即将其拉下,所以没有螃蟹可以爬得出来。螃蟹们相互嫉妒的最后结果,就是全都成为人类的美味。

这两个并非杜撰的故事,让我们看到两种心理及其导致的两种结果:一是舍生取义生生不息,一是相互拖扯害人害己。

几乎在人类的一切语言里,都有对嫉妒或嫉妒行为的描述。嫉妒,与人种、地域、文明形态关系不大,它似乎是所有动物的天性,也是人类的天性。我们每个人的一生,都曾经心怀或者遭遇嫉妒。

一些原始部落出于对嫉妒的恐惧甚至做出了强硬的规定,不允许在部落内有任何形式的竞争。如果你生在玻利维亚,成为印第安人的一个分支西里奥诺人,你就要习惯在夜里吃东西。如果你想在正午时分吃一顿大餐,你的同族兄弟们就会围在你左右,满怀嫉妒,眼不错珠地盯着你进食,直到你彻底放弃为止。

古时的占星术士把"嫉妒"称作"灾星";在基督教中,嫉妒和傲慢、暴怒、懒惰、贪婪、暴食以及淫欲被列为人神共诛的七宗大罪,并被称做"凶眼";在伊斯兰教的文献中,有一条谚语是:"嫉妒吞食信仰,如同大火吞食木头";佛家则称嫉妒心为"嗔",由嗔而生憎,由憎而生恨。

人与人打交道,从经济的角度看,有五种可能的后果:利人利己,损己利人、损人利己、损人损己、损人不利己。这五种后果,从道德标准来衡量,损己利人是最高尚的,而损人利己则是最卑劣的;从经济结果来衡量,利人利己最好,损人损己或者损人不利己则是最坏。

尽管我们早就有了"成人之美,不成人之恶"以及"己所不欲,勿施于人"的道德准则,现代社会的人们,损人损己和损人不利己的螃蟹式思维还是一如既往。

报载,在荆州沙市某处居民点,曾经天天有人将中药渣倒在人们的必经之道。为何出现如此怪事?因为干此事的人希望病情早些好转,所以要让来来往往的人们在踩踏药渣的同时将病气通通带走。

这当然是一种地地道道的迷信。在路上倒药渣,实在是损人不利己。说不定干了如此之事,病情反会更加严重呢!

有很多人承认,自己之所以损人不利己,其原因是从前受了别人的刁难,憋了一肚子怨气,所以一遇到机会,自己又成了刁难别人的人。如果说未成年人恶作剧式的损人不利己算是调皮捣蛋的儿童心理使然,那么成年人的损人不利己,就是一种变态的畸形心理在作怪了。

既然成年了,心理为何还如此畸形?印度的克里希那穆提有一句话或许是一个说明:"庸俗谋划了我们的卑贱。"

一颗庸俗的心容易变成受伤的心、桎梏的心、恐惧的心、狭隘的心、自私的心。如果用卑贱的办法来解决问题,我们只会变得更加的卑贱!

许多丰衣足食的人为什么总是认为自己贫穷?原因在于攀比,在于没有止境的物质欲望。倘若我们总是认为自己处在"穷"的状态,内心的煎熬就将永无止息。

培根说:无德者必会嫉妒有道德的人。因为人的心灵如若不能从自身的优点中取得养料,就必定要找别人的缺点作为养料。当一个人自身缺乏某种美德的时候,他就一定贬低别人的这种美德,以求实现两者的平衡。西哲罗素先生则说:"穷最可怕的后果,是让穷扭曲了自己的思维。"

孔子希望人们"见贤思齐焉,见不贤而内自省也。"也就是说,我们应当取他人之长补自己之短,同时又以人为鉴,不重蹈他人的旧辙。这是一种理性主义的态度,但在现实生活中,我们总能看到这样的人:如果自己买不起豪车,就要用小刀在人家豪车的油漆上狠划几下;如果自己住不起别墅,就巴不得小偷强盗出入人家的大宅;如果自己不喜欢工作,就要让别人也感觉工作的无趣;如果自己无力上进登高,就要让别人也跟着下滑;如果自己没有吸引众人的魅力,就要夸张魅力的危险;如果自己没有天籁的声音,就要让世界充满噪音;如果自己得不到治愈伤口的良药,就要往别人的伤口撒盐;如果自己没有心思欢笑,就要让周围的人也都一同哭泣!

嫉妒,是一种以心怀不满为特征的不悦、自惭、怨恨、恼怒的心理。嫉妒一般不会发生在两个毫无关系、或者有着天壤之别的人身上。嫉妒更多地会发生在距离较近、差距不大的人之间,比如同事、同学、朋友、兄弟甚至夫妻之间。至于叫花子偏要嫉妒富豪,那更会将自己折磨至死。

莎士比亚提醒人们:"您要留心嫉妒啊,那是一个绿眼的妖魔!"

嫉妒心强的人是可恨的,同时又是可怜可悲的。因为自卑和阴暗,享受不到阳光的美好,体会不了人生的乐趣,"心灵的疾病"总是会扩散到身体各处,并引发种种不良反应和疾病,所以嫉妒可以成为摧毁人性和健康的毒药。

当然,既然嫉妒是造物主设置好并且赋予生命的,也并非完全的十恶不赦。从某种意义上讲,嫉妒也许是我们每个人不得不面临的一道考题。有时,因嫉妒而起的适度的冲突,能够使我们学会尊重他人的权利;轻微的嫉妒也可以刺激人的社会能力和成就欲望,找到自己与别人的差距,促进自己做得更好;适可而止的嫉妒表现,还可以成为一种公关技术,比如在男欢女爱的领域,一旦使用得当,会给爱情注入甜蜜,促成一种皆大欢喜的美好结局。

因为嫉妒心理本身就是多疑的、爱猜忌的、外强中干的,所以遭遇嫉妒的应对策略,就是见怪不怪其怪自败。同时,还要学会以爱化恨,以让抑争,以不失原则的适度忍让求大同存小异,并且为嫉妒者提供一些实质性的帮助,让他们学会向公平竞争的心态迁善。

孔子告诫我们:"己欲立而立人,己欲达而达人。"意思是让合作者、支持者首先立起来或者同时立起来,就会让自己立得更稳更久;让合作者、支持者首先通达或者同时通达,就会让自己更加通达。

与其相互拖扯,不如相互扶持。双赢、共赢、多赢,才是宇宙人间的正道！

如果对人类情感有了深刻的理性的了解，我们就会以螃蟹为鉴，检视检讨自己人性中可鄙的螃蟹式思维，从而让嫉妒的负面力量大大减弱，并且还会因为嫉妒而成长。

以螃蟹为鉴

微笑的力量

在很多人的心目中,孔子就是一个高高在上、正襟危坐、不苟言笑、温良恭俭让的样子,似乎与谐趣幽默不沾边。

然而翻开《论语》,走近孔子,我们就能看到一个鲜活、幽默的智者形象。

孔子一生坎坷,尤其在政治上可以说是悲剧性的。可是,越是苦难越是开出了幽默之花。《史记·孔子世家》记载,当孔子一行躲开宋国司马桓魋的追杀来到郑国时,弟子们都走散了,孔子一个人孤零零地站在外城的东门守候着自己的学生。当子贡找到孔子以后,告诉老师有人形容他为"丧家之犬",孔子听了不仅没有悲戚,竟然笑了起来:"然哉!然哉!"

正因为有智仁勇的理想人格做底衬,摒弃了受害者的心态,孔子才能如此这般适时地幽自己一默。

孔子听到有人说自己虽然博学却并无专长时,他并不争辩,只是笑问弟子们:"你们看看我该从事哪种职业而成为一个有专长的人呢?"然后又自问自答地说:"我还是做一个专职驾车人好啦。"面对道义不行的现实,孔子突发奇想:道义推行不了,不如弄个木筏子去海外畅游。那么谁堪陪我出行呢,恐怕只有子路了。子路一听,喜不自禁,可是老师又笑着对他说:"仲由呀,你除了比我勇敢,就别无所长了!"这其实是对弟子们的提醒。当孔子一行在匡地被围困时,颜回掉了队,几经周折师生才得以相见。按理说一对情同父子的师徒这时候应该涕泪交流,相拥问安,可是孔子看见爱徒却劈头就说:"我还以为你死了呢!"颜回也幽默地回答:"您还活着,我怎么敢死呢?"这一来一回的幽默中,惊喜、激动之情跃然纸上。孺悲欲见孔子,孔子托病不见,这也就够了,但他在孺悲犹未离去之时，又取瑟而歌，故意让他听见。我们不知孔子为何不愿接见孺悲，不过这个有意的恶作剧，也正好显示出一个活生生的孔子。

孔子的幽默，时而俏皮，时而调侃，时而戏谑，时而自嘲，时而扎刺，时而挥棒，闪耀着智慧的灵光。从这些幽默中，我们看到了孔子的喜怒哀乐，看到了孔子的得意与失意、坦荡与豁达、乐观与潇洒。孔子用一种轻松诙谐的方式化解了沉重和压抑，坚定了信念和信仰，鼓舞着自己，也感染着学生。

孔子恭而安，威而不猛，很近人情，但是到了后来那些儒士手中，孔子的面目逐渐变得死板、生硬和无趣，难怪儒家学说被异化为腐臭的礼教。

大笑肆意纵情，但可能直白，可能不恭。不笑呆板无趣，让人感觉苦大仇深敬而远之。微笑则是一种力量，这种力量，常常是"四两拨千斤"；而幽默，正是一种微笑的力量。

如果作一次调查，绝大多数人是喜欢幽默的。因为幽默使人开心、达观、机智、健康、无畏、化解尴尬，给人启迪，正如泰戈尔的诗意描述："不是锤的打击，乃是水的载歌载舞，使鹅卵石臻于完善。"幽默也如英国小说家梅瑞迪斯所说："显示的是心灵的光辉与智慧的丰富。"

美国科罗拉多州的一家公司通过调查证实，参加过幽默训练的中层负责人，在9个月内其所主管部门的生产量提高了15%，而其病假次数则减少了一半。

幽默感测试成绩较高的人，往往智商测试成绩也较高，而缺少幽默感的人，智商测试也是成绩平平。有幽默感的人，在日常生活中都有比较好的人缘，而缺乏幽默感的人明显缺乏应变能力。

据统计，那些在工作中取得成就的人，并非都是最勤奋的人，而是善于理解他人且颇有幽默感的人。他们即使面对困难也会轻松自如，善于发挥想象力，把两个不同事物或想法连贯起来，往往产生意想不到的效果。

古往今来杰出的人物，大多具有幽默的智慧，并由此而生发出微笑的力量。

古希腊寓言家伊索是个奴隶。一天，主人派他进城办货，半路上他遇见一个法官。法官盘问他："你去哪儿？"伊索对贪赃枉法的法官向来不屑一顾，回答说"不知道！"法官于是把伊索抓了起来，囚禁到监狱。"说实话难道也犯法吗？"伊索在狱中抗议道："我真的是不知道你们会把我投入监狱的呀!"后来,法官就把伊索放了。这是幽默的生存智慧。

有一次,卓别林带着一大笔现款走在路上。突然,从路旁草丛里跃出一个蒙面强盗,威胁他交出钱款。卓别林答应了,但他提出了一个要求:"请在我帽子上开两枪吧,我好回去向主人交代!"强盗"叭叭"两声,照他的话做了。"再在我的衣襟上开两枪吧!"卓别林又说。"叭叭"两声,强盗又照做了。"最后,请您再在我的裤腿上打两个洞,拜托了!"强盗一听,不耐烦地提起枪,又在裤腿上给了两下。卓别林知道强盗的手枪里再也没有子弹了,便一脚把他绊倒,飞也似地跑了。这是幽默的无畏智慧。

20世纪50年代末,在上海流传着毛泽东怎样使猫吃辣椒的故事。一天,毛泽东向刘少奇和周恩来提了一个问题:"你们怎样才能使猫吃辣椒?"刘少奇首先说:"那还不容易,你让人抓住猫,把辣椒塞进猫嘴里,然后用筷子捅下去。"对于这种解决方法,毛泽东摆了摆手说:"每件事应当自觉自愿。"周恩来回答:"我首先让猫饿3天,然后,把辣椒裹在一片肉里,如果猫非常饿的话,它会囫囵吞枣般地全吞下去。"毛泽东还是不怎么赞成,他笑着说出了自己的办法:"这很容易,你可以把辣椒擦在猫屁股上,当它感到火辣辣的时候,就会自己去舔掉辣椒,并为能这样做而感到兴奋不已。"这是幽默的创造性智慧。

拜伦说:"一切痛苦能够毁灭人,然而受苦的人也能把痛苦消灭!"马卡连柯说:"如果你感觉你是不幸的,那么从道义上首先你就不应把自己的不幸告诉给别人,而应从内心找出微笑的力量,找出鄙视一切不幸的力量。"

当然,幽默与俏皮话是两码事。林语堂先生就说:"有相当的人生观,参透道理,说话近情的人,才会写出幽默作品。"

幽默是智慧,幽默是力量,幽默也是境界!

人们熟知的瑜伽,本质就是放松,瑜伽的"观想"强调调息,调息的时候要想象自己在微笑。这种微笑十分重要,不是板着脸,也不是哈哈大笑,它让人的整个身体进入到一种绝对放松的状态,于是身心自然而然得到调理。

以乐养生,以善养心。无论从哪个角度看,幽默都是人类心灵舒展的花朵。

古人有言:"福不可祈,养喜神以为招福之本;祸不可避,去杀机以为远祸之方。"既然养喜神可以招福,去杀机可以避祸,那么我们为什么不对自己和他人保持微笑呢?

　　人生多坎坷,在遇到挫折时,任你喊天呼地,困难不会自动消失,此时,最需要的是鼓足勇气,给生命一个微笑。

　　假如你是一粒微笑的种子,那么,他人就是土地。

　　当他人和世界都对自己微笑的时候,我们的成功不就指日可待了吗?

微笑的力量

可怜"下愚"

一个乞丐非常敬仰上帝。上帝被他的虔诚感动了,决定要改变这个乞丐的命运,于是对他说:"如果我给你1000元钱,你想做什么?"乞丐说:"我想买一部手机。"上帝不解:"要手机干吗?"乞丐答:"随时了解全世界的信息,哪里人多,就到哪里去乞讨。"上帝很失望,但也觉得可能是给的资金太少了,于是说:"假如给你10万元呢?"乞丐说:"太好了!我想买部汽车。"上帝问:"为什么呢?""这样的话,哪里繁华,我就能赶到哪里乞讨。"上帝无奈,但仍不死心,问他:"假如我给你1000万,你准备做什么?"乞丐眼里冒出了光,说:"我要将这座城市的繁华之地全买下来。"上帝心想乞丐这次要做大事业了,正高兴时,不料乞丐又说:"然后将其他的乞丐全部赶走,就我一个人在这里乞讨!"

如果有人觉得上面这个故事有点玄乎的话,那么下面这个故事就与我们现实的人生更接近了——

有一个人因为在路上偶然拾到一张钞票,从此天天走路都弯腰低头,希望能够再次获得幸运之神的眷顾。多年以后,他果然拾到了许多东西,包括29516枚衣纽、54172枚小铅笔、12枚5角硬币,还有就是一个弯下来再也挺不直的腰背!

这两个故事都会让人觉得好笑,但是笑过之后,更会觉得这两个人可怜、可气、可悲!

孔子说:"生来就知道,是最上等的;经过学习以后才知道,是次一等的;遇到困难再去学习,是又次一等的;遇到困难还不学习的人,这种人就只能居于下等了。"

孔子早就认识到不是每一粒种子都能结果,所以他说:"禾苗成长后而不能吐穗开花的情况是有的;吐穗开花而不结果实的情况也是有的。"

并且说了一句看来有些绝对的话:"唯上知(智)与下愚不移。"

的确,上等的智者无需改变也不能改变,因为他已经向着大道向着真理的方向前进并且不断在接近大道接近真理;而下等的愚人虽然需要改变,但他们就是不改!

老子说:"上士闻道,勤而行之;中士闻道,若存若亡;下士闻道,大笑之。"意思是说,悟性高的人听闻大道,立即心领神会,勤勉努力去实行;悟性平常的人听闻大道,半信半疑,迟疑不决;没有悟性的人听闻大道,哈哈大笑。老子认为这不奇怪,因为大道光明好似暗昧,大道前进好似后退,大道平坦好似岖崎,大德崇高好似低谷,大德广大好似不足,大德刚健好似怠惰,质朴纯真好似混浊,最洁之白好似黑垢,最大之方似无角隅,最大之器最晚成就,最大真音难闻其声,最大天象不见其形。大道幽隐而无名,然而,也只有大道才能化育万物成全万物。没有悟性的下士们,哪里懂得这些,所以如果他们不笑,大道就不足以为大道。

庄子则说:井里的蛤蟆你跟它讲大海讲不通,因为它没见过,所处不同;夏天里的虫子你跟它讲冰雪讲不通,因为它没经历过,时令不同;没有见识的人你跟他讲大道讲不通,因为他修养不到心智受困,境界不同。

孔子也说:"中人以上,可以语上也;中人以下,不可以语上也。"就是说,具有中等以上智力的人,才可以给他讲授高深的学问,中等智力以下的人,就不可以给他讲授高深的学问了。

古罗马皇帝马可·奥勒留同样告诫人们:"不要同无知的人作无谓的交谈。"

无论是社会学家还是人类学家,甚至我们自己也会认为,人类之中,90%的人是平庸的,优秀者的比例不会超过10%。然而,有人在一个大众化的单位进行的自我评价测试结果是:90%的人认为自己属于优秀一类,只有不超过10%的人认为自己平常或者一般。

印度南部的马哈尔丛林里生长着很多猴子,据说这里的猴子是世界上最聪明的,它们不仅有表演天才,而且非常善解人意。世界上许多马戏团和公园都指定要这里的猴子。

然而从前要得到这里的猴子非常不容易,因为它们非常难以捕捉。你挖陷阱,它们会肢体联在一起把陷阱里的猴子救上来;你布罗网,它们总能找到罗网的出口。有一年,美国《国家地理》杂志的一位记者带着麻醉枪和摄影包走进马哈尔丛林,结果他的枪被猴子挂在了50多米高的树梢,摄影包被送到了悬崖边的一棵小树上,他自己则被猴子引进了4米深

可怜「下愚」

的陷阱。要不是猴子们每天用橡树果子砸他的光头玩耍，可能等不到人来营救他就饿死了。

不过，近10年来，马哈尔丛林的猴子在迅速减少，因为人们从一个原始部落那里学到了一种猎取猴子的技巧。这种技巧简便易行，百试不爽。

马哈尔丛林的深处居住着一个原始部落，这个部落人人牵着一群猴子，这些猴子几乎包揽了所有的体力劳动，诸如上树摘果子、种地拉木犁、烧火拣木头等等。在原始部落的周围，有许多装有核桃的木箱，箱子上面都凿有一个核桃般大小的洞，这就是他们的捕猴工具——只要猴子把前爪伸进洞里偷核桃，保证被人捉个十拿九稳。因为这些猴子抓到核桃后，就再不愿意放开，并且愈是有人走近愈是抓得紧，而只要它们抓住核桃，爪子就无法从洞里抽出，于是只能束手就擒，让人在脖子上拴上绳子成为苦工。

猴子的愚蠢常被人们嘲笑，但是，那些上帝也救不了的一心一意要讨饭吃的乞丐们，那些只会捡拾天上掉下来的"馅饼"最后腰也直不起来的心存侥幸者们，不正如看见利益绝不撒手的马哈尔丛林伶俐的猴类吗？

在适当的时候抓住机会很重要，在必要的时候懂得放弃更重要！生命之舟载不动太多的物欲和虚荣，要想使这叶小舟成功抵达彼岸，不至于中途搁浅或者沉没，我们就必须放下一些东西。

培根揭示说："生活中有许多人徒然具有一副聪明的外貌，却并没有聪明的实质。"的确，这些人总是会犯同样的错误，一生都找不到真正属于自己的目标，却又总是显摆自己的"成功"。所以培根提醒人们："绝不应该把一颗珍珠赠给伊索那只公鸡——因为它本来只配得到一颗麦粒！"英国也有一句同样尖刻的谚语："驴总是驴，用黄金装饰也是驴！"

这样的人，就是孔子所说的"下愚"。

把范围放大一点说，人类中那些喜好卖弄聪明的人，不懂自省的人，找不到合适位置的人，可以说都是"下愚"。

"愚"者，傻、笨、一根筋者也；"下愚"者，貌似聪明，实则执迷不悟者也。

这个"愚"字，在我们的先贤智者那里，倒是常常用在自己的身上。比如老子就说："我愚人之心也哉！"为什么呢？他告诉我们：人们所畏惧的，我也不能不畏惧。这风气自古如此，荒远广大呵若无尽头！众人兴高采烈，像是享受盛大的宴席，又像是春日里登临高台。我独自淡泊宁静，无动于衷，混混沌沌啊，众人看我就像婴儿还不会笑咳。闲散疲惫呵，众人看我如浪子无处可归。人们都有财货,独我一人好像失落。我真是愚笨之心吗?世人都昭昭自炫,独我昏昧迷糊,世人都计较苛刻,独我不语憨厚。我沉默如大海,漂泊无止境。众人都在作为,独我顽劣鄙陋。我的的确确与众人不同,我只愿如守候母亲一般坚守大道。

原来,老子所描述的情形,乃是修道者的大智若愚!

"大智若愚"在《词源》里的解释是这样的:才智很高而不露锋芒,表面上看好像愚笨。

有一则幽默故事很有意思——两个人争论一道算术题,一个说4乘7等于28,另一个说4乘7等于27,两人争得不可开交,扭打到公堂,请县官大人裁定。结果县官大人责打了坚持4乘7等于28的人的屁股,而判定4乘7等于27的那位无罪。

这真是"糊涂官乱判糊涂案"!坚持真理的人要挨板子,坚持谬误的人倒不予追究!可是仔细想来,这位县太爷的"糊涂"之中倒很有几分智慧——与一个硬说4乘7等于27的人争得死去活来还不该打吗?难道因为正确就一定要如此浪费时间消耗生命吗?这是一种非常东方的关于"不争"的智慧。

这位挨打的争论者显然不属于"大智"之类,所以他也无法"若愚",倒是很有些"下愚"的意味。

我们总是强调一个人要聪明,要敏感,要对周围的事情随机应变,如果很迟钝的话,就是个傻瓜。事实上,很多时候,我们的敏感恰恰伤害了我们。

大智若愚者,在生活中低调做人,不夸耀也不抱怨,做人的原则是厚积薄发宁静致远,人生的态度是包容开放海纳百川。他们善于守拙,善于放下,善于自保,善于回应,善得人心,也善于成功。

大智若愚者拥有一种钝感力。钝感,是相对于敏感而言,"钝"就是"迟钝"的"钝","感"就是"感受"的"感","力"就是"力量"的"力"。具有钝感力的人,往往对周围的事物感觉比较迟钝,尤其是对负面的事物感觉迟钝,于是反而就有了一种天然的过滤和屏蔽能力。

世人皆有好奇之心,然而有些事情真的还是不知道为好,有的人正是因为"消息灵通"才败走麦城甚至丢掉了性命。所以有人这样形象地比喻:碗里的水多了,米就少了;眼里的草多了,花就少了;心灵里的腥气多了,芬芳就少了;耳朵里的噪音多了,仙乐就少了;一些知道占得多了,另一些珍贵的知道就没地方落脚了!

大智若愚的人明白"水至清则无鱼,人至察则无友",并且"察见渊鱼者不祥",所以不愿泄露天机,远离了聪明的陷阱。他们外表糊涂,内心不糊涂。这种糊涂,只是装糊涂,并不是真糊涂。小事愚,大事明,由聪明而转糊涂,由糊涂而转聪明,不造作不扭捏,自然而然,所以能够逢凶化吉。

大智若愚的人知道盛名之下难免惹人眼红,很可能有人还会借故找你的麻烦。所以他们在自己得到好处的时候,总要分出一部分名利给那些暂时处于弱势中的人们。孔子的弟子颜回的"若愚",就深得其师喜爱。他表面上唯唯诺诺,迷迷糊糊,其实是在用心领会,而且举一反三触类旁通。

大智若愚的人懂得——着急的事,慢慢地说;大事要事,想清楚说;小事琐事,不随便说;做不到的事,不能够说;别人的事,谨慎地说;自己的事,坦诚地说;该做的事,做好再说;开心的事,看场合说;伤心的事,不要见人就说;讨厌的事,对事不对人地说;没有的事,不要胡说;伤人的事,坚决不说!

因为当智则智,当愚则愚,大智若愚的人总是"吃得下饭,睡得着觉,笑得出来"。

人不是神,谁也不能完全驾驭这个世界。所以,我们需要"糊涂"这种潜藏的人类智慧,需要守拙这样的生活方式。

在亚马逊河 40 米深的主流河床水域里,大概生活着 19 种鱼。耐人寻味的是每一种鱼只是生活在自己的层次里。如果把这 40 米深的水域冷冻成大冰块,再用刀子切开,人们会发现,每种鱼的生活空间,只是在上下两三米的水域内,而且每个层次中差不多也只生活着一种鱼。除非遭遇不测和突变,鱼们的生活空间不会随意改变。我们通常认为"海阔凭鱼跃",鱼在水中自由自在,根本没有界线。但事实上一点儿都不是,鱼们给自己规定了层次,而且层次分明。

没有思想的鱼,尚且知道守在属于自己的层次里是一种快活;有思想的人,为什么很多时候找不准自己生命中合适的位置呢?

职场中有一个重要的法则——"微弱优势法则"。看看那些成就大业者,熟悉他们的人们回忆起来,似乎当时的能力差不了多少,有些方面他们甚至还不及从前的朋友伙伴聪明。但是,他们在关键时刻,综合的优势总是比别人高出一点点,而每次高出那么"一点点",几十年一回首,就是天壤之别了!

作为旁观者,我们总会理性地评价周围与自己利害无关的人与事。我们会说,如果某人礼貌多一点点,或者敬畏多一点点,或者诚信多一点点,或者宽容多一点点,或者益友多一点点,或者感恩多一点点,或者谦逊多一点点,或者吃亏多一点点,或者读书多一点点,或者谨慎多一点点,或者准备多一点点,或者力行多一点点,或者素养高一点点……那么,他的生命肯定就大不一样了!

但是,有几人能够在这些方面真的努力比别人"多一点点"呢?

"下愚"的根子,在于他们满怀的贪嗔痴慢疑,在于他们从来不觉察、不自省,在于他们的妄想、分别、执著之心始终不移!

改变不了自己"下愚"的德行,也就无法改变自己失败的命运!

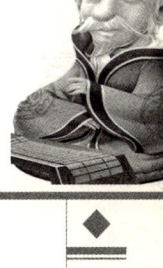

可怜「下愚」

9. 关于生命

子曰:朝闻道,夕死可矣。

子曰:君子有三畏:畏天命,畏大人,畏圣人之言。小人不知天命而不畏也,狎大人,侮圣人之言。

子曰:邦有道则知;邦无道则愚。

子在川上曰:逝者如斯夫!不舍昼夜。

子曰:贤者辟世,其次辟地,其次辟色,其次辟言。

子之所慎:齐,战,疾。

子不语:怪,力,乱,神。

子罕言利,与命,与仁。

子曰:道之将行也与?命也;道之将废也与?命也!

子曰:隐居放言,身中清,废中权。我则异于是,无可无不可。

论浮躁

浮躁是病。自古有之,于今为烈。

浮躁的人,生活在肤浅的精神状态,如水上漂浮的残枝败叶,风吹向哪里,他就漂往哪里。心中躁动不停,时而惊喜,时而悲戚;时而无聊,时而放纵;时而奋起,时而怯懦。轻者伤害身心,重者危及性命。放任自流者,暴躁狂躁,追求财富,恨不能生出千手挖尽金银宝藏;追求口福,恨不能满身盆口狂吞天下佳肴;追求美色,恨不能天地萎缩只剩狭小牢笼;追求权力,恨不能贤者皆去独自尊大。

"浅"、"急"、"躁",是浮躁者的三个主要特征。

人类的精神家园正在走向荒芜。物质世界的成就,使得今天的人类更加自以为大并且欲壑难填。经济发展在加速,生活节奏在加快,人们比任何时期都更加性急,性急加上不断膨胀的自我和欲望,人便不能不浮躁了。

孔子说:"性相近也,习相远也。"也就是说,人的个性虽然千差万别,但本性却是相近的,由于习染不同,人生的结果将大不一样。那么,心态浮躁的人,命运又将如何呢?

浮躁的人生没有自信。

强者不会与弱者比强,智者不会与白痴斗智。自信的人厚重沉着,宽容大度,功成不居甚至功成身退,他们懂得水到渠成,不争也有;非分之想,争也白争。为了利益和脸面争来争去,结果往往利益和脸面俱失。其实人与人之间的争论争斗,以天眼佛眼道眼观之,犹如在蜗牛角上摆开战场,哪怕殊死拼搏决出雌雄,那地盘也不过针尖大小。孔子所言"君子坦荡荡,小人长戚戚",正是自信与自卑的生动写照。如果说争斗的理由是安全感的缺乏,那么争斗的结果更会加重自身的危机。

浮躁的人生没有和谐。

和谐是美，人人都希望自己的生命风景如画。孔子赞叹中道，因为人生碰到的最多问题就是把事情做到何种程度。慢了，错失良机，快了，欲速不达；轻了，力度不够，重了，过犹不及。进取是一种积极精神，放弃也是一种生存智慧，有时候，放弃还是一种美。浮躁的人不知"度"为何物，鄙弃不偏不倚、可进可退的"守中"哲学，遇事不愿妥协，交绝必出恶声，当然会屡屡失掉灵活变通的机会。他们自己身心不和谐，与他人、与社会、与自然的关系也不会和谐。

浮躁的人生没有尊严。

高等一点的动物都有尊严，何况以地球主宰者自居的人类。所以孔子有言："邦有道，则仕；邦无道，则可卷而怀之。"人格健全的人懂得"知足不辱"，自知自爱，获取理当所得，珍惜已经所得，不受嗟来之食，更不会像狗一样拼抢骨头；浮躁的人却从来是"宠辱若惊，贵大患若身"，而"宠"与"辱"对于人的尊严的挫败和损害，并无两样。人格病态的人通常都会以牙还牙，以怨报怨，结果一生陷于攀龙附凤、苛责恼怒的恶性循环难以自拔。殊不知，趋炎附势带来的祸患，往往来得凄惨而迅速，淡泊宁静的生活虽无显要富贵，但却真实而隽永。

浮躁的人生没有自由。

对自由的追求，人类孜孜不倦，然而真正的自由只属于那些摆脱名利束缚的智者。浮躁的人总是生命不息，敛财不止，在物欲的牢笼中苦苦挣扎，又在挣扎中继续修造牢笼，他们的人生如一团乱麻，剪不断，理还乱，结果与自由的理想南辕北辙。烦恼紧张枷锁束缚之下，哪里还有身心的自由！孔子要求人们"克己复礼"，其实并非限制了人的自由，他希望的是天下人都能"从心所欲不逾矩"，从必然王国走向自由王国。

浮躁的人生没有真爱。

真爱是付出、奉献而不是索取、占有。人的内心世界好比多姿多彩的大自然，充满爱意，则如星光灿烂，彩云缭绕；充满嗔恨，则如满天阴霾，惊雷阵阵。对于浮躁的人来说，爱就是控制，就是占有，他们的眼中从来都是自己的长处和别人的短板，所以怨天尤人，斤斤计较，拒绝自省。亚里士多德告诉我们，世上的一切宝贵之物，都是要走完生长的全过程慢慢成熟。浮躁的人急于吞食，吃到的往往是半生不熟的果实；当然，他们也可能因为温度过高将钢材炼成一堆废物。

浮躁的人生没有胜算。

浮躁的人，哪怕富有宝贵的激情和才华，也是一躁遮百优。中国有句老话："服人者，以德服为上，才服为中，力服为下。"浮躁的人不懂得"静胜躁，寒胜热"，并且反其道而行之，总是以高调的声响、扭曲的表情怒气冲冲地解决问题，然而"轻则失根，躁则失君"，以躁求胜，只能将自己的弱点暴露无遗。丢掉了生命的根与本，不仅事业难以成功，生命更难成功。喜欢争锋者大多早亡，历史上的暴君基本短命。所以老子总结："强梁者不得其死！"

浮躁的人生没有智慧。

智慧一词，"智"由"知"和"日"字组成，其含义是知晓太阳或发光的天体；"慧"由"彗"和"心"字组成，其含义是心领彗星的启示。宇宙天地之间，自有一种超越时空、无形无声而又无处不在的运行规律和法则，生命的智慧与宇宙自然紧密相关。浮躁的人以自我为中心，哪有工夫抬头看天心中问天，所以只能误将聪明当做智慧。为什么有人足不出户可以俯瞰天下，有人走遍四海依然鼠目寸光？差别之所在，就是智慧。

论浮躁

浮躁的人生没有快乐。

真正的快乐从生命的本性流淌而出，它是有着人生信仰、懂得知足的人自在自性的生命状态。孔子和他的弟子们由衷赞叹放飞心灵的美好生活："暮春者，春服既成，冠者五六人，童子六七人，浴乎沂，风乎舞雩，咏而归"；俄国诗人涅克拉索夫在其长诗《在俄罗斯，谁能幸福和快乐》中，找遍全国，最终找到的快乐人物竟是枕锄瞌睡的农夫。浮躁的人视人生如酒，渴求的就是"醉"与"烈"，从不懂得寻一个静处细细品尝人生的清茶。他们将享乐当快乐，而享乐只能依赖外部之物的不断刺激，它的背后总是病态的欲望，甚至有些享乐本身就是堕落与罪恶！

物质文明和精神文明的不同步，只能造就浮躁的社会。人之浮躁，病根其实昭然若揭："我"字太大，物欲太强，缺失了生命中的那团"和气"。

"我"字为什么要放得那么大呢？我们无非宇宙中的一粒尘埃，再大大不过天地，再灵灵不过自然，况且"无我"、"无常"才是至理。做人难，不仅难在认清别人和世界，更难在清醒地认识自己。再有能耐的人，离了他地球照样旋转，正所谓"尔曹身与名俱灭，不废江河万古流"。列夫·托尔斯泰也这样告诫我们："一个人就好像是一个分数，他的实际才能好比分子，而他对自己的估价好比分母，分母越大，则分数值越小。"

欲望为什么要那么强呢？仅有物欲，人与普通动物何异？正常的七情六欲自然而然，"太苦则无以适情怡情"，"太枯则无以济人利物"，但丰衣足食、追求名利当取之有道。鹤之巢穴再宽,也只能占据林中一枝,人的胃口再大,也不可能享尽天下美物。人生不过百年,出生时双拳紧攥,离世时撒手归天。况且,"五色令人目盲,五音令人耳聋,五味令人口爽,驰骋田猎令人心发狂,难得之货令人行妨"。

我们为什么不能知雄守雌呢?"一阴一阳之谓道",我们既需要自强不息,又应当厚德载物。人体如天体,阴阳须平衡,浮躁的人却总是"阳刚"过余,"阴柔"不足。他们不知坚硬的东西与死亡同类,温软的东西与生机同类。

人类的智者已经清醒:地球文明并非宇宙文明的独花果,人类也并非地球世界真正的主宰。祸福相依,我们在得到的同时也一定会失去。人类对大自然的每一次破坏,都遭到了大自然无情地报复。

人类最大的智慧,就是顺应自然;人类幸福的途径,就是行于大道!

然而人类病了,病得迷迷糊糊,以至于找不到回家的路。

生理的病好治,心灵的病难医。而且,大多生理的疾病,正是来源于污染的心灵。但是我们并非无药可救,2500年前的老子,早就给人类开出了一剂医治心灵疾病的良药,那就是他的"三宝":"慈"、"俭"、"不敢为天下先"。因为"慈,故能勇;俭,故能广;不敢为天下先,故能成器长"。

"慈"即大爱。慈悲为怀,无私则无畏,无欲则刚强。纵观历史,上天要想消灭谁,必先使其暴戾疯狂;上天要想保佑谁,必然赋予他慈柔善良,正所谓:"天将救之,以慈卫之。"慈悲之人心地宽舒,恩怨两忘,因而吉星高照,福至心灵;浮躁之流心胸狭隘,耿耿于怀,因而总是时运不佳,福浅命薄。

"俭"即节制。清静无为自然充裕无匮,积蓄力量则处世悠然有余。佛家主张"随缘",儒家主张"素位",老子强调"不欲盈",告诫人们"去甚、去奢、去泰"。所以洪应明提醒世人:"爽口之味,皆烂肠腐骨之药,只五分便无殃;快心之事,悉败身丧德之媒,只五分便无悔。"

"不敢为天下先"即谦下。谦虚谨慎,先人后己,不敢自以为是去做天下人的表率和领袖,置之度外反而得以保存,置身于后反而受到拥戴。与别人抢道的人总是觉得道路太窄,倘能让人先走一步,道路自然宽敞。江海正因为谦虚低处,才为万流指引了奔涌的方向,并成为无人能争的百谷之王。

我们总是为自己的心机巧智一点之得而沾沾自喜,在自以为是中自掘坟墓。所以老子预言:"失去慈柔只剩勇敢,失去俭朴只求扩增,失去谦下只顾抢先,离死亡不远了啊!"

几千年来,佛家都以大悲之水引导世人放下妄想、分别和执著,从而离苦得乐。然而,经声佛号,唤不回世上名利客;晨钟暮鼓,惊不醒人间梦里人!

"破山中贼易,破心中贼难",这个道理千真万确。但就是再难,要断病根,欲得幸福,心中之"贼"也不能不破。

破除人类心中之贼的原理与妙法,在中国博大精深的儒道佛的经典智慧中,其实应有尽有。

论浮躁

本性与德性

在我国云南省等地,曾经出现了一种毒草——"紫茎泽兰",又被称为"飞机草",它从南美洲传过来,蔓延得非常快,所到之处,其他植物无法生长,牲畜吃了就会死亡,于是当地的农民认为它"不善"。但在南美,这种草却不会蔓延成灾,因为当地有其相生相克的植物,所以南美人没有认为它"不善"。

那么,老鹰、老虎、狮子、豺狼等等,它们是善还是恶呢?

在郭雪波的小说《苍鹰》中,当伊琳看到那三只小鹰要啄死母鹰时,大为悲愤,不愿接受那种残忍的自然法则,企图干预,而熟谙生态法则的老郑头却阻止她:"不要破坏它们的法则,我们没有权力这样做。老猎鹰自己也不同意你这么做的。"在小说《沙葬》中,云灯喇嘛开始驯养小狼时,曾让它吃素以培养佛性,但最后把它放回荒野时,却嘱咐它道:"去吧,按你们老祖宗的道道儿去过吧。往后吃啥喝啥也随便好啦,甭再守着老喇嘛的戒律了……"的确,狼被驯化成吃素对佛教徒而言也许是胜利,而对回到荒野的狼来说则很可能是灾难,对草原生态系统而言更是灾难。因此,云灯喇嘛的嘱咐实在是对生态规律的尊重。

欺凌弱小并吞噬它们,似乎是"恶",增强生命世界的活力,维护我们这颗蓝色星球的生态平衡,似乎又算是"善"。

其实,善与恶只是我们人类的一己之见。当某种生命的出现威胁到了其他生命的存在时,我们就会认为那是"性本恶";反过来,小猫小狗等等宠物因为没有什么威胁,并且还显得可爱,我们就会认为那是"性本善"。

关于人性的善与恶,从古到今争论不休。

人性善论是儒学治国理论的基础。孟子认为人性是善的,《三字经》

的第一句也是"人之初,性本善"。西方哲学家苏格拉底、柏拉图、亚里士多德、费尔巴哈、马斯洛等都认为人性本善。

荀子认为人性是好利多欲的,性中并无礼义道德,否认人性中有先天的善,也就是认为人性主恶。西方许多哲学家都倾向于人有"原罪",奥古斯丁、霍布斯等人也认为人在胚胎之中就有罪恶。

董仲舒则认为人性有善有恶,他认为善出于性,但性中有情,情是恶的;在近代,大多数中国的哲学家们同样认为人性有善有恶。西方哲学家毕达哥拉斯、培根等也认为人有灵魂,而灵魂可善可恶。

这么多高智商的人为什么对于人性的善与恶分歧如此之大?在我看来,问题的关键是两个:其一,没有分清"本性"和"德性"的概念;其二,没有领悟本真本原的"道德"概念。这两个关键的问题不厘清,众说纷纭、众盲摸象、各执一端的现象还将一直继续下去。

实际上,关于这两个问题,身为百家之祖的老子早已在其五千言的《道德经》中,为我们阐释得清清楚楚。可惜的是,许多的后来者偏偏绕开了人类思想的高峰,既没读懂又要发言,于是使得自己也使得更多的人千百年来一头雾水。

人的本性是自然而然的,其实没有什么绝对的善与恶。战国时期的哲学家告子说:"生之谓性","食、色,性也";又说"性无善,无不善也","性犹湍水也,决诸东方则东流,决诸西方则西流,人性之无分于善不善也,水之无分于东西也"。

人的"德性"则是后天形成的。一个刚出生的婴儿,生存是其唯一的本能。但随着成长,他开始了自己社会性和历史性的人格塑造。社会性是一个生存空间上的概念,包括家庭、学校、生存环境等社会氛围;历史性是一个生存时间上的概念,是社会氛围的时间积累。社会性与历史性,构成了人格塑造的空间。所以尽管人的心智模式是先天的,没有高下与好坏之分,却有健康与病态之别。

如果我们只是习惯于从自己的角度去认识、分析和判断问题,就难以理解世界的本体、自然的本原、存在的本质,难以理解宇宙天地不可言传的自然规律和法则,难以理解老子所论述的最为本原的道与德。

厘清了"本性"和"德性"的概念,厘清了"道德"的概念,我们就明白人也是一种自然的存在,人性中包含了本性和德性、动物性和社会性。

人与其他动物显著的不同是懂得主动去寻求生命的意义,所以老子说"道大、天大、地大、人亦大。"孟子提出的性善论,其实有着十分积极的意义。人这个物类的产生,一定有着与普通生物不同的奥秘,人性之中确有"善端",或许也更有宇宙之灵。就是说,人类懂得"修道",懂得"明明德",懂得"赞天地之化育"。

任何的动物都不会像人类这样,善与恶在生命的过程之中表现得如此突出,差异如此之大。所有的动物,其本性在生命中似乎一以贯之,虎性、狼性、羊性、猴性等等,人类认识起来并不是那么困难。然而人类这种动物,虎性、狼性、羊性、猴性等等似乎不同程度地兼而有之。一些人与天地宇宙相通相融,生命的境界高不可及;一些人深陷世俗,为物所累,生存状态与普通动物差不了多少;一些人纯朴善良,如天使一般;一些人恶贯满盈,比魔鬼还让人恐惧……难怪孔子都说人心比山川还要险恶,预测人心比预测天象还要困难。

在一个物欲横流的社会,人性之恶总会表现得更加明显。英国哲学家霍布斯有句名言:"人对人是狼。"揭示的就是人性之恶。维克多·雨果则说:"人有两只耳朵,一只耳朵听到上帝的声音,一只耳朵听到魔鬼的声音。"罗丹有一幅雕塑,描绘的是一个人从动物中正在挣脱出来的情景,这正是对人的非常生动的写照。我想可以这样理解:人的一半是动物性的,另一半是神性的。动物性的力量把我们往下扯,神性的力量把我们往上拉,人的一生,就在这种痛苦的撕扯中挣扎。

科学研究显示,在成长的过程中,一个孩子3岁之前的生长发育会影响其一生的状态。

人在出生之时,脑重量只有370克;到了第1年年末,脑重就已接近成人脑重的60%;第2年年末时,脑重量约占成人脑重的75%;到3岁时,其脑重已进入成人脑重的范围,以后的发育速度就变慢了。

为证实3岁之前的大脑发育在一个人一生中究竟起到多大的作用,美国科学家利用"正电子发射计算体层摄影"技术,对幼儿大脑的发育进行扫描观察,发现孩子在出生之后,由于视、听、触觉接受大量的信号刺激,脑神经细胞之间建立联系的速度远远超出了人们的想象。研究还表明,3岁以后,大脑的复杂性和丰富性已经基本定型,虽然这并不意味着大脑的发育过程已经完全停止,但就如同计算机一样,硬盘已经格式化完毕,只是等待编程了。

卡斯比教授指出,一个人对3岁之前所经历的事情会像海绵一样吸收。这意味着孩子德性、性格形成以及能力培养的关键期就在3岁之前。这个阶段的孩子,跟随什么样的人,接受什么样的教育,就将形成相应的德性和性格。

很显然:背道而驰,人性就结成恶果;遵道而为,人性就结成善果。

本性与德性

生命是一条毯子

在印度，一些以"苦行"为修行手段的僧人，被人们称作苦行僧，也称作禁欲者。

"苦行"一词，梵文原意为"热"，因为印度气候炎热，宗教徒便把受热作为苦行的主要手段。现在一般以苦行僧喻指那些为实践某种信仰而自我节制、自我磨炼、拒绝物质和肉体的引诱并且忍受恶劣环境压迫的人。

以"苦行"为修行手段，在印度已有数千年的历史。苦行僧们视自己的身体为罪孽的载体和臭皮囊，所以认为必须长时期劳其筋骨，饿其体肤，空乏其身，冥想修行，方能获得精神的自由，摆脱无尽的轮回之苦。

苦行僧中多数是穷人，但也有中产阶级、百万富翁甚至达官显贵。他们在进入苦行期后，一朝顿悟，便散尽家财，远离父母妻儿，背着简单的行囊向深山进发，找到自己心仪的精神领袖，拜在他的门下。

印度的苦行僧约有400至500万人，占全国人口的0.5%，其中女性占10%。他们一般居住在远离尘嚣的喜马拉雅山上，或寄居在某个庙里，吃斋念佛，修炼瑜伽。

初入门道的苦行僧必须举行加入某一派的仪式，表示"过去种种譬如昨日死，未来种种譬如今日生"。他们要像出家人一样剃度削发，并且此后的年龄计算从削发后的新生开始。按照行规，苦行僧必须做到"三不"，即不性交、不撒谎、不杀生。

虽然一般来说人到中年结束修行期进入苦行期才会去当苦行僧，但也有些人从少年起就愿意过上这种流浪的苦行生活。苦行僧的年龄限制很宽，大概从6岁到65岁都可加入。

据说，修行者通过修炼瑜伽能把体内的潜能调动和激发出来。有的修行者能双手同时击打两面鼓，且两手击打节奏不同，如果没有高度的注意力,那是肯定做不到的。至于在刀尖上行走,在荆棘上睡觉,在火堆上赛跑,也都是瑜伽大师们的绝活。

苦行僧被许多人看成是来凡尘普度众生的"神的使者"。印度有一位名叫阿马尔·可杰的苦行僧为了修行,自1973年开始,把自己的右臂举在空中不肯放下,长达38年。现在,他的这只手臂已经定型在右肩上,动弹不得,他也因此成为印度人心中湿婆(印度教三大神之一)的象征。

抛开如此"苦行"是否能够摆脱无尽的轮回之苦这个话题不议,总之自古以来,人类中自觉主动"苦行"的从来不乏其人,因为他们坚信苦难对于生命的意义,坚信痛苦是人生体验中的一部分,所谓今生,就是一个为了提升灵魂而得到的修炼期限和修炼道场。

有人问佛:世间为何有那么多的遗憾?佛说:这是一个婆娑世界,婆娑即遗憾;没有遗憾,给你再多幸福也不会体会快乐。佛还说:命由己造,相由心生,世间万物皆是化相。心不动,万物皆不动;心不变,万物皆不变。

尼采则说:"生命是一条毯子,苦难之线和幸福之线在上面紧密交织,抽出其中一根,就会破坏了整条毯子,整个生命。"

叔本华的人生哲学一向被认为是比较悲观的,但在他看来,不幸又是积极的。他说,每个人在任何时候存在一定的焦虑、痛苦、烦恼是必要的——如果航船没有压舱物,就不能保持平稳,也不能正常行驶。正是工作、忧虑、劳动和烦恼,构成了一个人漫长的一生。如果人的全部愿望在刚出现时就得到满足,人们就无法填补他们的生活。他们生在世间就不会有什么作为。倘若世界是一个豪奢而安逸的伊甸园,一块流溢乳蜜的田野,每个少男毫不费力就能在那里得到他心爱的少女,人们就会因厌倦而死,或自缢而亡。

无论我们主观上是否乐意,客观上人生经历苦难无可避免。只要来到这个世上,没有任何一个人逃得了生、老、病、死。从前的国王、皇帝,似乎可以无法无天为所欲为,看上去非常风光,然而他们却总是战战兢兢,时时如临大敌,担心政变,担心边患,担心自己的性命不保,于是成为世界上最孤独的人,所以叫"孤家寡人"。发了财的那些富豪,则总是担心政策多变,担心被人绑架敲诈,担心富不过三代。至于平民百姓,那就都知道"家家有本难念的经"了。

老子说:"祸兮福之所倚,福兮祸之所伏"。"福"就是走运,"祸"就是倒霉。走运有大小之别,倒霉也有大小之分,而这两者往往是相通的。

然而,人性又是趋乐避苦的。比如,现代社会越来越多的孕妇生产时会选择剖宫产。调查显示,我国孕妇剖宫产达到6成以上,远高于世界卫生组织规定的15%的标准。很多人都认为,与千辛万苦自己生产相比,剖宫产只经历一个小小的刀口,既快捷又轻松。

剖宫产率逐年增加的原因有种种,其中产妇的要求通常是最直接的原因。她们的常见心理无非是:怕分娩受苦"遭罪";怕小儿低智;怕有损于健美;怕影响自己以后的性爱。

然而,剖宫产给产妇自己以及孩子带来的身心损害,可能伴随一生。

英国牛津大学的研究显示,剖宫产将大幅提升妇女需要进行子宫切除手术的几率。再有,分娩的过程尽管相对于孩子一生来说极为短暂,但这一过程将影响一个人未来的性格、脾气和气质。剖宫产的婴儿,由于没有经受分娩时子宫阵阵收缩的磨砺,长大后往往性情急躁,缺乏耐心,抗压能力减弱。

人的生命的价值,不可局限、停留在刺激——反应这样简单的生命趋避行为方面。痛苦和灾难,我们当主动视为人生经历中不可缺少的调味剂。

孔子一生苦难无数,但他"发愤忘食,乐以忘忧,不知老之将至"。他还曾经表示:"饭疏食,饮水,曲肱而枕之,乐亦在其中矣。"也就是说吃粗粮,喝白水,弯起胳膊当枕头,快乐也就在这中间了。

生、老、病、死虽是难免,但人生的烦恼和痛苦如若太多,那就是自己的物欲在作祟了。超越不了得失、是非、安危、生死,哪能进入禅宗描述的那种"赤裸裸,净洒洒,无牵挂"的旷达境界呢?

陶渊明和苏轼历经官场的黑暗和世态的炎凉,但诗文中都表现出旷达的人生态度。大文学家欧阳修一生数次被贬,但从来保持着"仍歌杨柳春风"的乐观精神和态度,晚年自号"六一居士",别人不解其意,他说:"我家有藏书一万卷,集录三代以来金石遗文一千卷,有琴一张,有棋一局,还常置有酒一壶。"又问:"这才五个一,还有呢?"欧阳修风趣回答:"还有我,一个老头子杂在这五个一中,不就'六一'了吗?"

道理是直的,路却永远是弯的。真实的人生皆有遗憾,至少是不完满。所以曾国藩求缺而不求圆求满,他的书斋的雅名就是"求阙(缺)斋"。

朱光潜先生说:"这个世界之所以美满,就在有缺陷,就在有希望的机会,有想象的田地。"今天也有人总结:"最完美的产品在广告里,最完美的人在悼词里,最完美的爱情在小说里。"

生而为人,要么在患得患失、担惊受怕中颓败,要么在自然顺变中开怀,结局没有惊喜,只是形式的区别而已。那些坦然面对人生中的一切不幸,将自己在时间的长河中慢慢变老视为最浪漫的事的人,可算是深刻地理解了人生。

"苦难七十二变,笑对八十一难。"六小龄童把他多年来对《西游记》的体验凝聚成一句话,与青年学生共勉。

培根则说:"人的美德犹如名贵的檀木,只有在烈火的焚烧中才会散发出最浓郁的芳香。正如恶劣的品质会在幸福而无节制中被显露一样,最美好的品质也正是在逆境中而被放出光辉的。"

的确,不是每一颗灵魂都配得起那些苦难,只有伟大的灵魂,才会被那些苦难的沙子磨砺成耀眼的珍珠!

◆ 生命是一条毯子

担当还是超然

在中国历史上,被诛灭九族的事情常见,但被诛灭十族的人却似乎只有一个,他就是方孝孺。

方孝孺,明初浙江宁海人,一代名儒宋濂的得意门生。他博学强记,通晓经史,文章盖世。洪武二十五年被蜀献王特聘为世子之师,并为其读书处题额"正学",时人遂尊称其为"方正学"。明建文帝即位后,将方孝孺招至南京,委以翰林侍讲学士之职。建文帝年纪尚轻,缺乏治国的本领,方孝孺为其师,受到百般信赖和倚重,他对建文帝则是赤胆忠心,全力扶持。

朱棣在攻下南京后,得大明皇位,迫令方孝孺为他起草即位诏书。方孝孺反对朱棣篡权,宁死不从,掷笔于地说:"死即死耳,诏书不草!"燕王大声说:"诏不草,灭汝九族!"方孝孺针锋相对:"莫说九族,十族何妨!"朱棣又反复劝说方孝孺:"不要自找苦吃,我欲效法周公辅佐成王。"方孝孺依然不屈,从地上拾起笔来,大书四字:"燕贼篡位"。朱棣大怒,命人拿刀来,从方孝孺的嘴角直割到耳旁,然后投入监狱。因为方孝孺仍不屈服,朱棣于是下令将其在午门内凌迟处死,方孝孺的九族,加上他的朋友、门生共十族873人,亦全部处死,行刑时间长达7日之久!

几百年来,后人对方孝孺的评价极高。明代著名戏剧家汤显祖称其"天地正气";黄宗羲赞他为"明诸儒之首";胡适说他是"为殉道之了不起的人物";郭沫若则说他"骨鲠千秋"。纵观方孝孺一生,可敬之处的确甚多,然而,我们在赞叹其美名之余,也感觉到他的迂腐和固执。明朝的皇帝由朱元璋的孙子还是儿子来当,这里面有什么颠扑不破的真理吗?何况这并不是改朝换代,更不是外族入侵,明朝还是朱家的天下。朱棣说得坦率:"此本朕家事。"就是说你姓方的管不着!

方孝孺似乎正应了孔子的两句话："三军可夺帅也，匹夫不可夺志也"；"志士仁人，无求生以害仁，有杀身以成仁"。

但是，倘若孔子有知，他对方孝孺如此的杀身成仁将会如何评价呢？

我们还是先来看看孔子对管仲的评价。

孔子提出了"事君以忠"，却反对愚忠。公子纠被杀了，召忽自杀以殉其主，而管仲却不仅没有自杀，还归服了其主的政敌，担任了宰相。这样的行为按常理当属对其主不忠，但孔子却认为，管仲的仁德在于他没有凭借武力，就多次帮助齐桓公成功召开各诸侯国的盟会，"尊王攘夷"，阻止了齐鲁之地被"夷化"的可能。像管仲这样的人，实在不必像匹夫匹妇那样，斤斤计较于小节小信，自尽于小山沟而谁也不知道。

中国传统文化中的儒、释、道，在世界观、生命观和价值观方面，既存在差异，又互融互补，共同构成了中国传统生命哲学的主要内容。简单地说，儒家主要体现出担当的精神，道家主要体现出超然的情怀，而佛家则体现出无我的境界。

儒家主张积极入世，倡导"忧道不忧贫"。但儒家的入世，并不意味着儒家认同现实，依附于政权。儒家的选择在这个世间，但不属于这个世间的权力网络。它要从内部、从教育和道德理念方面来德化世界。如果政治上有合作的机会，儒家当然会非常愿意，所以儒家并不排斥财富和权力，但不会放弃自己的根本原则，不会牺牲基本的价值立场。

孔子的生死观，"仁"为最高原则。生命对于每个人来说都是十分宝贵的，但还有比生命更加宝贵的，那就是人世间更大的担当，那就是大仁！

佛教被称为慈悲的宗教。在其发展进程中，从"自度"到"度人"，以至发愿有一众生得不到超度誓不成佛，贯穿着一种伟大的慈悲精神。慈是给予快乐，悲是除去痛苦。佛家认为有三种"心"是导致人类精神痛苦的主要根源，即贪欲心、嗔怒心和愚痴心，所以要人们"勤修戒定慧，熄灭贪嗔痴"，消除妄想、分别和执著之心。

道家崇尚"自然"。对于生与死过程的思考，道家自始至终都表现出一种"自然而然"的智慧，体现的是"道生德成"的生命本源论。合于道者，则能保持生命、延续生命，而且即便生命机体已经消亡，生命精神也可以超越时空"死而不亡"，所以庄子在其妻死后鼓盆而歌，非世俗中人所能理解。可以说，道家以超然的情怀，避免了人的生命在形式中的死亡。

中国人在人格理想方面，儒家和道家从来不是那么分离的，而是人格理想的两端。用林语堂先生的话来讲，中国每一个人的社会人格理想都是儒家,而每一个人的自然人格理想都是道家。中国人的人生选择中,总是采取儒道互补、进退相宜的基本策略,在处理出世与入世的关系时,表现出精湛的调和持中的艺术,这种艺术,也是一种立身达人的智慧,凝练表达,就是一个尺度的"度"字。

可以说,道家是对儒家的升华和提高,而儒家又是道家在世间的基础和补充。儒家"游方之内",显得比道家入世;道家"游方之外",显得比儒家出世。这两种思想看来相反,实际上却是相辅相成。儒家的入世,不仅受到入世以道的原则限制,而且还有个"穷则独善其身,达则兼济天下"的聪明选择,更强调中庸为最高智慧;道家的出世,则是建立在顺其自然不假人为的基础上,无论是"出"还是"入",皆如老子所言:"豫兮若冬涉川;犹兮若畏四邻;俨兮其若客;涣兮若冰之将释;敦兮其若朴;旷兮其若谷;混兮其若浊",既可"浊以止,静之徐清",又能"安以久,动之徐生"。

对于出世与入世,中国士人历来随着时间和朝代的更迭而有不同的取舍。在汉唐盛世,士人大都想有所作为,所以积极入世;而在魏晋那样的乱世,许多文人为了全身避祸,又采用了隐居避世的方式,"竹林七贤"就是典型的代表。

事实上,出世与入世也不是绝对的。纣王无道,比干直谏而死,微子离开了纣王,箕子被纣王囚禁降为奴隶。他们的行事虽然不同,但都因为正直,获得了孔子的好评:"殷有三仁焉!"而且并没有贬低离开了纣王的微子。孔子说:"邦有道,危言危行;邦无道,危行言孙。"意思就是国家在有道时,说话要正直,行为也要正直;国家无道时,行为仍要正直,但说话则要更加低调和谦下。孔子懂得避祸而不是惹祸上身,所以他说:"贤者辟世,其次辟地,其次辟色,其次辟言。"意思是贤人逃避动荡的社会而隐居,次一点的逃避到另外一个地方去,再次一点的逃避别人难看的脸色,更次一点的也应回避别人难听的话。

宰我问孔子:"对于一个有仁德的人,别人告诉他说'井里掉下去一位仁人啦',他会跟着跳下去吗?"孔子说:"为什么要这样做呢?君子可以到井边去施救,却不可以自己陷入井中;君子可能被欺骗,但不可以被迷惑和捉弄。"在孔子看来,君子必须懂得责任和担当,但应该是智慧的担当。

达摩祖师和他的弟子之间,有这么一个令人深省的故事——

有一天,达摩祖师让两个堪称高僧的弟子——三弟子和小弟子云游四方,普度众生,两人欣然应诺,马上就一起下山了。

两个弟子下山后都做了不少好事,只是两个人在助人时的性格迥然不同。三弟子一直都是默默无闻地帮助着别人,只要别人有需要,他都绝不吝啬,每天助人不断。小弟子就不一样了,他每隔半年就要跑到深山里去。于是,很多人都认为小弟子喜欢偷懒。所以,虽然同样是高僧,人们对三弟子的好评总是远远多于小弟子。

20年过去了,达摩祖师圆寂了。弟子们都在实现他的遗愿——行善助人,普度众生。这时,三弟子的名声更加盖过了小弟子,在所有弟子中最为响亮。

又10年过去了,三弟子的身体越来越差了,别说帮助别人,甚至连自己都需要人照顾了。

此时,众人忽然发现,身边助人的僧人越来越多了,他们不仅年轻,而且都有一个习惯,就是每隔半年就要跑到深山里去。于是,众人就想到了那位早年成名的小弟子,猜测他一直在培养自己的弟子。

不久后,人们发现这种猜测是正确的——许多的年轻僧人都尊称那位小弟子为师父。

原来,达摩祖师的小弟子当年跑到山上,是培养僧人去了,同时也是去休息去快乐了!

真正的高僧,真正的智者,一定懂得休息,懂得享受快乐。一个僧人连自己都休息不好快乐不了,那就是连自己都没有度好。既然连自己都没有度好,又怎么能度他人呢?

2500年前,中国人经历了一个混乱而迷惘的春秋战国时代,同时也经历了一个百家争鸣百花齐放的思想大解放大繁荣的时代。

如果我们对于自己的传统文化仅仅是热爱却不能把握和领悟其精华,那就同样会在自己的头脑中搞出个"春秋战国"和"百家争鸣"来,也就是说很可能更加迷惑不堪。

南怀瑾在讲解佛法时叙述了这样一则故事——有两个禅师是师兄弟,他们一起行脚。从前的出家人肩上都背着铲子,两个和尚也背着方便铲上路。这个便铲,第一个用处是准备随时种植生产,带一块洋芋,有泥巴的地方,把洋芋切成4块埋下去,洋芋长出来后,就可以饱腹了;第二个用处是路上看到死的东西就可以埋掉。这两师兄弟在没有人烟的荒郊野外果然看到一个死人,他们一个口念"阿弥陀佛阿弥陀佛",立即挖土把他埋掉,另一个却扬长而去,看都不看。

有人去问他们的师父:你两个徒弟都是开悟了的,但是两个人的表现却是两样,究竟哪个对呢？师父说:埋他的是慈悲,不埋的是解脱。因为人死了最后都是变泥巴的,摆在上面变泥巴,摆在下面变泥巴,都是一样。

那么我们面对现实,到底应该选择担当还是超然呢？

其实选择的智慧早就存在,那就是"中庸之道",那就是孔子的"无可无不可"！

孔子那个时代以及从前,不断有避世隐逸的人。孔子在一一评价他们之后,最后这样说道:"我与这些人不同,可以这样做,也可以那样做。是进是退无所拘泥。"

孟子有言:"孔子可以仕则仕,可以止则止,可以久则久,可以速则速。"这就是孔子的"无可无不可"。孔子懂得道是动态的,理解和把握也是动态的,所以当因势利导,灵活权变,但是,万变不离大道！

儒道佛三家,都在追求人与自然的和谐统一。一方面,你是你,我是我；另一方面,你中有我,我中有你。

赴死者以殉义,存活者以任重,各为其所！在应该担当的时候,如果我们选择了退却,那就是逃避了人生的责任；在应该超然的时候,如果我们选择了执著,那就是执迷不悟；至于无我的境界,世俗中人就实在难以理解和企及了。

一个人倘若既有担当的精神,又有超然的情怀,更有无我的境界,那么,生命的修炼就真的成功了。

人在做 天在看

美国一所大学的学者傅伟勋在其所著的《从西方哲学到禅佛教》中，记录了一段亲身经历——

在哲学系教书的同事中，有一位叫赛达的年轻教授与傅伟勋十分要好。赛达是毕业于哥伦比亚大学的哲学英才，家庭生活美满，学术研究成果出色。傅伟勋移居费城后，赛达每年暑假必带妻女来访一次，探讨共同关心的伦理学问题。但突然有一天，傅伟勋惊悉赛达清晨吊死在自家门前的树下。原因是赛达数年来在事业上逼迫自己很紧，攻治学问标准很高，结果造成了精神世界的全面崩溃。

学哲学教哲学却不懂生命的哲学，这让无数人惊诧不已。悲剧故事的主人公照理应该比平常人更加睿智，更有力量，应该为他人释疑解惑指引生活道路，但他却令人费解地选择了放弃生命。

国内外自杀的人数近年来持续上升，高校学生自杀的事件也在逐年递增。

近年来多名生命学院的大学生的自杀，让人们更是感到不可思议。他们分别属于不同的大学，自杀的原因，或者因为恋爱失败，或者因为与同学闹矛盾，或者因为考试出了问题。连生命学院的学生都要自杀，这是为什么？学习生命的科学，却没有学到生命的智慧，这又是为什么？

在各种智慧中，生命智慧是离我们最近、最重要但却最不为人所重视的智慧之一。每个人最需要的生命教育，一直被现代教育严重忽视。

人类生命现象的出现，是一个超级的奥秘。我们是谁？我们从哪里来？我们又将到哪里去？现代科学还无法破解。

人的生命现象是宗教、艺术、科学等综合认识的对象，单独依靠哪一种认识，都未免以偏概全，见木不见林，从而无法得到真理。倘若由科学

包揽了对生命现象的认识,并且以所谓科学认识为标准、裁判甚至权威,那么这一定是人类的悲剧。它的直接后果,就是导致人的存在意义的消失!

在中国文化中,从来就有天、地、人"三才"的概念,我们的古圣先贤早就明白人的生命要求有意义,人的生命不可停止在维持存在的水平。

老子说:"域中有四大,而人居其一焉。"人类既然为宇宙中之一"大",既然能够了解自己在自然中的位置,那就必须对自己的所作所为负责,也必须对自然界中其他生命的存亡盛衰负责。这个责任,就是利济众生,泽被万物,参天化育!

但是,并非每一个普通的生命都能体现宇宙整体的意义。不能自觉的人,哪怕他们是所谓哲学家,也往往意识不到当然也不能体现出自己生命存在的整体意义。

心中只有自己而对宇宙自然毫无兴趣的人,其实只是动物般地存在,因为低级的动物即便本身具有存在的价值,也对所谓意义不感兴趣。

虽然中国文化的主体非宗教文化,但是中国人具有自然性的信仰,也相信"离地三尺有神明",也就是相信人在做,天在看。

"神明"的力量,当然只能是精神和灵魂才能真切感受。

精神,通常指人脑对客观物质世界的反映。"精神"一词,从根本上讲属于哲学的范畴,而哲学是研究世界观的。在我们的日常生活中,最多的理解是某种精神,也就是被定义者定义为的某种内涵。

精神,也是一种能力。拿破仑曾说过,一头狮子率领的一群绵羊能打赢一只绵羊率领的一群狮子。因为狮子在绵羊的带领下只能发挥绵羊的精神,而绵羊在狮子的带领下必将发挥狮子的精神,所以说精神就是力量!

精神现象的出现,或许正是生命意义产生的开始。精神是自然界产生的,大自然本身就是有精神的,宇宙本身作为一个最高的生命体,就是有精神的。

精神与灵魂又不能混为一谈。在一些宗教理论中,灵魂即寄生于人体内控制人体的幽体,它在肉体死亡以后脱离人体,前往另一个空间,所以灵魂被视为不朽的精神实体。《马太福音》中说:那杀身体不能杀灵魂的,不要怕他们;唯有能把身体和灵魂都灭在地狱里的,正要怕他。

澳洲的原住民将灵魂分为内部灵魂(Internal soul)和外部灵魂(External soul)。内部灵魂指的是整个身体;外部灵魂则指的是可以离开身体之外的部分。

中国人则将灵魂分作"魂"和"魄"两部分,魂主精神,而魄主身形,并有"三魂七魄"之说。传统上认为,当一个人受到惊吓,可能会使魂魄离开身体,若不好好处理的话,人体就会走向死亡。因此,当有人被吓至昏迷之时,从前在民间会举行一种特别的"招魂"仪式,以使昏迷的人起死回生。

除了魂魄之说以外,中国道教的许多派别都认为,人的灵魂是一种拥有意识的特殊物质,并称之为"元神",又叫做"内丹"。

佛教不说"灵魂"而说"神识",强调"自作自受"和"自性自度",就是说因和果都是自己造成的,出现了恶果也必须由自己去解决。所谓修行,就是修正自己错误的观念和行为。佛家告诉人们应当懂得超越自我,要学会在今生造下新的善因,结下新的善果,这是改变自己命运的唯一方法。

总之,人类的灵魂科学体系在目前远未完善,人类的灵魂物质是我们人类社会潜在的超自然科学现象之谜,有待于继续探索和研究。

从某种意义上讲,科技越发达,宗教也会随着发达。哈佛大学一位教授指出:"宗教将在这个世界上扮演重要的角色。这是三四十年前我们预料不到的。"据统计,94%的哈佛新生讨论宗教问题,71%参与宗教仪式,于是,关于信仰的课程顺理成章地成了学生们的必修。

宗教是人类无法回避也不应回避的话题。宗教的历史作用从某种意义上来说,也许比革命更为深远。关于宗教是人创造的神,还是神对人的启示等等问题,至少就目前来说,想要"论证"出一个公认的结果,似乎任何人都力不从心。

从某种意义上说,宗教就是一种人文的关怀,它可以使人们在高速度的、浮躁的世俗生活中得到心理和精神上的安慰。宗教又是一种文化,它不仅是一种历史的文化,也是一种现实的、活生生的文化。同时人们已经开始认识到,宗教还是一种社会道德体系,它有助于人们精神和心灵的健康成长。

印度有11亿人口,但他们似乎对"更高更快更强"的奥运精神兴趣不大。在北京奥运会上,他们只获得了1枚金牌,一位印度商人解释说:"我们把肉体看做是灵魂通往得救之路的短暂载体,所以我们不在意它。我们不以自己的体格感到骄傲。"

在人类的各个民族,人们的意识当中大多都有神的概念,即便没有形成一种宗教体系的祭拜,也表现出对冥冥之中看不见、摸不着的大自然或者造物主的一种恐惧和朝拜的心理。

在中国,《周易》中"积善之家,必有余庆;积不善之家,必有余殃"的因果观,同样为许多人坚信不疑。

关于我们已知和未知的世界,有人非常形象地比喻:已知的世界就像黑夜中手电筒照亮的空间一样,非常有限;未知的世界是除了手电筒照亮的空间之外的整个世界。所以,对于未知的世界,我们不可根据自己非常有限的知识和经验,轻易作出评判,否则难免流于浅薄。

人的生命本来就是一个奇妙的存在。你可以骗住别人,但永远骗不了自己的灵魂。宗教信徒虔敬的修行、祷告和忏悔,孔门的"吾日三省",可以说都是通过自省反思让灵魂接受洗礼。

孔子虽不语"怪、力、乱、神",但"命"在孔子那里,是一种近乎不可知的必然,是一种不可抗拒的超自然力量。孔子畏天命,"迅雷风烈必变",并且认为"不知命,无以为君子也";"道之将行也与,命也;道之将废也与,命也";"斯人而患斯疾,命矣夫"!

但是孔子"不怨天,不尤人,下学而上达",他不去刻意猜测上天的深意,只是全力以赴完成上天赋予自己的使命,以求无愧于心,无愧于天地。

儒家的"生吾顺事没吾宁也"、"鞠躬尽瘁死而后已"、"赞天地之化育",是一种实现自身价值的人生观、生死观;道家的"天地与我并生,万物与我为一"、"不失其所者久,死而不亡者寿",是一种融生命于自然的人生观、生死观;佛家的一悟到底、悟到无可悟处,则进入了一种无分无别"无我"的生命境界……这些人生观和生死观,相辅相成,互融互补,共同丰富了对中国人乃至全人类都裨益无限的人生哲学和生命智慧。

老子告诉我们:"夫物芸芸,各归其根。归根曰静,是谓复命。复命曰常,知常曰明。"悟透了生命的循环,我们就会将死亡看做生命形式的转变——生如寄,死如归。我们就会不怕死,但绝不找死!

既然来到这个世界,我们就应该完成生命中必需的修炼功课,拥抱生命中全然的平常,承受生命中独特的忧伤,善待生命中所有的过客,品味生命中遭遇的一切。

虽然人人都拥有生命,但不同的人却可以拥有不同的生命品质。我们可以让生命成为一朵鲜花,也可让生命成为一堆牛粪;我们可以让生命成为一畦水洼,也可让生命成为汪洋大海。

我们可能会面临绝境,但更可能柳暗花明。因为一点点挫折就一蹶不振,甚至轻易将生命丢弃,实质上就成为了生命的逃兵。

生命的意义是肯定的。我相信人来到这个世界,一定带着修炼的使命,从小我到大我,从大我到无我,就是修炼的阶梯。所以,生命的意义,或许就在于怎么去死。

不懂生命的智慧,放弃修炼的使命,上天对我们的惩罚,将会更加的严厉。

我们活着的每一刻,都是庄严神圣的,不可不尊重,不可不珍惜,来不得敷衍马虎。

在老子看来,即便真有造物主或者天帝神灵,也来源于自然大道,也必须遵循自然大道!老子的揭示,不仅深刻无比,而且给予了人类无穷的前行的力量。

人在做,天在看。天在看什么呢?在看我们怎样面对和解决身与心的分裂与和谐、个体与整体的分裂与和谐、人类与自然的分裂与和谐等等问题;在看每一个人以及整个人类修习修道的成果。

从人间到上天,法眼无处不在。存心自有天知,而天道公平公正!

第二部分

《论语》原典与白话

《学而》第一

【原文1·1】

子曰:"学而时习之,不亦说乎?有朋自远方来,不亦乐乎?人不知而不愠,不亦君子乎?"

【白话】

孔子说:"不断学习新的知识,并且时常温习和实践,不是很愉快吗?有志趣相投的朋友远道而来切磋琢磨,不是令人高兴吗?人家不了解自己,或者遇人愚钝,却不怨不恼,豁达包容,不正是君子的风范吗?"

【原文1·2】

有子曰:"其为人也孝弟,而好犯上者,鲜矣;不好犯上,而好作乱者,未之有也。君子务本,本立而道生。孝弟也者,其为仁之本与?"

【白话】

孔子的弟子有子说:"一个孝顺父母友悌兄长,却喜好触犯上司权威的人,那是很少见的。不喜好触犯上司权威,而喜好造反的人,那是没有的。君子致力于根本,根本建立了,修齐治平的原则也就有了。孝顺父母友悌兄长,这恐怕是仁之根本啊!"

【原文1·3】

子曰:"巧言令色,鲜矣仁。"

【白话】

孔子说:"花言巧语,讨好卖乖,这种人少有仁爱之心。"

【原文1·4】

曾子曰:"吾日三省吾身:为人谋而不忠乎?与朋友交而不信乎?传不习乎?"

【白话】

曾子说:"我每天要多次自我反省:为别人办事,尽心竭力了吗?与朋友交往,诚实守信吗?传授的知识,复习和运用了吗?"

【原文1·5】

子曰:"道千乘之国,敬事而信,节用而爱人,使民以时。"

【白话】

孔子说:"治理一个拥有一千辆兵车实力的国家,执政者尤其必须严谨认真,诚实无欺,节约财政开支并且施爱于众人,动用民力不误农时。"

【原文1·6】

子曰:"弟子入则孝,出则弟,谨而信,泛爱众而亲仁,行有余力,则以学文。"

【白话】

孔子说:"弟子们在家应孝顺父母,出门在外要友悌朋友,言行要谨慎诚实,并且施爱众人,亲近仁者。如此躬行实践之后,倘若还有精力和时间,就可以学习诗书礼乐等文化知识了。"

【原文1·7】

子夏曰:"贤贤易色;事父母能竭其力;事君能致其身;与朋友交言而有信。虽曰未学,吾必谓之学矣。"

【白话】

子夏说:"一个人能够以对人的美德和才能的重视来取代对外貌体表的重视;侍奉父母竭尽全力;辅佐君主鞠躬尽瘁;结交朋友诚实守信。这样的人,尽管他说自己还没有学习,我却要肯定地说:他的学习已经十分优秀了。"

【原文1·8】

子曰:"君子不重则不威;学则不固;主忠信,无友不如己者;过则勿惮改。"

【白话】

孔子说:"君子,不庄重不自持就没有威信和威望;善于学习思维就不会闭塞;为人处世,忠信是根本,但不要与不同道的人交友;有了过错,不要怕改正。"

【原文1·9】

曾子曰:"慎终追远,民德归厚矣。"

【白话】

曾子说:"倡导重视丧礼,追念祖先,百姓就会品行淳厚。"

【原文1·10】

子禽问于子贡曰:"夫子至于是邦也,必闻其政,求之与,抑与之与?"子贡曰:"夫子温、良、恭、俭、让以得之。夫子之求之也,其诸异乎人之求之与。"

【白话】

子禽问子贡说:"老师每到一个邦国,总是能够知道这个邦国的政事。这是他自己求访到的呢,还是人家主动提供给他的呢?"子贡说:"老师温和、善良、恭敬、朴素、谦让,所以总能得到他想要得到的。他得到的方法,我想与别人得到的方法有所不同吧。"

【原文1·11】

子曰:"父在,观其志;父没,观其行。三年无改于父之道,可谓孝矣。"

【白话】

孔子说;"观察一个人,当其父在世的时候看他的志向,其父死后看他的行为。若是他的行事依然如父亲的美德和志向,这样的人就可以算是真正的孝了。"

【原文1·12】

有子曰:"礼之用,和为贵。先王之道,斯为美,小大由之。有所不行:知和而和,不以礼节之,亦不可行也。"

【白话】

有子(有若)说:"礼这种典章制度和道德规范的运用,和谐才是最高的境界。古代君主的治国方法,美就美在这个地方,不论小事大事,都按照和谐的原则去办理。但有一点我们应该注意:只为暂时的一团和气,不以规范的方式去达到,是不可行的(因为最后反而难以实现长久的和谐)。"

【原文1·13】

有子曰:"信近于义,言可复也;恭近于礼,远耻辱也;因不失其亲,亦可宗也。"

【白话】

有子说:"讲信用符合道义,说到才可以做到;恭敬符合礼仪,才能免遭耻辱;所继承的是祖先优秀的传统,其因循才会真正可靠。"

【原文1·14】

子曰:"君子食无求饱,居无求安,敏于事而慎于言,就有道而正焉,可谓好学也已。"

【白话】

孔子说:"君子饮食不求过分,居住不求豪奢,做事勤奋敏捷,说话小心谨慎,总是以有道之人为楷模匡正自己的行为,这样的态度,当然可以说是好学了。"

【原文1·15】

子贡曰:"贫而无谄,富而无骄,何如?"子曰:"可也。未若贫而乐,富而好礼者也。"子贡曰:"《诗》云'如切如磋,如琢如磨',其斯之谓与?"子曰:"赐也,始可与言《诗》已矣,告诸往而知来者。"

【白话】

子贡说:"虽贫穷而不谄媚,虽富有而不自大,怎么样?"孔子说:"当然不错。但是还不如虽贫穷却依然自得其乐,富有而更重礼义。"子贡说:"《诗》上说'如同切磋琢磨兽骨、兽角、象牙、玉石那样精益求精地要求自己提高自己',讲的就是这个意思吧?"孔子说:"赐呀,我可以同你谈论《诗》了。因为你能够触类旁通举一反三,从我已经讲过的话中领会到还没有说到的意思。"

【原文1·16】

子曰:"不患人之不己知,患不知人也。"

【白话】

孔子说:"不怕别人不了解自己,只怕自己不了解别人。"

《为政》第二

【原文2·1】

子曰:"为政以德,譬如北辰,居其所而众星共之。"

【白话】

孔子说:"执政者以德化民,就会如北极星那样,自己居于中心,群星自然而然就在其周围拱卫环绕。"

【原文2·2】

子曰:"诗三百,一言以蔽之,曰:思无邪。"

【白话】

孔子说:"《诗经》三百篇,可以用一句话来概括:纯正无邪。"

【原文2·3】

子曰:"道之以政,齐之以刑,民免而无耻;道之以德,齐之以礼,有耻且格。"

【白话】

孔子说:"用政令来管理,用刑法来约束,百姓只是不敢犯罪,但并不感到羞耻;用道德来引导,用礼制来约束,百姓不仅会有羞耻之心,而且会主动学习和遵循。"

【原文2·4】

子曰:"吾十有五而志于学,三十而立,四十而不惑,五十而知天命,六十而耳顺,七十而从心所欲不逾矩。"

【白话】

孔子说:"我十五岁立志于学习诗书礼乐,三十岁学有所成,四十岁能不被外界事物所迷惑,五十岁领悟了天命,六十岁能心平气和对待各种言论,七十岁能随心所欲而不越出规矩法度。"

【原文2·5】

孟懿子问孝,子曰:"无违。"樊迟御,子告之曰:"孟孙问孝于我,我对曰无违。"樊迟曰:"何谓也?"子曰:"生,事之以礼;死,葬之以礼,祭之以礼。"

【白话】

鲁国的大夫孟懿子问什么是孝,孔子说:"孝就是不要违背礼。"后来樊迟给孔子驾车,孔子告诉他说:"孟孙问我什么是孝,我回答他说不要违背礼。"樊迟说:"不要违背礼是什么意思呢?"孔子说:"父母活着的时候,要依礼侍奉;父母去世以后,要依礼安葬、依礼祭祀。"

【原文2·6】

孟武伯问孝,子曰:"父母,唯其疾之忧。"

【白话】

孟武伯向孔子请教孝道。孔子说:"对于父母,儿女最担心的,莫过于他们的健康了。"

【原文2·7】

子游问孝,子曰:"今之孝者,是谓能养。至于犬马,皆能有养,不敬,何以别乎?"

【白话】

吴人子游问什么是孝,孔子说:"如今所谓的孝顺,只是能够赡养父母。然而,就是犬马都能够得到饲养。如果不心存敬爱,那与饲养犬马又有什么区别呢?"

【原文2·8】

子夏问孝,子曰:"色难。有事,弟子服其劳;有酒食,先生馔,曾是以为孝乎?"

【白话】

子夏问什么是孝,孔子说:"儿女尽孝,对父母始终和颜悦色很难。有事情,替父母去做;有酒饭,让父母先吃,难道仅仅这样就可以算是孝吗?"

【原文2·9】

子曰:"吾与回言,终日不违,如愚。退而省其私,亦足以发,回也不愚!"

【白话】

孔子说:"我给颜回讲学,一整天他都不提反对意见,像个笨人。然而等他退下之后,我考察他私下的言行,发现他对我所讲授的内容理解到位,并且有所发挥,颜回啊,真是不笨!"

【原文2·10】

子曰:"视其所以,观其所由,察其所安,人焉廋哉?人焉廋哉!"

【白话】

孔子说:"了解他的言行,观察他的动机,分析他的追求,真实的他怎么能藏得住呢?真实的他怎么能藏得住呢!"

【原文2·11】

子曰:"温故而知新,可以为师矣。"

【白话】

孔子说:"每每温习学过的知识,总有新的体会和新的发现,这种人就可以当老师了。"

【原文2·12】

子曰:"君子不器。"

【白话】

孔子说:"品德高尚的君子,不应像器具那样,只有单一的用途。"

【原文2·13】

子贡问君子。子曰:"先行,其言而后从之。"

【白话】

子贡问怎样做一个君子。孔子说:"自己做到以后,再说出来。"

【原文2·14】

子曰:"君子周而不比,小人比而不周。"

【白话】

孔子说:"君子合群而不拉帮结派,小人拉帮结派而不合群。"

【原文2·15】

子曰:"学而不思则罔,思而不学则殆。"

【白话】

孔子说:"只重读书学习而不善于思考,就会越学越糊涂;只是冥思苦想而不读书学习,就会一直处于疑惑而不能进步。"

【原文2·16】

子曰:"攻乎异端,斯害也已。"

【白话】

孔子说:"抨击那些怪异的追逐和不正确的言论,那么就能消减它们的祸害了。"

【原文2·17】

子曰:"由,诲女知之乎?知之为知之,不知为不知,是知也。"

【白话】

孔子说:"由,我教给你的道理,你明白了吗?知道就说知道,不知道就说不知道,这才是明白道理的人啊!"

【原文2·18】

子张学干禄。子曰:"多闻阙疑,慎言其余,则寡尤;多见阙殆,慎行其余,则寡悔。言寡尤,行寡悔,禄在其中矣。"

【白话】

子张要学为政。孔子说:"要多听,有怀疑的地方先放一放,其余部分即使有把握,也要谨慎言语,这样就可以少犯错误;要多看,有怀疑的地方先放一放,其余部分即使有把握,也要谨慎去做,这样就能减少后悔。说话少过失,做事少后悔,为政的道理就在这里了。"

【原文2·19】

哀公问曰:"何为则民服?"孔子对曰:"举直错诸枉,则民服;举枉错诸直,则民不服。"

【白话】

鲁哀公问:"怎样做才能使百姓心服?"孔子回答说:"把正直无私的人提拔起来,置于邪恶不正的人之上,人们就会心服;把邪恶不正的人提拔起来,置于正直无私的人之上,百姓就不会心服。"

【原文2·20】

季康子问:"使民敬、忠以劝,如之何?"子曰:"临之以庄,则敬;孝慈,则忠;举善而教不能,则劝。"

【白话】

季康子问道:"怎样使人心怀尊敬、保持忠诚而勤勉努力呢?"孔子说:"举止庄重,就会赢得尊敬;倡导孝慈,百姓就会忠诚;选用贤能,并教育不能,百姓就会互相勉励,努力做事。"

【原文2·21】

或谓孔子曰:"子奚不为政?"子曰:"《书》云:'孝乎惟孝,友于兄弟。'施于有政,是亦为政,奚其为为政?"

【白话】

有人对孔子说:"你什么不为政呢?"孔子回答说:"《尚书》上说:'孝,就是孝敬父母,友爱兄弟。'以孝悌的品德影响政事,也就是为政了,为何认为只有亲理政事才算是为政呢?"

【原文2·22】

子曰:"人而无信,不知其可也。大车无輗,小车无軏,其何以行之哉?"

【白话】

孔子说:"一个人不讲信用,我不知道他还能做什么。就好像牛车没有车辕横木上的木销、马拉的轻车没有车辕横木上的木销一样,靠什么启动驾行呢?"

【原文2·23】

子张问:"十世可知也?"子曰:"殷因于夏礼,所损益可知也;周因于殷礼,所损益可知也;其或继周者,虽百世,可知也。"

【白话】

子张问孔子:"今后十世(30年为一世)的礼仪制度道德规范可以预先知道吗?"孔子回答说:"商朝继承夏朝的礼仪制度,所废止或增加的内容是可以知道的;周朝又继承商朝的礼仪制度,所废止或增加的内容也是可以知道的;以后的朝代如果继承周朝,就是一百世以后的情况,也是可以推而知道的。"

【原文2·24】

子曰:"非其鬼而祭之,谄也;见义不为,无勇也。"

【白话】

孔子说:"不是你应该祭祀的鬼神,你却去祭祀,这就是谄媚;符合道义的事情却不去做,这就是怯懦。"

《八佾》第三

【原文3·1】

孔子谓季氏:"八佾舞于庭,是可忍,孰不可忍也!"

【白话】

谈论到鲁国的执政大夫季平子,孔子说:"身为大夫,他竟然用天子的礼乐——六十四人在自己的庭院中宴乐舞蹈。如果这样的事情人们都能忍受而不抨击,那还有什么事情不能忍受呢!"

【原文3·2】

三家者以《雍》彻。子曰:"'相维辟公,天子穆穆',奚取于三家之堂?"

【白话】

鲁国当政的孟孙氏、叔孙氏、季孙氏三家,在祭祖完毕撤去祭品时,也命乐工演唱天子祭祖完毕时才演唱的《雍》这篇诗。孔子说:"《雍》诗之中'助祭的是诸侯,天子严肃静穆地在那里主祭'这样的意思,怎么能用在你三家的庙堂里呢?"

【原文3·3】

子曰:"人而不仁,如礼何?人而不仁,如乐何?"

【白话】

孔子说:"一个人内心无仁,礼仪能够约束他什么呢?一个人内心无仁,音乐能陶冶他什么呢?"

【原文3·4】

林放问礼之本。子曰:"大哉问!礼,与其奢也,宁俭;丧,与其易也,宁戚。"

【白话】

鲁国人林放问什么是礼的本质。孔子回答说:"你问的问题意义重大,问得好啊!就礼制仪式来说,与其奢侈,不如节俭;就祭丧之礼而言,与其仪式上隆重周道,不如内心真正的哀戚和追念。"

【原文3·5】

子曰:"夷狄之有君,不如诸夏之亡也。"

【白话】

孔子说:"未开化的夷狄虽然有所谓君主,还不如中原诸国没有君主呢。"

【原文3·6】

季氏旅于泰山,子谓冉有曰:"女弗能救与?"对曰:"不能。"子曰:"呜呼!曾谓泰山不如林放乎?"

【白话】

季孙氏去祭祀泰山。孔子对季氏的家臣冉有说:"你难道不能劝阻他吗?"冉有说:"不能。"孔子说:"唉!(林放尚且明白礼之大节,)难道说神明有知的泰山神还不如林放知礼而接受他季孙氏的祭祀吗?"

【原文3·7】

子曰:"君子无所争,必也射乎!揖让而升,下而饮,其争也君子。"

【白话】

孔子说:"君子总是不会发生与别人相争的事情。如果有的话,那就是射箭比赛了。赛前相互作揖谦让然后才上场比赛,赛后相互作揖再退下来登堂饮酒。所以,君子之间即使有竞争,也不会失去君子的风范。"

【原文3·8】

子夏问曰:"'巧笑倩兮,美目盼兮,素以为绚兮。'何谓也?"子曰:"绘事后素。"曰:"礼后乎?"子曰:"起予者商也,始可与言诗已矣。"

【白话】

子夏问孔子:"'笑语盈盈,美目顾盼,无须打扮,绚丽出自纯真和天然。'这几句话是什么意思呢?"孔子说:"这是说先有白底然后绘画(质地不洁白,不会画出丰富多彩的图案)。"子夏又问:"那么,是不是说礼也是后于仁的事呢?"孔子说:"商,你真是能启发我的人,现在可以同你讨论《诗经》了。"

【原文3·9】

子曰:"夏礼吾能言之,杞不足征也;殷礼吾能言之,宋不足征也。文献不足故也。足,则吾能征之矣。"

【白话】

孔子说:"夏朝的礼制,我能讲述,但是它的后代杞国保留下来的史料很少,不足以得到充分的证明;殷朝的礼制,我能讲述,但是它的后代宋国保留下来的史料也很少,不足以得到充分的证明。这都是由于文字资料和熟悉夏礼、殷礼的人不足的缘故。如果文献充足,我就可以考证核实了。"

【原文3·10】

子曰:"禘自既灌而往者,吾不欲观之矣。"

【白话】

孔子说:"天子才能举行的祭祀祖先的隆重典礼——禘礼,这些人竟然也敢举行。所以第一次献酒仪式以后,我就不愿意再看下去了。"

【原文3·11】

或问禘之说,子曰:"不知也。知其说者之于天下也,其如示诸斯乎!"指其掌。

【白话】

有人问孔子关于举行禘祭的道理。孔子(故意)说:"我不知道。知道这种道理的人,对治理天下的事,会像将天下摆在掌上一样容易吧!"一面说一面指着他的手掌。

【原文3·12】

祭如在,祭神如神在。子曰:"吾不与祭,如不祭。"

【白话】

祭祀要心怀诚敬,祭祖就像祖先真在面前,祭神就像神真在面前。孔子说:"我如果不亲自参加祭祀,其实就是没有祭祀。"

【原文3·13】

王孙贾问曰:"与其媚于奥,宁媚于灶,何谓也?"子曰:"不然。获罪于天,无所祷也。"

【白话】

卫灵公的大臣王孙贾问道:"人们说与其奉承奥神,不如奉承灶神。这话是什么意思?"孔子说:"不是这样的。如果得罪了天,无论向什么神祷告,都没有用了。"

【原文3·14】

子曰:"周监于二代,郁郁乎文哉,吾从周。"

【白话】

孔子说:"周朝的礼仪制度借鉴了夏、商两代,丰富而多彩。所以我遵从周朝的制度。"

【原文3·15】

子入太庙,每事问。或曰:"孰谓鄹人之子知礼乎?入太庙,每事问。"子闻之,曰:"是礼也。"

【白话】

孔子到了太庙,每件事都要询问。有人说:"谁说孔子懂得礼呀,他到了太庙里,什么事都要问别人。"孔子听到此话后说:"这种行为,就是礼呀!"

【原文3·16】

子曰:"射不主皮,为力不同科,古之道也。"

【白话】

孔子说:"比赛射箭,不在于穿透箭靶,而在于准确中的,因为每个人的力气大小不同。自古以来就是这种规矩。"

【原文3·17】

子贡欲去告朔之饩羊。子曰:"赐也,尔爱其羊,我爱其礼!"

【白话】

子贡提出将每月初一告祭祖庙用的活羊免去。孔子说:"赐啊,你爱惜那只羊,我却更爱惜礼仪制度!"

【原文3·18】

子曰:"事君尽礼,人以为谄也。"

【白话】

孔子说:"按照周礼的规定去事奉君主,遵从政治伦理,别人却往往以为这是谄媚求荣。"

【原文3·19】

定公问:"君使臣,臣事君,如之何?"孔子对曰:"君使臣以礼,臣事君以忠。"

【白话】

鲁国国君定公问孔子:"君主使任臣下,臣僚事奉君主,该怎么做?"孔子回答:"君主使任臣下当尊之以礼,臣僚事奉君主当报之以忠。"

【原文3·20】

子曰:"《关雎》,乐而不淫,哀而不伤。"

【白话】

孔子说:"《关雎》这篇诗,快乐而不放纵,哀婉而不伤悲。"

【原文3·21】

哀公问社于宰我,宰我对曰:"夏后氏以松,殷人以柏,周人以栗,曰:使民战栗。"子闻之,曰:"成事不说,遂事不谏,既往不咎。"

【白话】

鲁哀公问宰我关于土地神的神主应该用什么木料来制作的问题,宰我回答:"夏朝用松树,商朝用柏树,周朝用栗子树。用栗子树的寓意是让老百姓敬畏战栗。"孔子听到后,(不高兴宰我讥讽周天子,)告诫宰我:

"已经发生的事不用提了,已经完成的事不用再去劝阻了,已经过去的事情也不必再追究了。"

【原文3·22】

子曰:"管仲之器小哉!"或曰:"管仲俭乎?"曰:"管氏有三归,官事不摄,焉得俭?""然则管仲知礼乎?"曰:"邦君树塞门,管氏亦树塞门;邦君为两君之好有反坫,管氏亦有反坫。管氏而知礼,孰不知礼?"

【白话】

孔子说:"(齐国宰相)管仲这个人的器量小呵!"有人问:"管仲节俭吗?"孔子说:"他有三室妻妾,管理人员也是一人一职而不兼任,人事冗余,怎么谈得上节俭呢?"那人又问:"那么管仲知礼吗?"孔子回答:"国君大门口设立照屏,管仲在大门口也设立照屏;国君为与他国友好交往在堂上设有放置酒杯的反坫,管仲也有这样的反坫。如果说管仲知礼,那么还有谁不知礼呢?"

【原文3·23】

子语鲁大师乐,曰:"乐其可知也:始作,翕如也;从之,纯如也,皦如也,绎如也,以成。"

【白话】

孔子与鲁国乐官谈论乐理时说:"奏乐的原理是可以知道的:开始时各种乐器合奏,翕翕然热烈;接下来,纯纯然和谐;进一步展开,皦皦然悠扬分明;继续下去,绎绎然余音连绵,最后完成。"

【原文3·24】

仪封人请见,曰:"君子之至于斯也,吾未尝不得见也。"从者见之。出曰:"二三子何患于丧乎?天下之无道也久矣,天将以夫子为木铎!"

【白话】

仪地的长官请求见孔子,孔子说:"凡是君子到这里来,我从没有不见的。"于是,孔子的随从弟子引他去见了孔子。这位长官出来后,对孔子的弟子们说:"你们何必为老师没有官位而发愁呢?天下无道已经很久了,上天将以孔夫子为传道天下的木铎!"

【原文3·25】

子谓《韶》:"尽美矣,又尽善也。"谓《武》:"尽美矣,未尽善也。"

【白话】

孔子讲到《韶》乐时说:"艺术表现美极了,内容也很好。"谈到《武》乐时说:"艺术表现很美,但内容却逊色一些。"

【原文 3·26】

子曰:"居上不宽,为礼不敬,临丧不哀,吾何以观之哉?"

【白话】

孔子说:"居于上位,待人不能宽厚,行礼之时心怀不敬,参加丧礼无动于衷,这种情况我怎么能看得下去呢?"

《里仁》第四

【原文4·1】

子曰:"里仁为美,择不处仁,焉得知?"

【白话】

孔子说:"跟有仁德的人住在一起,那是多么美好的事情,如果不懂得选择与仁人为邻,怎么能说你是明智的呢?"

【原文4·2】

子曰:"不仁者不可以久处约,不可以长处乐。仁者安仁,知者利仁。"

【白话】

孔子说:"没有仁德的人,不能长久地处在贫困之中,也不能长久地处在安乐之中。仁者安守仁道,智者倡导和促进天下人行仁。"

【原文4·3】

子曰:"唯仁者能好人,能恶人。"

【白话】

孔子说:"只有那些有仁德的人,才能正确地爱人和恨人。"

【原文4·4】

子曰:"苟志于仁矣,无恶也。"

【白话】

孔子说:"如果一个人真正立志于仁,那就不会有恶行了。"

【原文4·5】

子曰:"富与贵,是人之所欲也,不以其道得之,不处也;贫与贱,是人之所恶也,不以其道得之,不去也。君子去仁,恶乎成名?君子无终食之间违仁,造次必于是,颠沛必于是。"

【白话】

孔子说:"富裕和显贵是人人都希望得到的,但不用正当的方法得到,我不会接受;贫穷与低贱是人人都厌恶的,但不用正当的方法去摆脱,我甘守贫贱。君子如果离开了仁德,又怎么成为君子呢?君子没有一顿饭的时间有违仁德,仓促时刻不会有违仁德,颠沛流离的时候,也不会有违仁德。"

【原文4·6】

子曰:"我未见好仁者,恶不仁者。好仁者,无以尚之;恶不仁者,其为仁矣,不使不仁者加乎其身。有能一日用其力于仁矣乎?我未见力不足者。盖有之矣,我未之见也。"

【白话】

孔子说:"我还没有见过真正爱好仁德的人,也没有见过真正厌恶不仁的人。爱好仁德的人认为没有什么比仁德更珍贵;厌恶不仁的人在施行仁德的时候,不会让不仁德的人影响自己。有始终如一全力以赴施行仁德的人吗?我还没发现因为力量不够而不去施行仁德的人。这种人可能还是有的,但我没有见过。"

【原文4·7】

子曰:"人之过也,各于其党。观过,斯知仁矣。"

【白话】

孔子说:"人们的错误,总是各有其因。所以,考察一个人所犯的错误的原因,就可以知道他有没有仁德了。"

【原文4·8】

子曰:"朝闻道,夕死可矣。"

【白话】

孔子说:"早晨得了道,就是当天晚上死去也心甘情愿。"

【原文4·9】

子曰:"士志于道,而耻恶衣恶食者,未足与议也。"

【白话】

孔子说:"读书人有志于学道行道,但又不能顺应天命,斤斤计较于个人的吃穿得失,对于这种人,不值得与他谈论道的问题。"

【原文4·10】

子曰:"君子之于天下也,无适也,无莫也,义之与比。"

【白话】

孔子说:"君子对于天下的人和事,没有因自己的私利而导致的远近亲疏厚薄之分,只是以道义为准绳。"

【原文4·11】

子曰:"君子怀德,小人怀土;君子怀刑,小人怀惠。"

【白话】

孔子说:"君子看重的是道德,小人看重的是乡土;君子看重的是法制,小人看重的是恩惠。"

【原文4·12】

子曰:"放于利而行,多怨。"

【白话】

孔子说:"仅仅为追求利益而行动,多会招致怨恨。"

【原文4·13】

子曰:"能以礼让为国乎,何有?不能以礼让为国,如礼何?"

【白话】

孔子说:"能够用礼让的原则来治理国家吗?难道有什么不行吗?不能用礼让的原则来治理国家,礼仪不就是虚设的吗?"

【原文4·14】

子曰:"不患无位,患所以立;不患莫己知,求为可知也。"

【白话】

孔子说:"不要怕没有位子,就怕自己没有学到能够站得住脚的本事。不怕没有人了解自己,而应该成为有真才实学值得为人们所了解的人。"

【原文4·15】

子曰:"参乎,吾道一以贯之。"曾子曰:"唯。"子出,门人问曰:"何谓也?"曾子曰:"夫子之道,忠恕而已矣。"

【白话】

孔子说:"参啊,我的学说有一个基本的思想贯彻始终。"曾子回答:"是这样。"孔子出去之后,同学便问曾子:"是什么呢?"曾子说:"老师的学说,高度概括就是'忠恕'两个字罢了。"

【原文4·16】

子曰:"君子喻于义,小人喻于利。"

【白话】

孔子说:"君子知晓义,小人知晓利。"

【原文4·17】

子曰:"见贤思齐焉,见不贤而内自省也。"

【白话】

孔子说:"见到贤德的人,就应该向他学习、看齐,见到不贤的人,就应该对比检查,自我反省。"

【原文4·18】

子曰:"事父母几谏,见志不从,又敬不违,劳而不怨。"

【白话】

孔子说:"事奉父母,(如果他们有不对的地方),只能委婉地劝说。父母如果没有听从,对他们反而要更加恭敬,不能强行违背他们的意愿,为父母操劳不能心存抱怨。"

【原文4·19】

子曰:"父母在,不远游;游必有方。"

【白话】

孔子说:"父母在世,儿女不可远离家乡;如果不得已要出远门,也必须有一个正当的理由、目标和地方。"

【原文4·20】

子曰:"三年无改于父之道,可谓孝矣。"

(本章重出,见于《学而》之11章。)

【原文4·21】

子曰"父母之年,不可不知也。一则以喜,一则以惧。"

【白话】

孔子说:"父母的年纪,儿女不可不记在心里。一方面为父母的长寿而高兴,一方面又为父母的逐渐衰老而忧惧。"

【原文4·22】

子曰:"古者言之不出,耻躬之不逮也。"

【白话】

孔子说:"古代的贤人不轻率发表言论,因为他们以自己做不到为耻啊。"

【原文4·23】

子曰:"以约失之者鲜矣。"

【白话】

孔子说:"一个主动用礼仪规矩来约束自己的人,失误一定会很少。"

【原文4·24】

子曰:"君子欲讷于言而敏于行。"

【白话】

孔子说:"君子对自己的要求是说话谨慎而行动敏捷。"

【原文4·25】

子曰:"德不孤,必有邻。"

【白话】

孔子说:"有道德的人是不会孤立的,一定能引发他人的共鸣。"

【原文4·26】

子游曰:"事君数,斯辱矣;朋友数,斯疏矣。"

【白话】

子游说:"事奉君主,进谏过于频繁,就会受到侮辱;对待朋友,劝导过于频繁,就会被疏远。"

《公冶长》第五

【原文5·1】

子谓公冶长:"可妻也。虽在缧绁之中,非其罪也。"以其子妻之。

【白话】

孔子评论弟子公冶长说:"可以把女儿嫁给他。他虽然正在遭受刑律之祸,但并不是他的罪过。"于是把自己的女儿嫁给了他。

【原文5·2】

子谓南容:"邦有道,不废;邦无道,免于刑戮。"以其兄之子妻之。

【白话】

孔子评论弟子南容说:"国家有道时,他有事可做;国家无道时,他也能够免于刑戮。"于是把自己的侄女嫁给了他。

【原文5·3】

子谓子贱:"君子哉若人!鲁无君子者,斯焉取斯。"

【白话】

孔子评论子贱说:"这个人真是个君子呀!如果说鲁国没有什么君子的话,那么他是从哪里学到这种品德的呢?"

【原文5·4】

子贡问曰:"赐也何如?"子曰:"女,器也。"曰:"何器也?"曰:"瑚琏也。"

【白话】

子贡问孔子:"我这个人怎么样?"孔子说:"你呀,好比一个器具。"子贡又问:"是什么器具呢?"孔子说:"是(祭祀时盛粮食所用的礼器)瑚琏。"

【原文5·5】

或曰:"雍也仁而不佞。"子曰:"焉用佞?御人以口给,屡憎于人。不知其仁,焉用佞?"

【白话】

有人说:"冉雍这个人有仁德但不善言谈。"孔子说:"有仁德何必要能言善辩呢?靠伶牙俐齿与人辩论,常常招致别人的讨厌。我还不知道冉雍是不是做到了仁,我只是强调为人何必一定要能言善辩呢?"

【原文5·6】

子使漆雕开仕。对曰:"吾斯之未能信。"子说。

【白话】

孔子让漆雕开去做官。漆雕开回答说:"我学而未优,对自己现在就去做官还没有信心。"孔子听了(对他的这种谦逊态度)感到高兴。

【原文5·7】

子曰:"道不行,乘桴浮于海,从我者,其由与!"子路闻之喜。子曰:"由也好勇过我,无所取材。"

【白话】

孔子说:"如果我的主张不为当政者所用,我就乘上木筏子泛游海外。能跟从我的大概只有仲由吧!"子路听到这话很高兴。孔子却说:"仲由啊,你的武勇虽然超过了我,不过其他方面却没什么可取的才能了。"

【原文5·8】

孟武伯问子路仁乎?子曰:"不知也。"又问。子曰:"由也,千乘之国,可使治其赋也,不知其仁也。""求也何如?"子曰:"求也,千室之邑,百乘之家,可使为之宰也,不知其仁也。"赤也何如?"子曰:"赤也,束带立于朝,可使与宾客言也,不知其仁也。"

【白话】

孟武伯问孔子:"子路做到仁了吗?"孔子说:"我不知道。"孟武伯又问。孔子说:"仲由嘛,一个拥有1000辆兵车的国家,可以任用他管理军事,但我不知道他是不是做到了仁。"孟武伯又问:"冉求这个人怎么样?"孔子说:"冉求这个人,一个有1000户人家的公邑或有100辆兵车的采邑,可以任用他当总管,但我也不知道他是不是做到了仁。"孟武伯又问:"那么公西赤怎么样呢?"孔子说:"公西赤嘛,可以让他身穿礼服,立于朝堂,接待宾客,但我也不知道他是不是做到了仁。"

【原文5·9】

子谓子贡曰:"女与回也孰愈?"对曰:"赐也何敢望回?回也闻一以知十,赐也闻一以知二。"子曰:"弗如也,吾与女弗如也。"

【白话】

孔子对子贡说:"你和颜回两个相比,谁更优秀一些呢?"子贡回答说:"我怎么敢和颜回相比呢?颜回他听到一点就可以推知十点;而我呢,知道一点,只能推知两点。"孔子说:"是不如他呀,我和你都不如他。"

【原文5·10】

宰予昼寝,子曰:"朽木不可雕也,粪土之墙不可杇也!于予与何诛?"子曰:"始吾于人也,听其言而信其行;今吾于人也,听其言而观其行。于予与改是。"

【白话】

宰予白天睡大觉。孔子说:"腐朽的木头无法雕琢啊,粪土垒筑的墙壁怎么去粉刷!对于你这种人,我还能有什么要求呢?"孔子又说:"起初我对于一个人,听了他说的话便相信他的行为;现在我对于一个人,听了他说的话还要观察他的行为。从宰予这里,我改变了识人的方法啊。"

【原文5·11】

子曰:"吾未见刚者。"或对曰:"申枨。"子曰:"枨也欲,焉得刚?"

【白话】

孔子说:"我没有见过刚强的人。"有人回答说:"申枨不算刚强吗?"孔子说:"申枨这个人欲望太多,怎么能够真正刚强呢?"

【原文5·12】

子贡曰:"我不欲人之加诸我也,吾亦欲无加诸人。"子曰:"赐也,非尔所及也!"

【白话】

子贡说:"我不愿别人强加于我心不情愿的事情,我也不愿强加给别人心不情愿的事情。"孔子说:"赐呀,这还不是你所能做得到的啊!"

【原文5·13】

子贡曰:"夫子之文章,可得而闻也;夫子之言性与天道,不可得而闻也。"

【白话】

子贡说:"老师关于礼、乐、诗、书的学问,我们都能够听到学到;而关于人性和天道的学问,从老师那里就听不到了。"

【原文5·14】

子路有闻,未之能行,唯恐有闻。

【白话】

子路在听到一个道理但还没能践行的时候,唯恐又听到新的道理。

【原文5·15】

子贡问曰:"孔文子何以谓之文也?"子曰:"敏而好学,不耻下问,是以谓之文也。"

【白话】

子贡问道:"为什么给卫国大夫孔文子一个'文'的谥号呢?"孔子说:"他勤敏而好学,不以向比他地位卑下的人请教为耻,所以给他'文'的谥号。"

【原文5·16】

子谓子产有君子之道四焉:"其行己也恭,其事上也敬,其养民也惠,其使民也义。"

【白话】

孔子认为郑国大夫子产具有君子的四种品德:"言行庄重,事君恭敬,治理政事恩泽百姓,征用民力符合道义。"

【原文5·17】

子曰:"晏平仲善与人交,久而敬之。"

【白话】

孔子说:"齐国的贤大夫晏平仲善于与人交朋友,相识越久,越让人尊敬。"

【原文5·18】

子曰:"臧文仲居蔡,山节藻棁,何如其知也!"

【白话】

孔子说:"臧文仲藏了一只蔡地大龟,藏龟之屋斗拱雕成山的形状,梁上短柱绘以水草花纹,他这个人不是被人们称为'智者'吗?这就是他的'智慧'吗?"

【原文5·19】

子张问曰:"令尹子文三仕为令尹,无喜色;三已之,无愠色。旧令尹之政,必以告新令尹。何如?"子曰:"忠矣。"曰:"仁矣乎?"曰:"未知。焉得仁?"

"崔子弑齐君,陈子文有马十乘,弃而违之,至于他邦,则曰:'犹吾大夫崔子也。'违之。之一邦,则又曰:'犹吾大夫崔子也。'违之。何如?"子曰:"清矣。"曰:"仁矣乎?"曰:"未知。焉得仁?"

【白话】

子张问孔子说:"楚国令尹子文几次做宰相,没有显出高兴的样子;几次被免职,也没有显出怨恨的样子。每一次离职时,他一定把自己的一切政事全部交代给继任者。你看这个人怎么样?"孔子说:"可以算得上是忠了。"子张问:"那算得上仁了吗?"孔子说:"还不知道。忠于职守难道就等于仁德吗?"

子张又问:"崔杼杀死君主齐庄公,陈国的大夫陈文子家有40匹马,全都舍弃不要了,愤然离开齐国,到了另一个国家,他说:'这里的执政者也和我们齐国的大夫崔子差不多。'就离开了。到了另一个国家,又说:'这里的执政者还是和我们的大夫崔子差不多',又离开了。这个人你看怎么样?"孔子说:"确实算得上清正了。"子张说:"可算是仁了吗?"孔子说:"还不知道。为人清正难道就等于仁德吗?"

【原文5·20】

季文子三思而后行。子闻之,曰:"再,斯可矣。"

【白话】

鲁国正卿季文子做事过于谨慎,顾虑太多,每做一件事都要考虑很多次。孔子听闻他的事情后,说:"考虑两次也就行了。"

【原文5·21】

子曰:"宁武子,邦有道则知,邦无道则愚。其知可及也,其愚不可及也。"

【白话】

孔子说:"卫国大夫宁武子这个人,当国家政治清明时,他就表现出聪明才干,当国家政治黑暗时,他就装得愚傻。他的那种聪明人们可以学到,而他那种大智若愚的本事,一般人就学不到了。"

【原文5·22】

子在陈曰:"归与!归与!吾党之小子狂简,斐然成章,不知所以裁之。"

【白话】

孔子在陈国说:"回去吧!回去吧!我的这些弟子志向远大,文采斐然,皆可成才,但是行为粗率狂放,不懂持守中庸之道节制自己。"

【原文5·23】

子曰:"伯夷叔齐不念旧恶,怨是用希。"

【白话】

孔子说:"伯夷、叔齐两个人不计较过去的怨恨,所以别人对他们的怨恨也就少了。"

【原文5·24】

子曰:"孰谓微生高直?或乞醯焉,乞诸其邻而与之。"

【白话】

孔子说:"谁说微生高这个人率直?有人向他讨一点醋,他没有却不直说,暗地到邻居家里讨了来给人家。"

【原文5·25】

子曰:"巧言、令色、足恭,左丘明耻之,丘亦耻之。匿怨而友其人,左丘明耻之,丘亦耻之。"

【白话】

孔子说:"花言巧语、脸色伪善、低三下四,左丘明引以为耻,我也引以为耻。有怨恨深埋心里,表面上却装得友好,左丘明引以为耻,我也引以为耻。"

【原文5·26】

颜渊、季路侍。子曰:"盍各言尔志。"子路曰:"愿车马、衣、轻裘,与朋友共,敝之而无憾。"颜渊曰:"愿无伐善,无施劳。"子路曰:"愿闻子之志。"子曰:"老者安之,朋友信之,少者怀之。"

【白话】

颜渊、子路两人侍立在孔子身边。孔子说:"你们何不各自谈谈自己的志向?"子路说:"我愿意拿出自己的车马、衣服、皮袍,与朋友们共同使用,用坏了我也不会抱怨。"颜渊说:"我希望成为一个不夸耀自己长处、不宣扬自己功劳的谦谦君子。"子路说:"愿意听听老师您的志向。"孔子说:"我的志向是让年长者老有所安,让朋友们相互信任,让年幼者得到关怀。"

【原文5·27】

子曰:"已矣乎!吾未见能见其过而内自讼者也。"

【白话】

孔子说:"算了吧!我还没有见过一旦发现自己或者别人犯错,就马上从内心深处自我反省的人。"

【原文5·28】

子曰:"十室之邑,必有忠信如丘者焉,不如丘之好学也。"

【白话】

孔子说:"即使只有十户人家的小村落,也一定有像我这样讲忠信的人,只是难得有人像我这样好学罢了。"

《雍也》第六

【原文6·1】

子曰:"雍也可使南面。"

【白话】

孔子说:"冉雍(仲弓)这个人,可以让他去做官。"

【原文6·2】

仲弓问子桑伯子。子曰:"可也,简。"仲弓曰:"居敬而行简,以临其民,不亦可乎?居简而行简,无乃大简乎?"子曰:"雍之言然。"

【白话】

仲弓问孔子子桑伯子这个人怎么样。孔子说:"还不错,办事简要而不烦琐。"仲弓说:"心存敬畏而行事简要,像这样来治理百姓,不也是可以吗?但是心存轻简行事又一味追求简单,岂不是太简单了吗?"孔子说:"雍啊,你说得对。"

【原文6·3】

哀公问:"弟子孰为好学?"孔子对曰:"有颜回者好学,不迁怒,不贰过,不幸短命死矣。今也则亡,未闻好学者也。"

【白话】

鲁哀公问孔子:"你的弟子中谁最好学呢?"孔子回答:"有个叫颜回的弟子好学,他从不迁怒于别人,也不会犯同样的过错。不幸的是他短命死了。现在没有那样的人了,我没有听说谁是真正好学的啊!"

【原文6·4】

子华使于齐,冉子为其母请粟。子曰:"与之釜。"请益。曰:"与之庾。"冉子与之粟五秉。子曰:"赤之适齐也,乘肥马,衣轻裘。吾闻之也:君子周急不济富!"

【白话】

孔子的弟子子华出使齐国,冉有替他的母亲向孔子请求补助粮米。孔子说:"给一釜(6斗4升)吧。"冉有请求再增加一些。孔子说:"那就再加一庾(16斗)。"冉有却给了五秉(800斗)。孔子说:"公西赤出使齐国,乘的是肥壮骏马拉的车子,穿的是暖和轻便的上等皮袍。我听说的是这个道理:君子为人的原则是救急不济富啊!"

【原文6·5】

原思为之宰,与之粟九百,辞。子曰:"毋。以与尔邻里乡党乎!"

【白话】

弟子原思给孔子家当总管,孔子给他俸米900斗,原思推辞不要。孔子说:"不要推辞。如果你自家不需要,可以给急需粮食的乡亲们嘛!"

【原文6·6】

子谓仲弓,曰:"犁牛之子骍且角。虽欲勿用,山川其舍诸?"

【白话】

孔子在评论出身低微的仲弓时说:"小牛犊虽然是普通耕牛所生,但浑身通红,两角整齐端正。即便人们不想用它做祭品,但是山川之神难道会舍弃它吗?"

【原文6·7】

子曰:"回也其心三月不违仁,其余则日月至焉而已矣。"

【白话】

孔子说:"颜回这个人,他的心能够长期不违背仁德,其余的弟子则只能在短时间内做到仁罢了。"

【原文6·8】

季康子问:"仲由可使从政也与?"子曰:"由也果,于从政乎何有?"曰:"赐也可使从政也与?"曰:"赐也达,于从政乎何有?"曰:"求也可使从政也与?"曰:"求也艺,于从政乎何有?"

【白话】

鲁国正卿季康子问孔子:"仲由这个人,可以让他办理政事吗?"孔子说:"仲由做事果断,办理政事有什么不行呢?"季康子又问:"端木赐这个人,可以让他办理政事吗?"孔子说:"端木赐通达事理,办理政事有什么不行呢?"季康子继续问:"冉求这个人,可以让他办理政事吗?"孔子说:"冉求多才多艺,办理政事有什么不行呢?"

【原文6·9】

季氏使闵子骞为费宰,闵子骞曰:"善为我辞焉!如有复我者,则吾必在汶上矣。"

【白话】

对鲁国国君不忠的季氏,派人请孔子的弟子闵子骞去做费邑的长官,闵子骞对来请他的人说:"请你好好替我推辞!如果再来召我,那我一定会跑到汶水之北去的。"

【原文6·10】

伯牛有疾,子问之,自牖执其手,曰:"亡之,命矣夫!斯人也而有斯疾也,斯人也而有斯疾也!"

【白话】

弟子伯牛病危,孔子前去探望,从窗户外面握着他的手说:"没办法啊,这是命里注定的吧!这样的人竟也会得这样的病啊,这样的人竟也会得这样的病啊!"

【原文6·11】

子曰:"贤哉回也!一箪食,一瓢饮,在陋巷,人不堪其忧,回也不改其乐。贤哉回也!"

【白话】

孔子说:"颜回真是贤德啊!一筒饭,一瓢水,住在穷巷陋屋,换了谁都难以忍受,颜回却从来没有改变自己乐观的心态。颜回真是贤德啊!"

【原文6·12】

冉求曰:"非不说子之道,力不足也。"子曰:"力不足者,中道而废。今女画。"

【白话】

冉求说:"我不是不喜欢老师您的学说,而是我力量不够呀。"孔子说:"你之所以认为自己力量不够,是因为半途而废,自己给自己找借口划了个停止前进的界限。"

【原文6·13】

子谓子夏曰:"女为君子儒,无为小人儒。"

【白话】

孔子对子夏说:"你要做一个学有所成的君子,不要做一个学有所成的小人。"

【原文6·14】

子游为武城宰。子曰:"女得人焉尔乎?"曰:"有澹台灭明者,行不由径,非公事,未尝至于偃之室也。"

【白话】

子游做了武城的长官。孔子说:"你在那里得到人才辅佐了吗?"子游回答:"有一个叫澹台灭明的人,从来光明磊落不走邪路,没有公事从不到我屋子里来。"

【原文6·15】

子曰:"孟之反不伐,奔而殿,将入门,策其马,曰:'非敢后也,马不进也。'"

【白话】

孔子说:"鲁国大夫孟之反不喜欢夸耀自己。打仗败退的时候,他留在最后掩护全军。快进城门的时候,他扬鞭打马说:'不是我敢于殿后,是马跑不到前面去啊!'"

【原文6·16】

子曰:"不有祝鮀之佞,而有宋朝之美,难乎免于今之世矣。"

【白话】

孔子说:"如果没有卫国大夫祝鮀那样敏捷善辩的才能,而仅仅有宋国公子朝的俊美,那么在今天这个社会上,要想免祸就太困难了。"

【原文6·17】

子曰:"谁能出不由户,何莫由斯道也?"

【白话】

孔子说:"谁能不经过屋门而走出屋子呢?为什么就没有人走这条道义之路呢?"

【原文6·18】

子曰:"质胜文则野,文胜质则史。文质彬彬,然后君子。"

【白话】

孔子说:"质朴多于文采,就会流于粗俗;文采多于质朴,就会流于虚浮。只有质朴和文采配合恰当,才是真正的君子品格。"

【原文6·19】

子曰:"人之生也直,罔之生也幸而免。"

【白话】

孔子说:"一个人能够生存是由于正直,如果说不正直的人也还是生存着,那只是靠侥幸在避免灾祸。"

【原文6·20】

子曰:"知之者不如好之者,好之者不如乐之者。"

【白话】

孔子说:"肤浅地懂得,不如爱好喜欢;爱好和喜欢,又不如以之为乐。"

【原文6·21】

子曰:"中人以上,可以语上也;中人以下,不可以语上也。"

【白话】

孔子说:"具有中等以上智力的人,可以给他讲授高深的学问,中等水平以下的人,就不可以给他讲授高深的学问了。"

【原文6·22】

樊迟问知,子曰:"务民之义,敬鬼神而远之,可谓知矣。"问仁,曰:"仁者先难而后获,可谓仁矣。"

【白话】

樊迟问孔子怎样做才算是明智,孔子说:"教化百姓的原则,应该是敬畏鬼神但要远离它,从而让百姓以道义为重,这就可以说是明智了。"樊迟又问怎样做才算有仁德,孔子说:"仁者总是艰苦努力在前,获取享受在后,做到这些,就可以说是有仁德了。"

【原文6·23】

子曰:"知者乐水,仁者乐山;知者动,仁者静;知者乐,仁者寿。"

【白话】

孔子说:"智慧的人喜爱水,仁德的人喜爱山;智慧的人勤于思考,仁德的人安于沉静;智慧的人乐观,仁德的人长寿。"

【原文6·24】

子曰:"齐一变,至于鲁;鲁一变,至于道。"

【白话】

孔子说:"齐国的礼法如果按照我所设计的方向变革,就可以达到鲁国现在这个样子;鲁国的礼法如果按照我所设计的方向变革,就可以达到先王之道了。"

【原文6·25】

子曰:"觚不觚,觚哉?觚哉!"

【白话】

孔子说:"那盛酒的器具——觚已经不像个觚了,能算是觚吗?能算是觚吗!"

【原文6·26】

宰我问曰:"仁者,虽告之曰'井有仁焉',其从之也?"子曰:"何为其然也?君子可逝也,不可陷也;可欺也,不可罔也!"

【白话】

宰我问道:"对于一个有仁德的人,别人告诉他说'井里掉下去一位仁人啦',他会跟着跳下去吗?"孔子说:"为什么要这样做呢?君子可以到井边去施救,却不可以自己陷入井中;君子可能被欺骗,但不可以被迷惑!"

【原文6·27】

子曰:"君子博学于文,约之以礼,亦可以弗畔矣夫。"

【白话】

孔子说:"君子博学于古代的文化典籍,又以礼来约束自己,也就可以不离经叛道了吧。"

【原文6·28】

子见南子,子路不说。夫子矢之曰:"予所否者,天厌之!天厌之!"

【白话】

孔子去见卫灵公的夫人南子,(由于南子有淫乱的行为)子路很不高兴。孔子发誓说:"如果我的所为不合道义,让上天谴责我吧!让上天谴责我吧!"

【原文6·29】

子曰:"中庸之为德也,其至矣乎!民鲜久矣。"

【白话】

孔子说:"中庸作为一种美德,该是道德的最高境界了吧!但人们缺少这种美德已经很久了。"

【原文6·30】

子贡曰:"如有博施于民而能济众,何如?可谓仁乎?"子曰:"何事于仁?必也圣乎!尧舜其犹病诸。夫仁者,己欲立而立人,己欲达而达人。能近取譬,可谓仁之方也已。"

【白话】

子贡说:"假若有一个人,能使百姓广泛受益拯救大众,怎么样?可以算是仁人了吗?"孔子说:"岂止是仁人,简直是圣人了!就连尧和舜,尚且难以做到如此呢。真正的仁人,自己要想站起来,就会同时帮助别人站起来;自己希望通达,就会同时帮助别人通达。凡事能从自己做起,并且推己及人,这就是行仁的正确途径。"

郝冀川(插图)

《述而》第七

【原文7·1】

子曰:"述而不作,信而好古,窃比于我老彭。"

【白话】

孔子说:"我只是忠实地阐述、讲授而不自以为是地创作,坚信而且喜好古代的经典文化,因为我私下里总是比着老子和彭祖找差距。"

【原文7·2】

子曰:"默而识之,学而不厌,诲人不倦,何有于我哉?"

【白话】

孔子说:"默默地记住(所学的知识),学习不觉厌烦,教人不知疲倦,对于我这个人来说,还有什么可贵的呢?"

【原文7·3】

子曰:"德之不修,学之不讲,闻义不能徙,不善不能改,是吾忧也。"

【白话】

孔子说:"品德方面不去修养,学问方面不求精进,明白了道义不能施行,有了不善不思改正,这些就是我所忧虑的啊。"

【原文7·4】

子之燕居,申申如也,夭夭如也。

【白话】

孔子闲居在家时,衣着整洁,仪态温和,悠闲自在。

【原文7·5】

子曰:"甚矣吾衰也!久矣吾不复梦见周公。"

【白话】

孔子说:"我衰老得很厉害啊!我好久没有梦见周公了。"

【原文7·6】

子曰:"志于道,据于德,依于仁,游于艺。"

【白话】

孔子说:"立志于道,据守于德,依存于仁,致力于艺(礼、乐、射、御、书、数等六艺)。"

【原文7·7】

子曰:"自行束脩以上,吾未尝无诲焉。"

【白话】

孔子说:"凡自愿带着一束干肉以上为礼来拜我为师的人,我从来没有不教诲他的。"

【原文7·8】

子曰:"不愤不启,不悱不发。举一隅不以三隅反,则不复也。"

【白话】

孔子说:"教导学生,不到他渴望明白而又无法明白的时候,不去开导他;不到他想说出来却又说不出来的时候,不去启发他。教给他一个方面的东西,却不能由此而推知其他,那就不要再教他了。"

【原文7·9】

子食于有丧者之侧,未尝饱也。

【白话】

孔子在有丧事的人旁边吃饭,从来没有吃饱过。

【原文7·10】

子于是日哭,则不歌。

【白话】

孔子如果因为吊丧而哭泣,在这天就不再唱歌了。

【原文7·11】

子谓颜渊曰:"用之则行,舍之则藏,惟我与尔有是夫!"子路曰:"子行三军,则谁与?"子曰:"暴虎冯河,死而无悔者,吾不与也。必也临事而惧,好谋而成者也。"

【白话】

孔子对颜渊说:"用我就干,不用则隐,只有你我才能做到这样吧!"子路问孔子:"老师您如果统帅三军,那么希望和谁在一起共事呢?"孔子回答:"赤手空拳和老虎搏斗,盲目徒步涉水过河,死也不后悔的人,我是不会和他在一起共事的。我要找的,一定是那种遇事小心谨慎,善于谋划善于达成目标的人。"

【原文7·12】

子曰:"富而可求也,虽执鞭之士,吾亦为之。如不可求,从吾所好。"

【白话】

孔子说:"如果富贵可以合乎道义地去追求,虽然是给人执鞭这样下等的差事,我也愿意去做。如果对富贵的追求方式不合乎道义,那我还是按照自己的爱好去行事好啦。"

【原文7·13】

子之所慎：齐、战、疾。

【白话】

孔子非常谨慎小心对待的是三件事：斋戒、战争和疾病。

【原文7·14】

子在齐闻《韶》，三月不知肉味，曰："不图为乐之至于斯也！"

【白话】

孔子在齐国听到了舜时古乐《韶》，有几个月时间尝不出肉的滋味，他感叹说："想不到《韶》乐之美达到了这样迷人的地步！"

【原文7·15】

冉有曰："夫子为卫君乎？"子贡曰："诺，吾将问之。"入，曰："伯夷、叔齐何人也？"曰："古之贤人也。"曰："怨乎？"曰："求仁而得仁，又何怨。"出，曰："夫子不为也。"

【白话】

冉有（问子贡）说："老师会帮助卫国的国君治理国家吗？（卫国国君蒯辄即位后，因谋杀自己臭名远扬的母亲南子未果逃亡到晋国的父亲蒯聩又回来与其争夺王位，这件事恰好与伯夷、叔齐两兄弟互相让位形成鲜明对照，皆不合天伦。）"子贡说："好的，等一下，我去问问。"于是就进去问孔子："伯夷、叔齐是什么样的人呢？"孔子回答："古代的贤人。"子贡又问："他们有怨恨吗？"孔子说："他们求仁而得到了仁，有什么怨恨呢？"子贡出来对冉有说："老师是不会帮助卫君的。"

【原文7·16】

子曰："饭疏食，饮水，曲肱而枕之，乐亦在其中矣。不义而富且贵，于我如浮云。"

【白话】

孔子说："吃粗粮，喝白水，弯起胳膊当枕头，快乐也就在这中间了。用不合道义的手段得来的富贵，在我看来，就像是天上的浮云。"

【原文7·17】

子曰："加我数年，五十以学易，可以无大过矣。"

【白话】

孔子说："再给我几年时间，五十岁开始学习《易》，我便可以没有大的过错了。"

【原文7·18】

子所雅言——《诗》、《书》、执礼,皆雅言也。

【白话】

孔子(平时谈话时用鲁国的方言,)什么时候用标准音的雅言呢——读《诗经》、念《尚书》、主持礼仪活动时,用的都是雅言。

【原文7·19】

叶公问孔子于子路,子路不对。子曰:"女奚不曰,其为人也,发愤忘食,乐以忘忧,不知老之将至云尔。"

【白话】

楚国的大夫叶公问子路孔子是个什么样的人,子路当时不知道怎样回答。孔子对子路说:"你为什么不这样说,他这个人啊,发愤用功吃饭都忘了,并因此而快乐得忘记了一切忧愁,连自己快要老了都没有感觉,如此而已啊!"

【原文7·20】

子曰:"我非生而知之者,好古,敏以求之者也。"

【白话】

孔子说:"我不是生来就懂的人,而是爱好古代的文化经典,并且敏于去探索的人罢了。"

【原文7·21】

子不语怪、力、乱、神。

【白话】

孔子不谈论怪异、暴力、悖乱、鬼神之事。

【原文7·22】

子曰:"三人行,必有我师焉。择其善者而从之,其不善者而改之。"

【白话】

孔子说:"三个人走在一起,其中必定有人可以成为自己一个方面的老师。对于每一个人,我们应当向他好的一面看齐,他不好的地方,我们就引以为戒,对照改正。"

【原文7·23】

子曰:"天生德于予,桓魋其如予何?"

【白话】

(宋国司马桓魋砍倒大树,要杀孔子。)孔子说:"上天把德赋予了我,那桓魋能把我怎么样?"

【原文7·24】

子曰:"二三子以我为隐乎?吾无隐乎尔。吾无行而不与二三子者,是丘也!"

【白话】

孔子说:"弟子们,你们以为我在知识的传授方面对你们有什么隐瞒吗?我是丝毫没有隐瞒什么的。并且我没有什么事不是和你们一起做的,我孔丘就是这样的人啊!"

【原文7·25】

子以四教:文、行、忠、信。

【白话】

孔子以文化、德行、忠义、诚信四项主要内容教授学生。

【原文7·26】

子曰:"圣人,吾不得而见之矣!得见君子者,斯可矣。"子曰:"善人,吾不得而见之矣!得见有恒者,斯可矣。亡而为有,虚而为盈,约而为泰,难乎有恒矣!"

【白话】

孔子说:"圣人,我是不可能看到了!能看到君子,也就可以了。"孔子说:"善人,我是不可能看到了!能看到始终如一向善的人,也就可以了。没有装有,虚而装实,穷困装富足,这样的人要始终如一向善,实在是很难啊!"

【原文7·27】

子钓而不纲,弋不射宿。

【白话】

孔子只用钓竿单钩钓鱼,而不用(有许多鱼钩的)排钩钓鱼。只射飞鸟,不射归巢歇宿的鸟。

【原文7·28】

子曰:"盖有不知而作之者,我无是也。多闻,择其善者而从之;多见而识之。知之次也。"

【白话】

孔子说:"有这样一种人,虽然无知或者一知半解却敢于创作,我不会这样做。多听,学习真正有益的东西;多看,然后用心感悟。这(与生而知之相比)是次一等的智慧。"

【原文7·29】

互乡难与言,童子见,门人惑。子曰:"与其进也,不与其退也,唯何甚?人洁己以进,与其洁也,不保其往也。"

【白话】

互乡那个地方民风不好,但互乡的一个童子却受到了孔子的接见,弟子们迷惑不解。孔子说:"我是赞许他的进步,不是肯定他的落后。何必做得太过分呢?人家改正错误要求向善进步,我们应当赞许和鼓励,不要死抓住他的过去不放,当然我也不能保证他真的从此以后就改邪归正了。"

【原文7·30】

子曰:"仁远乎哉?我欲仁,斯仁至矣!"

【白话】

孔子说:"仁难道离我们很远吗?其实,只要我们真想达到仁,仁就来了!"

【原文7·31】

陈司败问:"昭公知礼乎?"孔子曰:"知礼。"孔子退,揖巫马期而进之曰:"吾闻君子不党,君子亦党乎?君取于吴,为同姓,谓之吴孟子。君而知礼,孰不知礼?"巫马期以告。子曰:"丘也幸,苟有过,人必知之。"

【白话】

陈国主管司法的官员陈司败问孔子:"鲁昭公懂得礼吗?"孔子回答:"懂礼。"孔子出来后,陈司败向巫马期作了个揖,请他走近自己,对他说:"我听说,君子是没有偏私的,难道君子还包庇别人吗?鲁昭公在吴国娶了一个女子为夫人,这个女子与他同姓姬,为掩盖真相,便称她为吴孟子。如果鲁昭公算是知礼,那么还有谁不知礼呢?"于是巫马期把这句话告诉了孔子。孔子感叹说:"我真是幸运,如果有错,人家一定会明察并让我知道的。"

【原文7·32】

子与人歌而善,必使反之,而后和之。

【白话】

孔子与别人一起唱歌,如果别人唱得好,就一定要请他再唱一遍,然后和他一起唱。

【原文7·33】

子曰:"文,莫吾犹人也。躬行君子,则吾未之有得。"

【白话】

孔子说:"就典章文化来说,我和别人大约还差不多。然而成为一个身体力行的君子,那我还没有做到。"

【原文7·34】

子曰:"若圣与仁,则吾岂敢?抑为之不厌,诲人不倦,则可谓云尔已矣。"公西华曰:"正唯弟子不能学也!"

【白话】

孔子说:"如果说到圣与仁,那我怎么敢当呢?只是我能够不厌其烦地向着圣与仁的方向努力去做,教诲别人也从不感觉疲倦,则是可以这样说的。"公西华说:"这正是我们这些弟子还无法学到的啊!"

【原文7·35】

子疾病,子路请祷。子曰:"有诸?"子路对曰:"有之。《诔》曰:'祷尔于上下神祇。'"子曰:"丘之祷久矣。"

【白话】

孔子病情严重,子路请求为他祷告。孔子说:"有这种做法吗?"子路回答:"有的。《诔》文上说:'为你向天地神灵祈祷。'"孔子叹息说:"我很久以来就在祈祷了。"(如果这样做真的有效的话,怎么还是没有作用呢?)

【原文7·36】

子曰:"奢则不孙,俭则固。与其不孙也,宁固。"

【白话】

孔子说:"铺张奢侈就易越礼,过分节俭则会简陋。与其越礼,宁可简陋。"

【原文7·37】

子曰:"君子坦荡荡,小人长戚戚。"

【白话】

孔子说:"君子心胸宽广,无私无畏;小人充满物欲,忧心忡忡。"

【原文7·38】

子温而厉,威而不猛,恭而安。

【白话】

孔子温和而又严肃,威严而不暴躁,庄重而又安详。

《泰伯》第八

【原文8·1】

子曰:"泰伯,其可谓至德也已矣。三以天下让,民无得而称焉。"

【白话】

孔子说:"泰伯(周代始祖古公亶父的长子),可以说是品德最高尚的人了,几次把王位让给季历(古公亶父的三子,其子姬昌,即周文王),百姓们简直找不到合适的词句来称赞他。"

【原文8·2】

子曰:"恭而无礼则劳,慎而无礼则葸,勇而无礼则乱,直而无礼则绞。君子笃于亲,则民兴于仁;故旧不遗,则民不偷。"

【白话】

孔子说:"恭敬而失礼,就会徒劳;谨慎而失礼,就会拘谨;勇猛而失礼,就会乱来;率直而失礼,就会尖刻。在上位的人如果善待亲族,百姓就会兴起仁德之风;不遗弃老朋友,百姓就不会冷漠无情。"

【原文8·3】

曾子有疾,召门弟子曰:"启予足!启予手!诗云:'战战兢兢,如临深渊,如履薄冰。'而今而后,吾知免夫,小子!"

【白话】

曾子有病,把他的弟子召集到身边说:"看看我的脚!看看我的手(身体完整无损,一生遵守孝道,不负父母所望)!《诗经》上谕示:'小心谨慎呀,好像站在深渊旁边,好像踩在薄冰上面。'从今以后,我就要解脱了(心安理得地去见父母了),懂了吗?小子们!"

【原文8·4】

曾子有疾,孟敬子问之。曾子言曰:"鸟之将死,其鸣也哀;人之将死,其言也善。君子所贵乎道者三:动容貌,斯远暴慢矣;正颜色,斯近信矣;出辞气,斯远鄙倍。笾豆之事,则有司存。"

【白话】

曾子有病,(在政治立场上与之对立的)鲁国大夫孟敬子去看望他。曾子对他说:"鸟快死了,它的叫声是悲切的;人快死了,他说的话是诚善的。君子之所以看重道义,有三个方面的道理:因道义而动容,就可以避免粗暴放肆;因道义而正色,就可以近于诚信;因道义而言谈,就可以远离粗鄙谬论。至于祭祀和礼节仪式方面的事情,自有主管这些事务的专人来负责。"

【原文8·5】

曾子曰:"以能问于不能,以多问于寡,有若无,实若虚,犯而不校——昔者吾友尝从事于斯矣。"

【白话】

曾子说:"自己有才能却向没有才能的人请教,自己知识多却向知识少的人请教,拥有却像没有,充实好像虚空,受到侵犯却不计较——从前我的朋友(颜渊)就是这样做的。"

【原文8·6】

曾子说:"可以托六尺之孤,可以寄百里之命,临大节而不可夺也。君子人与?君子人也!"

【白话】

曾子说:"可以把年幼的君主托付给他,可以把国家的命运托付给他,面临生死存亡不动摇不屈服。这样的人是君子吗?当然是真正的君子啊!"

【原文8·7】

曾子曰:"士不可以不弘毅,任重而道远。仁以为己任,不亦重乎?死而后已,不亦远乎?"

【白话】

曾子说:"士不可以不胸怀大志刚强坚毅,因为他任重而道远。实现仁德是他义不容辞的使命,难道责任还不重大吗?奋斗终生,死而后已,难道路不遥远吗?"

【原文8·8】

子曰:"兴于诗,立于礼,成于乐。"

【白话】

孔子说:"一个人德行的修养,以《诗》来启蒙,以礼来约束,以乐来完善。"

【原文8·9】

子曰:"民可使由之,不可使知之。"

【白话】

孔子说:"百姓能够遵道而行,就助推他们;不懂遵道而行,就要引导和教化他们。"

【原文8·10】

子曰:"好勇疾贫,乱也。人而不仁,疾之已甚,乱也。"

【白话】

孔子说:"崇尚勇武而又怨恨穷困,就会导致作乱。对于不仁德的人仇视过分,也会导致祸乱。"

【原文8·11】

子曰:"如有周公之才之美,使骄且吝,其余不足观也已。"

【白话】

孔子说:"即使有周公那样卓绝的才能,如果他骄傲自大而又吝啬小气,那么人们除了注意他骄傲自大吝啬小气的毛病以外,再也不会去看他的优点和长处了。"

【原文8·12】

子曰:"三年学,不至于谷,不易得也。"

【白话】

孔子说:"学了三年,还不急于做官寻求俸禄,实在是不容易啊!"

【原文8·13】

子曰:"笃信好学,守死善道。危邦不入,乱邦不居。天下有道则见,无道则隐。邦有道,贫且贱焉,耻也;邦无道,富且贵焉,耻也。"

【白话】

孔子说:"坚定信念好学向上,始终如一遵循道义。不入政局不稳的国家,不居动乱不安的国家。天下有道则有所作为,天下无道就自我归隐。国家有道而自己贫贱,那是耻辱;国家无道而自己富贵,也是耻辱。"

【原文8·14】

子曰:"不在其位,不谋其政。"

【白话】

孔子说:"不在那个职位,就不参与那个职位上的事情谋划。"

【原文8·15】

子曰:"师挚之始,《关雎》之乱,洋洋乎盈耳哉!"

【白话】

孔子说:"从鲁国太师挚演奏的序曲开始,到最后合奏《关雎》曲终,美妙的音乐在我耳边回荡。"

【原文8·16】

子曰:"狂而不直,侗而不愿,悾悾而不信,吾不知之矣。"

【白话】

孔子说:"狂妄而不正直,幼稚而不朴实,貌似诚恳而不守信用,我真不知道这样的人是怎么回事。"

【原文8·17】

子曰:"学如不及,犹恐失之。"

【白话】

孔子说:"我求知的心情是那样的急迫,总像追赶不上,还担心丢掉什么。"

【原文8·18】

子曰:"巍巍乎,舜禹之有天下也,而不与焉!"

【白话】

孔子说:"多么崇高啊!舜和禹君临天下,却不据为己有。"

【原文8·19】

子曰:"大哉尧之为君也!巍巍乎,唯天为大,唯尧则之。荡荡乎,民无能名焉。巍巍乎,其有成功也!焕乎,其有文章!"

【白话】

孔子说:"多么伟大啊,尧之作为君主!多么崇高啊,唯有苍天才如此高远,而只有尧才能够真正地效法。他的恩德多么浩荡啊,百姓们真不知道该用什么语言来予以称颂。多么巍峨啊,他的成就和功绩!多么灿烂啊,他制定的礼乐和法度!"

【原文8·20】

舜有臣五人而天下治。武王曰:"予有乱臣十人。"孔子曰:"才难,不其然乎?唐虞之际,于斯为盛,有妇人焉,九人而已。三分天下有其二,以服事殷。周之德,其可谓至德也已矣。"

【白话】

舜有禹、稷、契、皋陶、伯益五位贤臣,于是天下得以治理。周武王也说过:"我有十个合力帮助我治理国家的臣子。"孔子说:"人才难得,难道不是这样吗?从唐尧和虞舜开始到周武王这个时期,人才是最盛了。但十个大臣当中还包括武王之妻邑姜,可以说实际上只有九个名正言顺的大臣而已。周文王得了天下的三分之二,仍然事奉殷朝,周朝的美德,真可以说是最高的了。"

【原文8·21】

子曰:"禹,吾无间然矣。菲饮食而致孝乎鬼神;恶衣服而致美乎黻冕；卑宫室而尽力乎沟洫。禹，吾无间然矣。"

【白话】

孔子说："对于禹，我真是没什么可挑剔的了。他自己饮食简单却又尽力孝祖先敬天地；他平日衣着素朴却把祭服做得十分华美；他住的宫室低矮却致力于修治水利。对于禹，我确实没有什么可挑剔的啊！"

《子罕》第九

【原文9·1】

子罕言利,与命与仁。

【白话】

孔子很少谈到利益,肯定天命和仁德。

【原文9·2】

达巷党人曰:"大哉孔子!博学而无所成名。"子闻之,谓门弟子曰:"吾何执?执御乎?执射乎?吾执御矣。"

【白话】

达巷党这个地方有人讥讽说:"孔子真伟大哦!他学问渊博,可惜没有一技之长以成名。"孔子听了,幽默地对弟子说:"我要专攻哪个方面呢?驾车呢?还是射箭呢?我还是专攻驾车吧。"

【原文9·3】

子曰:"麻冕,礼也,今也纯,俭,吾从众;拜下,礼也,今拜乎上,泰也。虽违众,吾从下。"

【白话】

孔子说:"用麻布制成的礼帽,符合于古礼的规定,现在大家都用黑丝来制,比过去节省了,我随顺大家的做法;臣子见国君首先要在堂下行拜,这是古礼的要求,现在大家都到堂上来行拜,太过分了。虽然有违众意,我还是遵从在堂下行拜的古礼。"

【原文9·4】

子绝四:毋意,毋必,毋固,毋我。

【白话】

孔子杜绝了一般人的四种毛病:不会臆想猜疑,不会先入为主,不会固执己见,不会唯我独尊。

【原文9·5】

子畏于匡,曰:"文王既没,文不在兹乎?天之将丧斯文也,后死者不得与于斯文也;天之未丧斯文也,匡人其如予何!"

【白话】

孔子被匡地(即今河南省长垣县西南)的人所围困,他说:"周文王不在了,周代的礼乐文化不是都在我这里吗?上天如果想要消灭这种文化,那我就不可能掌握这种文化了;上天如果不想消灭这种文化,那么匡人又能把我怎么样呢!"

【原文9·6】

太宰问于子贡曰:"夫子圣者与?何其多能也?"子贡曰:"固天纵之将圣,又多能也。"子闻之,曰:"太宰知我乎?吾少也贱,故多能鄙事。君子多乎哉?不多也!"

【白话】

吴国的太宰伯问子贡说:"孔夫子是位圣人吧?他为什么如此多才多艺呢?"子贡回答:"恐怕上天真要让他成为圣人,而且使他多才多艺。"孔子听到后说:"太宰了解我吗?我因为少年时地位低贱,所以才学会了这么多求生的技能。君子需要学会这么多的求生技能吗?不需要的!"

【原文9·7】

牢曰:"子云,'吾不试,故艺'。"

【白话】

弟子子牢说:"孔子说过,'我年轻时没有做成官,所以就学会了许多求生存的技能'。"

【原文9·8】

子曰:"吾有知乎哉?无知也。有鄙夫问于我,空空如也。我叩其两端而竭焉。"

【白话】

孔子说:"我有学问吗?其实没有什么学问。有一个乡下人问我,我对他问的问题不明白也不知道怎样回答。于是我就从问题的两端去询问,这样慢慢地就全部搞清楚了。"

【原文9·9】

子曰:"凤鸟不至,河不出图,吾已矣夫!"

【白话】

孔子说:"凤鸟不来了(传说凤鸟在舜和周文王时代都出现过),黄河中也不出现八卦图了(传说在上古伏羲氏时代,黄河中有龙马背负八卦图而出)。我这一生,就这样算了吧!"

【原文9·10】

子见齐衰者、冕衣裳者与瞽者,见之,虽少,必作;过之,必趋。

【白话】

孔子遇见穿丧服的人、穿礼服的人和盲人的时候,即便他们年轻,也一定要立起身来;从他们面前经过的时候,一定要快步走过。

【原文9·11】

颜渊喟然叹曰:"仰之弥高,钻之弥坚,瞻之在前,忽焉在后。夫子循循然善诱人,博我以文,约我以礼,欲罢不能,既竭吾才。如有所立,卓尔,虽欲从之,末由也已。"

【白话】

颜渊喟然感叹:"(对于老师的学问与品德,)越是抬头仰望,越是感觉高远;越是努力钻研,越是感觉不可穷尽。眼看着好像就在前面,忽然又像存在于后。老师循循善诱,用典籍来丰富我,用礼节来约束我,使我想停下来都不可能,直到我用尽了自己的全力。我总是感觉有一个目标立在我的前面,十分的高大,虽然我想要追随上去,却还没有找到前进的路径啊!"

【原文9·12】

子疾病,子路使门人为臣。病间,曰:"久矣哉,由之行诈也!无臣而为有臣。吾谁欺?欺天乎?且予与其死于臣之手也,无宁死于二三子之手乎?且予纵不得大葬,予死于道路乎?"

【白话】

孔子患了重病,子路让(孔子的)门人充当其家臣负责料理。病情减轻一些后,孔子说:"很长时间了,仲由为了我干出这种弄虚作假的事情!我明明没有家臣,却偏偏要装作有家臣,我骗谁呢?我骗上天吗?与其在家臣的侍候下死去,我宁可在你们这些弟子的侍候下死去,这样不是更好吗?况且,即便我不能享有大夫的葬礼,难道会被扔在路边没有人埋吗?"

【原文9·13】

子贡曰:"有美玉于斯,韫椟而藏诸?求善贾而沽诸?"子曰:"沽之哉,沽之哉!我待贾者也。"

【白话】

子贡说:"如果有一块美玉,是把它收藏在柜子里呢?还是找一个识货的商人卖掉呢?"孔子马上说:"卖掉吧,卖掉吧!我正在等着识货的人来买呢。"

【原文9·14】

子欲居九夷。或曰:"陋,如之何?"子曰:"君子居之,何陋之有?"

【白话】

孔子想要搬到九夷这个地方去居住。有人说:"那里非常落后闭塞,怎么能住呢?"孔子说:"如果有君子居住,怎么会一直闭塞落后呢?"

【原文9·15】

子曰:"吾自卫反鲁,然后乐正,雅颂各得其所。"

【白话】

孔子说:"我周游列国从卫国返回到鲁国以后,对乐的篇章进行了系统整理,于是雅乐和颂乐才各有规范。"

【原文9·16】

子曰:"出则事公卿,入则事父兄,丧事不敢不勉,不为酒困,何有于我哉。"

【白话】

孔子说:"在外敬事公卿,在家敬事父兄,有丧事不敢不全力以赴,不被酒所困扰,对于我来说,这些事情有什么困难呢?"

【原文9·17】

子在川上曰:"逝者如斯夫,不舍昼夜!"

【白话】

孔子在河边感叹:"时光就像这河水一样啊,不分昼夜地流逝而去!"

【原文9·18】

子曰:"吾未见好德如好色者也。"

【白话】

孔子说:"我没有见过像好色那样好德的人。"

【原文9·19】

子曰:"譬如为山,未成一篑,止,吾止也;譬如平地,虽覆一篑,进,吾往也。"

【白话】

孔子说:"(道德品质的塑造),譬如用土堆山,只差一筐土就完成了,这时停下来,那是我自己要停下来的;譬如在平地,虽然只是先倒下一筐,但只要立志堆山,持之以恒,同样是我自己要进步的。"

【原文9·20】

子曰:"语之而不惰者,其回也与!"

【白话】

孔子说:"听我教诲而能毫不懈怠的,大概只有颜回一个人吧!"

【原文9·21】

子谓颜渊曰:"惜乎! 吾见其进也,未见其止也。"

【白话】

孔子谈起颜渊时感叹说:"难得呀!我只见他不断进步,从来没有看见他止步不前。"

【原文9·22】

子曰:"苗而不秀者有矣夫;秀而不实者有矣夫!"

【白话】

孔子说:"出了苗而不能吐穗扬花的庄稼有吧;吐穗扬花而不结实的庄稼也有吧!"

【原文9·23】

子曰:"后生可畏,焉知来者之不如今也?四十、五十而无闻焉,斯亦不足畏也已。"

【白话】

孔子说:"年轻人值得敬畏,怎么就说后一代不如前一代呢?不过,一个人如果到了四五十岁还默默无闻没一点动静,那他就没有什么可以让人敬畏的了。"

【原文9·24】

子曰:"法语之言,能无从乎?改之为贵。巽与之言,能无说乎?绎之为贵。说而不绎,从而不改,吾末如之何也已矣。"

【白话】

孔子说:"符合礼法的规劝,能不听从吗?但只有照着它来改正自己的错误才是可贵的。恭顺好听的话,谁听了不高兴呢?但只有认真辨别它,才是可贵的。只是高兴而不去分析辨别,只是接受而不改正,我拿他就没有办法了。"

【原文9·25】

子曰:"主忠信,毋友不如己者,过则勿惮改。"

【白话】

孔子说:"为人处世,忠信是根本,但不要与不同道的人交友;有了过错,不要怕改正。"

【原文9·26】

子曰:"三军可夺帅也,匹夫不可夺志也!"

【白话】

孔子说:"对于一支军队,可以夺去它的统帅,但对于一个哪怕是普普通通的人,他内心深处的志向,也是不能强力改变的!"

【原文9·27】

子曰:"衣敝缊袍,与衣狐貉者立而不耻者,其由也与?'不忮不求,何用不臧?'"子路终身诵之。子曰:"是道也,何足以臧?"

【白话】

孔子说:"穿着破旧的丝棉袍子,与穿着狐貉皮袍的人站在一起而不会觉得羞愧的,大概只有仲由有如此的自信吧?正如《诗经》上说:'不嫉妒,不贪求,不是在哪里都难能可贵吗?'"子路听后,全心全意反反复复背诵这句诗。孔子却又说:"这样简单的道理,也用得着念念不忘吗?"

【原文9·28】

子曰:"岁寒,然后知松柏之后凋也。"

【白话】

孔子说:"到了严寒的季节,才知道松柏之难以凋谢。"

【原文9·29】

子曰:"知者不惑,仁者不忧,勇者不惧。"

【白话】

孔子说:"有智慧的人不会迷惑,有仁德的人不会忧愁,有勇气的人不会畏惧。"

【原文9·30】

子曰:"可与共学,未可与适道;可与适道,未可与立;可与立,未可与权。"

【白话】

孔子说:"可以一起求学的人,未必都能感悟道义;能够感悟道义的人,未必能够坚守道义;能够坚守道义的人,未必能够随机权变。"

【原文9·31】

"唐棣之华,偏其反而。岂不尔思,室是远而。"子曰:"未之思也,夫何远之有?"

【白话】

古代有一首诗中这样写道:"唐棣之花,翩翩摇啊摇。我难道不想念你吗?只是我住的地方太远了。"孔子说:"他这是没有真的想念,如果真的想念,何远之有呢?"

《乡党》第十

【原文10·1】

孔子于乡党,恂恂如也,似不能言者。其在宗庙、朝廷,便便言,唯谨尔。

【白话】

孔子与本乡人相会,显得温和而恭敬,好像是不会说话的样子。但他在宗庙里、朝廷上,却十分善于表达,只是说话谨慎而已。

【原文10·2】

朝,与下大夫言,侃侃如也;与上大夫言,訚訚如也;君在,踧踖如也,与与如也。

【白话】

孔子上朝的时候,(还没有见到国君前)同下大夫交谈,温和而快乐;同上大夫交谈,善言而率直;国君到了,恭敬而谨慎,但又仪态和谐。

【原文10·3】

君召使摈,色勃如也,足躩如也。揖所与立,左右手,衣前后,襜如也。趋进,翼如也。宾退,必复命曰:"宾不顾矣。"

【白话】

国君召孔子去接待宾客,他的脸色立即庄重起来,脚步也快起来。他向同他站在一起的人作揖,向左或向右拱手,衣服前后摆动,却整齐不乱。快步向前的时候,朝服似鸟儿展开双翅。宾客走后,他必定向君主回报说:"客人已经走远,不再回望了。"

【原文10·4】

入公门,鞠躬如也,如不容。立不中门,行不履阈。过位,色勃如也,足躩如也,其言似不足者。摄齐升堂,鞠躬如也,屏气似不息者。出,降一等,逞颜色,怡怡如也。没阶,趋进,翼如也。复其位,踧踖如也。

【白话】

孔子进入朝廷大门的时候,谨慎而恭敬,好像没有他的容身之地。站,他不会立于门的中间;走,他不会踩踏门槛。经过国君的座位时,他的脸色立刻庄重起来,脚步也快了起来,说话好像中气不足一样。提起衣服下摆走向堂上的时候,恭敬谨慎,憋住气息好像不呼吸。退出来,走下台阶,脸色便舒展开了,愉快而轻松。下完了台阶,快步向前,朝服似鸟儿展翅。回到自己的位置,又是恭敬小心的样子。

【原文10·5】

执圭,鞠躬如也,如不胜。上如揖,下如授,勃如战色,足蹜蹜,如有循。享礼,有容色。私觌,愉愉如也。

【白话】

(孔子出使到别的诸侯国时)拿着圭,恭敬谨慎,像是拿不起来的样子。向上举时,好像在作揖,朝下放时,好像递东西给人,脸色庄重得像在战栗,步子很小,好像沿着一条直线往前走。举行赠送礼物的仪式时,则显得和颜悦色。他以私人身份与国君会见时,便显出轻松愉快的神情了。

【原文10·6】

君子不以绀緅饰,红紫不以为亵服。当暑,袗绤绤,必表而出之。缁衣,羔裘;素衣,麑裘;黄衣,狐裘。亵裘长,短右袂。必有寝衣,长一身有半。狐貉之厚以居。去丧,无所不佩。非帷裳,必杀之。羔裘玄冠不以吊。吉月,必朝服而朝。

【白话】

孔子不用深青透红或黑里透红的布镶边,不用红色或紫色的布做平常家居穿的衣服。夏天,穿粗的或细的葛布单衣,但一定要套在内衣的外面。冬天,穿黑色的羔羊皮袍,配黑色的罩衣;白色的鹿皮袍,配白色的罩衣;黄色的狐皮袍,配黄色的罩衣。平常家居穿的皮袍,做得长一些,右边的袖子为了便于做事做得短一些。睡觉一定要穿睡衣,睡衣有一身半长。坐垫是用狐貉的厚毛皮做的。服丧期满,脱下丧服后,便佩带上各种各样的装饰品。如果不是礼服,一定要去掉多余的布料(上朝和祭祀时穿的礼服用整幅布制作,不予以裁剪而是折叠缝上)。不穿黑色的羔羊皮袍和戴着黑色的帽子去吊丧。每月初一,一定要穿着礼服去朝拜君主。

【原文10·7】

齐,必有明衣,布。齐必变食,居必迁坐。

【白话】

斋戒沐浴的时候,一定要有浴衣——用布做的。斋戒的时候,一定要改变平常的饮食(不饮酒,不吃葱、蒜等有刺激味的东西),居住也一定要从内室迁到外室(不与妻妾同房)。

【原文10·8】

食不厌精,脍不厌细。食饐而餲,鱼馁而肉败,不食。色恶,不食。臭恶,不食。失饪,不食。不时,不食。割不正,不食。不得其酱,不食。肉虽多,不使胜食气。唯酒无量,不及乱。沽酒市脯,不食。不撤姜食,不多食。

【白话】

(孔子吃饭)粮食不嫌舂得精,鱼和肉不嫌切得细。粮食陈旧和变味了,鱼和肉腐烂了,不吃。食物的颜色不对,不吃。气味难闻,不吃。烹调不当,不吃。不合时令的东西,不吃。肉切得不得法,不吃。佐料放得不适当,不吃。席上的肉虽多,但吃的量不超过米面的量。只有酒没有限制,但不喝醉。从市上买来的肉干和酒,不吃。每餐必须有姜,但也不多吃。

【原文10·9】

祭于公,不宿肉。祭肉不出三日。出三日,不食之矣。

【白话】

孔子参加国君祭祀典礼时分到的祭肉,不过夜就会处理掉。家祭用的肉保存不超过三天。超过三天,就不吃了。

【原文10·10】

食不语,寝不言。

【白话】

孔子吃饭的时候不交谈,睡觉的时候也不说话。

【原文10·11】

虽疏食菜羹,瓜祭,必齐如也。

【白话】

即便是粗米饭蔬菜汤,孔子吃饭前也要把它们取出一些来祭祖,而且表情严肃恭敬。

【原文10·12】

席不正,不坐。

【白话】

铺于地面的席子放得不端正,孔子不会坐下来。

【原文10·13】

乡人饮酒,杖者出,斯出矣。

【白话】

行乡饮酒的礼仪结束后,孔子一定要等比自己年长的人先离开了,自己才离席出来。

【原文10·14】

乡人傩,朝服而立于阼阶。

【白话】

参加乡里人举行迎神驱鬼的仪式时,孔子总是穿着朝服站在东边的台阶上迎接宾客。

【原文10·15】

问人于他邦,再拜而送之。

【白话】

孔子托人向在其他诸侯国的朋友问候,送别时,一定会向受托者拜两次。

【原文10·16】

康子馈药,拜而受之。曰:"丘未达,不敢尝。"

【白话】

季康子给孔子赠送药品,孔子拜谢之后接受了,但却说:"我对药性不了解,现在还不敢尝。"

【原文10·17】

厩焚。子退朝,曰:"伤人乎?"不问马。

【白话】

家里的马棚失火了。孔子退朝回来,问道:"伤人没有?"不问马怎么样。

【原文10·18】

君赐食,必正席先尝之。君赐腥,必熟而荐之。君赐生,必畜之。侍食于君,君祭,先饭。

【白话】

国君赐给熟食,孔子一定要摆正坐席先尝一尝。国君赐给生肉,一定要煮熟了先供奉祖宗。国君赐给活物,一定要饲养起来。陪国君一道吃饭,在国君举行饭前祭礼的时候,一定要替国君先尝一尝。

【原文10·19】

疾,君视之,东首,加朝服,拖绅。

【白话】

孔子病了,国君来探视,他便头朝东躺着,身上盖着朝服,拖着束在腰间的大带子。

【原文10·20】

君命召,不俟驾行矣。

【白话】

国君召见,孔子不等车马驾好就先步行走去了。

【原文10·21】

入太庙,每事问。

(本章重出,见于《八佾》篇之第15章。)

【原文10·22】

朋友死,无所归,曰:"于我殡。"

【白话】

孔子的朋友死了,没有亲人敛埋,孔子说:"丧事由我负责吧。"

【原文10·23】

朋友之馈,虽车马,非祭肉,不拜。

【白话】

朋友赠送物品,即使是车马,只要不是祭肉,孔子在接受的时候也是不行拜礼的。

【原文10·24】

寝不尸,居不客。

【白话】

孔子睡觉不会像死尸一样挺着,平日家居也不像作客或接待客人时那么仪态庄重严肃。

【原文10·25】

见齐衰者,虽狎,必变。见冕者与瞽者,虽亵,必以貌。凶服者式之。式负版者。有盛馔,必变色而作。迅雷风烈必变。

【白话】

孔子看见穿丧服的人,即使本来关系亲密,态度也一定会严肃起来。看见戴着礼帽的官员或者盲人,即使很熟悉,也一定会表现出礼貌。乘车时遇见送死者衣服的人,便俯身在车前横木上(以示同情)。遇见背负国家图籍的人,也会这样俯身在车前横木上(以示敬意)。作客的时候,如果筵席丰盛,必会恭敬地站起来致谢。遇见迅雷大风,神色一定会庄严起来。

【原文10·26】

升车,必正立,执绥。车中,不内顾,不疾言,不亲指。

【白话】

孔子上车时,一定是先直立站好,然后拉着扶手带。在车上,不回头望,不高声语,不用手指指画画。

【原文10·27】

色斯举矣。翔而后集。曰:"山梁雌雉,时哉时哉!"子路共之,三嗅而作。

【白话】

(孔子和子路在山谷中行走,惊动一群野鸡飞了起来,)孔子神色为之一动。野鸡飞翔一阵后,见没有危险,便落在了树上。孔子说:"这些山梁上的野鸡,识时务呀,识时务呀!"子路向它们拱拱手,野鸡叫了几声又飞走了。

《先进》第十一

【原文11·1】

子曰:"先进于礼乐,野人也;后进于礼乐,君子也。如用之,则吾从先进。"

【白话】

孔子说:"先学习礼乐而后再做官的人,是原来没有爵禄的在野平民;先做了官然后再学习礼乐的人,是已有爵禄的统治者世家。如果选用人才,那我主张选用先学习了礼乐的人。"

【原文11·2】

子曰:"从我于陈、蔡者,皆不及门也。"

【白话】

孔子说:"曾经跟随我从陈国到蔡国途中忍饥挨饿的弟子们,现在都不在我身边了。"

【原文11·3】

德行:颜渊、闵子骞、冉伯牛、仲弓;言语:宰我、子贡;政事:冉有、季路;文学:子游、子夏。

【白话】

(孔子的弟子中)德行好的有:颜渊、闵子骞、冉伯牛、仲弓;善于辞令的有:宰我、子贡;擅长政事的有:冉有、季路;通晓诗、书、礼、乐及文献知识的有:子游、子夏。

【原文11·4】

子曰:"回也非助我者也,于吾言无所不说。"

【白话】

孔子说:"颜回不能帮助我进步啊,我说的话,他没有一句不是心悦诚服的。"

【原文11·5】

子曰:"孝哉闵子骞!人不间于其父母昆弟之言。"

【白话】

孔子说:"闵子骞真是孝顺呀!人们对于他的父母兄弟称赞他孝敬的言语,没有什么异议。"

【原文11·6】

南容三复白圭,孔子以其兄之子妻之。

【白话】

南容反复地诵读、体会《诗经·大雅·抑之》中的诗句"白圭之玷,尚可磨也;斯言不玷,不可为也(白玉上的污点还可以磨掉,言论中有毛病就无法挽回了)"。于是孔子做主把自己哥哥的女儿嫁给了他。

【原文11·7】

季康子问:"弟子孰为好学?"孔子对曰:"有颜回者好学,不幸短命死矣,今也则亡。"

【白话】

季康子问孔子:"你的弟子中谁是最好学的?"孔子回答说:"有一个叫颜回的弟子很好学,不幸短命死了。现在再也没有像他那样好学的弟子了。"

【原文11·8】

颜渊死,颜路请子之车以为之椁。子曰:"才不才,亦各言其子也。鲤也死,有棺而无椁。吾不徒行以为之椁,以吾从大夫之后,不可徒行也。"

【白话】

颜渊死了,其父颜路请求孔子卖掉车子,给颜渊买个外椁。孔子说:"虽然(颜渊和孔鲤)一个有才,一个无才,但都是你我的儿子。孔鲤死的时候,也是有棺无椁。我不能卖掉自己的车子而给他买椁,因为我做过大夫,是不可以步行的啊!"

【原文11·9】

颜渊死,子曰:"噫!天丧予!天丧予!"

【白话】

颜渊死了,孔子悲痛地说:"唉!老天爷要我的命呀!老天爷真要我的命呀!"

【原文11·10】

颜渊死,子哭之恸。从者曰:"子恸矣。"曰:"有恸乎?非夫人之为恸而谁为?"

【白话】

颜渊死了,孔子痛哭不已。跟随他的人说:"先生您悲痛过度了。"孔子说:"悲痛过度了吗?我不为这个人悲痛,又为谁悲痛呢?"

【原文11·11】

颜渊死,门人欲厚葬之,子曰:"不可。"门人厚葬之,子曰:"回也视予犹父也,予不得视犹子也。非我也,夫二三子也!"

【白话】

颜渊死了,孔子的弟子们想要隆重地安葬他,孔子说:"不能这样做。"弟子们仍然隆重地安葬了他。孔子说:"颜回把我当父亲一样看待,我却不能把他当亲生儿子一样看待(不能像对待自己亲生的儿子那样,按照礼的规定对他予以相应规格的安葬)。如此不合礼制的安葬,不是我的意思,是那些弟子们干的呀!"

【原文11·12】

季路问事鬼神。子曰:"未能事人,焉能事鬼?"曰:"敢问死?"曰:"未知生,焉知死?"

【白话】

子路问事奉鬼神方面的事。孔子说:"事奉活人的道理都还没能明白,怎么能明白事奉鬼神的道理呢?"子路又说:"那么,敢问老师死是怎么回事?"孔子回答:"活的道理都还没能明白,怎么能够理解死呢?"

【原文11·13】

闵子侍侧,訚訚如也;子路,行行如也;冉有、子贡,侃侃如也。子乐。"若由也,不得其死然!"

【白话】

闵子骞侍立在孔子身旁,恭敬而温顺的样子;子路呢,很刚强的样子;冉有、子贡则是温和快乐的样子。孔子很高兴,但又为子路担心,所以叹息:"像仲由这样,只怕不得好死啊!"

【原文11·14】

鲁人为长府。闵子骞曰:"仍旧贯,如之何?何必改作?"子曰:"夫人不言,言必有中。"

【白话】

鲁国的执政大臣季孙氏打算翻修长府的国库。闵子骞说:"照老样子不是很好吗?何必要费钱费力翻修改建呢?"孔子称赞:"他这个人平日不大开口,一开口就能说到要害。"

【原文11·15】

子曰:"由之瑟奚为于丘之门?"门人不敬子路。子曰:"由也升堂矣,未入于室也。"

【白话】

孔子说:"仲由弹瑟,为什么在我这里弹呢?"于是,弟子们都不尊敬子路。孔子于是又对大家说:"仲由嘛,他在学习上已经达到升堂的程度了,只是还没有入室罢了。"

【原文11·16】

子贡问:"师与商也孰贤?"子曰:"师也过,商也不及。"曰:"然则师愈与?"子曰:"过犹不及。"

【白话】

子贡问孔子:"子张和子夏二人,谁更优秀一些呢?"孔子回答:"子张过了,子夏不足。"子贡说:"那么是不是可以说子张更优秀一些呢?"孔子说:"凡事做过了头,就与做得不足同样不好。"

【原文11·17】

季氏富于周公,而求也为之聚敛而附益之。子曰:"非吾徒也!小子鸣鼓而攻之可也!"

【白话】

季氏比周朝的公侯还要富有,而冉求还帮他搜刮,不断增加他的钱财。孔子说:"他不是我的学生了!你们可以大张旗鼓地去声讨他!"

【原文11·18】

柴也愚,参也鲁,师也辟,由也喭。

【白话】

(孔子认为自己这些弟子各有所偏,不合中行)高柴愚直,曾参迟钝,颛孙师偏激,仲由鲁莽。

【原文11·19】

子曰:"回也其庶乎,屡空。赐不受命,而货殖焉,亿则屡中。"

【白话】

孔子说:"颜回的道德学问修养得差不多了吧,可是他常常陷于贫困。端木赐不愿安于现状去做买卖,估计行情,却每每都能猜中。"

【原文11·20】

子张问善人之道,子曰:"不践迹,亦不入于室。"

【白话】

子张问成人的路径何在。孔子说:"如果不沿着古圣先贤的脚印走,其道德和学问就修养不到家。"

【原文11·21】

子曰:"论笃是与,君子者乎?色庄者乎?"

【白话】

孔子说:"应当赞扬言论笃实诚恳的人,但应分辨他是真正的君子呢?还是扮作庄重的人。"

【原文11·22】

子路问:"闻斯行诸?"子曰:"有父兄在,如之何其闻斯行之?"冉有问:"闻斯行诸?"子曰:"闻斯行之。"公西华曰:"由也问闻斯行诸,子曰,'有父兄在';求也问闻斯行诸,子曰,'闻斯行之'。赤也惑,敢问。"子曰:"求也退,故进之;由也兼人,故退之。"

【白话】

子路问:"听闻一个道理,就马上行动吗?"孔子说:"你父兄健在,怎么能听到就马上行动呢?(应该向他们请示)"冉有问:"听闻一个道理,就马上行动吗?"孔子回答:"听到了就马上行动。"公西华不解地问孔子:"仲由问听闻一个道理就马上行动吗?老师您回答说'有父兄健在',冉求问听闻一个道理就马上行动吗?老师您又回答说'听闻一个道理就马上行动'。我被弄糊涂了,所以斗胆再问个明白。"孔子说:"冉求做事总是退缩,所以我鼓励他;仲由胆大过人,所以我要约束他。"

【原文11·23】

子畏于匡,颜渊后。子曰:"吾以女为死矣!"曰:"子在,回何敢死?"

【白话】

孔子及其弟子在匡地受到当地人围困,颜渊最后才逃出来。孔子一见面就说:"我以为你已经死了呢!"颜渊说:"老师您还活着,我怎么敢死呢?"

【原文11·24】

季子然问:"仲由、冉求可谓大臣与?"子曰:"吾以子为异之问,曾由与求之问。所谓大臣者,以道事君,不可则止。今由与求也,可谓具臣矣。"曰:"然则从之者与?"子曰:"弑父与君,亦不从也。"。

【白话】

鲁国季氏的同族人季子然问:"仲由和冉求可以算是大臣吗?(当时冉求和子路都是季氏的家臣)"孔子说:"我以为你是问别人,原来是问由和求呀。所谓大臣,是能够依据道义来事奉君主的人才,如果以道事君行不通,宁肯辞职不干。现在由和求这两个人,只能算是一般的家臣罢了。"季子然说:"那么他们会一切都跟着季氏干吗?"孔子说:"杀父杀君的事,他们还是不会跟着干的。"

【原文11·25】

子路使子羔为费宰。子曰:"贼夫人之子。"子路曰:"有民人焉,有社稷焉,何必读书,然后为学?"子曰:"是故恶夫佞者。"

【白话】

子路让子羔去做费地的长官。孔子说:"这简直是害人子弟。"子路说:"那个地方有老百姓,有社稷,治理百姓和祭祀神灵的事务都是学习,难道一定要读书才算是学习吗?"孔子说:"所以我讨厌那种习惯性狡辩的人。"

【原文11·26】

子路、曾皙、冉有、公西华侍坐。子曰:"以吾一日长乎尔,毋吾以也。居则曰:'不吾知也!'如或知尔,则何以哉?"

子路率尔而对曰:"千乘之国,摄乎大国之间,加之以师旅,因之以饥馑,由也为之,比及三年,可使有勇,且知方也。"夫子哂之。

"求,尔何如?"对曰:"方六七十,如五六十,求也为之,比及三年,可使足民。如其礼乐,以俟君子。"

"赤,尔何如?"对曰:"非曰能之,愿学焉。宗庙之事,如会同,端章甫,愿为小相焉。"

"点,尔何如?"鼓瑟希,铿尔,舍瑟而作,对曰:"异乎三子者之撰。"子曰:"何伤乎?亦各言其志也。"曰:"莫春者,春服既成,冠者五六人,童子六七人,浴乎沂,风乎舞雩,咏而归。"夫子喟然叹曰:"吾与点也!"

三子者出,曾皙后。曾皙曰:"夫三子者之言何如?"子曰:"亦各言其志也已矣。"曰:"夫子何哂由也?"曰:"为国以礼,其言不让,是故哂之。""唯求则非邦也与?""安见方六七十如五六十而非邦也者?""唯赤则非邦也与?""宗庙会同,非诸侯而何?赤也为之小,孰能为之大?"

【白话】

子路、曾皙(即曾点,曾参之父)、冉有、公西华四个人陪孔子坐着。孔子说:"不要因为我年龄比你们大一些,就不敢尽情说话。你们平时总说:'没有人了解我呀!'假如有人了解你们,那你们会怎样去做呢?"

子路毫不犹豫地急忙回答:"一个拥有一千辆兵车的国家,夹在大国中间,常常受到别的国家侵犯,国内又闹饥荒,如果让我去治理,只要三年,就可以使人们勇敢善战,而且懂得礼仪。"孔子听了,呵呵一笑,似有讥讽的意味。

孔子又问:"冉求,你怎么样呢?"冉求答道:"六七十里或五六十里见方土地的国家,让我去治理,三年以后,就可以使百姓饱暖。至于这个国家的礼乐教化,就要等君子来施行了。"

孔子又问:"公西赤,你怎么样?"公西赤答道:"我不敢说自己能够做到,但是我愿意学习。在宗庙祭祀的活动中,或者在同诸侯国的盟会中,我愿意穿着礼服,戴着礼帽,做一个小小的司仪人员。"

孔子又问:"曾点,你怎么样呢?"这时曾点弹瑟的声音逐渐放慢,"铿"的一声止住了,离开瑟站起来,回答说:"我想的和他们三位说的都不一样。"孔子说:"那有什么关系呢?也就是各人讲讲自己的志向而已。"曾晳说:"暮春三月,春天的衣服已经穿上了,约上五六个成年人,六七个少年,去沂河里洗洗澡,在舞雩台上吹吹风,然而一路唱着歌散步回来。"孔子长叹一声说:"我也是曾晳这样的愿望啊!"

子路、冉有、公西华三个人都出去了,曾晳留在了后面。他便问孔子:"他们三人说的怎么样?"孔子说:"也就是各自谈谈自己的志向罢了。"曾晳说:"老师您为什么要笑仲由呢?"孔子说:"治理国家要讲礼让,可是他说话一点也不谦逊,所以我笑他。"曾晳问:"那么冉求讲的是不是治理国家呢?"孔子说:"哪能说六七十里或者五六十里见方就不是国家呢?"曾晳又问:"那么公西赤讲的是不是治理国家呢?"孔子说:"有宗庙祭祀和诸侯会盟,这不是国家又是什么?像赤这样的人如果只能做一个小相,那谁又能做大相呢?"

《颜渊》第十二

【原文 12·1】

颜渊问仁。子曰:"克己复礼为仁。一日克己复礼,天下归仁焉。为仁由己,而由人乎哉?"颜渊曰:"请问其目。"子曰:"非礼勿视,非礼勿听,非礼勿言,非礼勿动。"颜渊曰:"回虽不敏,请事斯语矣。"

【白话】

颜渊问怎样做才算仁。孔子说:"克制自己,一切都按照礼的要求去做,这就是仁。一旦每个人都主动这样做了,天下的一切就尽归于仁了。追求仁德,完全在于自己,难道还在于别人的鞭策吗?"颜渊说:"请问追求仁的具体做法。"孔子说:"不合于礼的东西不看,不合于礼的声音不听,不合于礼的话不说,不合于礼的事不做。"颜渊说:"我虽然不聪敏,也一定会按照老师您说的这些话去做。"

【原文 12·2】

仲弓问仁。子曰:"出门如见大宾,使民如承大祭;己所不欲,勿施于人;在邦无怨,在家无怨。"仲弓曰:"雍虽不敏,请事斯语矣。"

【白话】

仲弓问怎样做才算仁。孔子说:"出门做事如同见到贵人一样认真,使唤百姓就像进行祭祀一样严肃。自己不愿意要的,不要强加给别人;言谈举止在诸侯的朝廷不招人怨恨,在卿大夫的封地里也不招人怨恨。"仲弓说:"我虽然不聪敏,也一定会按照老师您说的这些话去做。"

【原文 12·3】

司马牛问仁。子曰:"仁者,其言也讱。"曰:"其言也讱,斯谓之仁已乎?"子曰:"为之难,言之得无讱乎?"

【白话】

司马牛问怎样做才算仁。孔子说:"仁人的言谈是慎重的。"司马牛说:"言谈慎重,这就叫做仁了吗?"孔子说:"做起来很困难,说话能不慎重吗?"

【原文 12·4】

司马牛问君子。子曰:"君子不忧不惧。"曰:"不忧不惧,斯谓之君子已乎?"子曰:"内省不疚,夫何忧何惧?"

【白话】

司马牛问怎样做一个君子。孔子说:"君子不忧愁,不畏惧。"司马牛

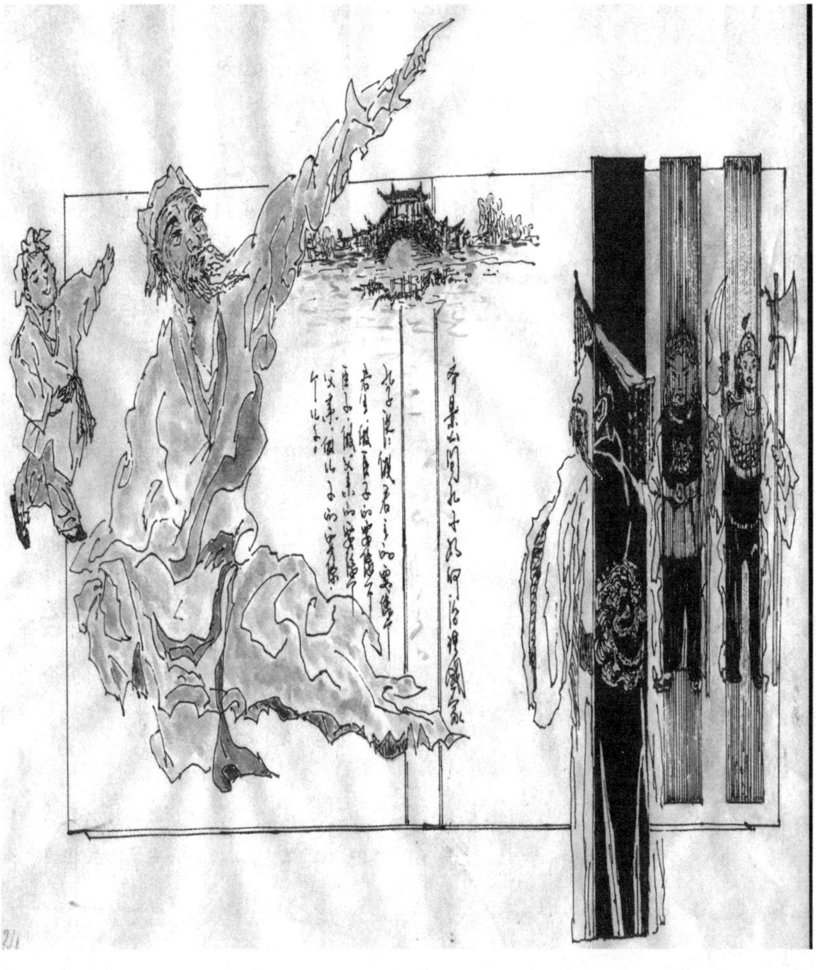

郝冀川（插图）

说:"不忧愁,不畏惧,这就可以叫做君子了吗?"孔子说:"自己问心无愧,那还有什么忧愁和畏惧呢?"

【原文12·5】

司马牛忧曰:"人皆有兄弟,我独亡。"子夏曰:"商闻之矣:死生有命,富贵在天。君子敬而无失,与人恭而有礼,四海之内,皆兄弟也。君子何患乎无兄弟也?"

【白话】

司马牛忧愁地说:"别人都有兄弟,唯独我没有。"子夏说:"我曾听说:死生有命,富贵在天。君子只要做事严肃认真不出差错,对人恭敬合乎于礼,那么,天下人就都会成为自己的兄弟了。君子哪里会为自己没有兄弟忧愁呢?"

【原文12·6】

子张问明。子曰:"浸润之谮,肤受之愬,不行焉,可谓明也已矣。浸润之谮,肤受之愬,不行焉,可谓远也已矣。"

【白话】

子张问怎样做才算是明智的。孔子说:"像水之润物那样的谗言,像切肤之痛那样的诽谤,在你那里都行不通,那么就可以说你是明智的了。像水之润物那样的谗言,像切肤之痛那样的诽谤,在你那里都行不通,那么就可以说你是有远见的了。"

【原文12·7】

子贡问政。子曰:"足食,足兵,民信之矣。"子贡曰:"必不得已而去,于斯三者何先?"曰:"去兵。"子贡曰:"必不得已而去,于斯二者何先?"曰:"去食。自古皆有死,民无信不立。"

【白话】

子贡问怎样治理国家。孔子说:"粮食保障,军备充足,统治者取信于民。"子贡说:"如果不得不去掉一项,那么三项之中先去掉哪一项呢?"孔子说:"去掉军备。"子贡说:"如果不得不还要去掉一项,那么两项之中去掉哪一项呢?"孔子说:"去掉粮食。自古以来人总是要死的,如果统治者不能取信于百姓,那么国家就立不起来了。"

【原文12·8】

棘子成曰:"君子质而已矣,何以文为?"子贡曰:"惜乎夫子之说君子也!驷不及舌。文犹质也,质犹文也,虎豹之鞟犹犬羊之鞟。"

【白话】

卫国大夫棘子成说:"君子只要具有优良的品质就行了,要那些表面的形式干什么呢?"子贡说:"太遗憾了,夫子您这样认识君子!一言既出,驷马难追。本质决定文采,文采表现本质,两者同等重要。去掉了毛的虎豹之皮,就如同去掉了毛的犬羊之皮一样,没什么区别了。"

【原文12·9】

哀公问于有若曰:"年饥,用不足,如之何?"有若对曰:"盍彻乎?"曰:"二,吾犹不足,如之何其彻也?"对曰:"百姓足,君孰与不足?百姓不足,君孰与足?"

【白话】

鲁哀公问有若说:"今年遭了饥荒,国家用度困难,怎么办?"有若回答说:"为什么不实行彻法,只抽十分之一的田税呢?"哀公说:"现在抽十分之二都不够用,怎么能实行彻法呢?"有若回答:"如果百姓的用度够了,您怎么会不够呢?如果百姓的用度都不够,您又怎么会够呢?"

【原文12·10】

子张问崇德辨惑。子曰:"主忠信,徙义,崇德也。爱之欲其生,恶之欲其死,既欲其生,又欲其死,是惑也。'诚不以富,亦祗以异。'"

【白话】

子张向孔子请教怎样提高道德修养水平和辨别是非的能力。孔子说:"以忠信为宗旨,使自己的思想合于道义,这就能提高道德修养水平了。爱一个人,为了让他生活得好,一切都想给他,厌恶一个人,恨不得让他立刻死去。爱憎如此分明强烈,要么让他活,要么咒他死,这就是迷惑。君子不可有《诗经》所描述的一个女子那样愤怒的情绪,她被冷落后就又哭又闹地控诉说'即使不是嫌贫爱富,也是喜新厌旧!'"

【原文12·11】

齐景公问政于孔子。孔子对曰:"君君,臣臣,父父,子子。"公曰:"善哉!信如君不君,臣不臣,父不父,子不子,虽有粟,吾得而食诸?"

【白话】

齐景公问孔子如何治理国家。孔子说:"做君主的要像个君主,做臣子的要像个臣子,做父亲的要像个父亲,做儿子的要像个儿子。"齐景公说:"讲得好呀!的确是这个道理:如果君不像君,臣不像臣,父不像父,子不像子,虽然有粮食,我能吃得着吗?"

【原文12·12】

子曰:"片言可以折狱者,其由也与?"子路无宿诺。

【白话】

孔子说:"只听一面之词就可以断案的,大概只有仲由吧?"子路这个人,一旦听说了就行动,从来没有说话不算数的时候。

【原文12·13】

子曰:"听讼,吾犹人也。必也使无讼乎!"

【白话】

孔子说:"审理诉讼案件,我同别人也差不多。但与一般人不同的是,我立足于使诉讼的案件不发生!"

【原文12·14】

子张问政。子曰:"居之无倦,行之以忠。"

【白话】

子张请教孔子如何治理政事。孔子说:"居于官位不懈怠,执行政令要忠实。"

【原文12·15】

子曰:"博学于文,约之以礼,亦可以弗畔矣夫!"

(本章重出,见于《雍也》之第27章。)

【原文12·16】

子曰:"君子成人之美,不成人之恶。小人反是。"

【白话】

孔子说:"君子成全别人的好事,而不促成别人的错误。小人则与此相反。"

【原文12·17】

季康子问政于孔子。孔子对曰:"政者正也。子帅以正,孰敢不正?"

【白话】

季康子请教孔子如何治理政事。孔子回答说:"政就是正的意思。您本人带头走正道,那么谁还敢不走正道呢?"

【原文12·18】

季康子患盗,问于孔子。孔子对曰:"苟子之不欲,虽赏之不窃。"

【白话】

季康子担忧盗贼猖獗,问孔子怎么办。孔子回答说:"假如你自己不贪图财利,即使有人奖励偷窃,恐怕也不会有人去偷窃了。"

【原文 12·19】

季康子问政于孔子曰:"如杀无道,以就有道,何如?"孔子对曰:"子为政,焉用杀?子欲善而民善矣。君子之德,风;人小之德,草。草上之风,必偃。"

【白话】

季康子问孔子如何治理政事:"如果杀掉无道的人来成全有道的人,怎么样?"孔子说:"您治理政事,哪里用得着这样杀人呢?您只要想行善,老百姓也会跟着行善。君子的品德好比是风,小人的品德好比是草。风加之于草,必定使草跟着倒向一边。"

【原文 12·20】

子张问:"士何如斯可谓之达矣?"子曰:"何哉,尔所谓达者?"子张对曰:"在邦必闻,在家必闻。"子曰:"是闻也,非达也。夫达也者,质直而好义,察言而观色,虑以下人。在邦必达,在家必达。夫闻也者,色取仁而行违,居之不疑。在邦必闻,在家必闻。"

【白话】

子张问:"士要至于什么程度才可以称为'达'呢?"孔子说:"你指的这个'达'是什么意思?"子张答道:"在诸侯国里有名声,在大夫封地也有名声。"孔子说:"这只是'闻'啊,不是'达'。所谓'达',那是要品质正,好礼义,善于听人说话,敏于察人神色,经常想着谦恭待人。这样的人,就可以在诸侯国里和大夫封地通权达变。至于只重虚假名声的人,无非是表面上做出仁的样子,而行动上却在违背仁,甚至还以仁人自居毫不惭愧。当然,这种人也总能在诸侯国里和大夫封地骗得一时名声。"

【原文 12·21】

樊迟从游于舞雩之下,曰:"敢问崇德、修慝、辨惑。"子曰:"善哉问!先事后得,非崇德与?攻其恶,无攻人之恶,非修慝与?一朝之忿,忘其身,以及其亲,非惑与?"

【白话】

樊迟陪着孔子在舞雩台下散步,说:"请问老师,怎样提高品德修养?怎样改正自己的邪念?怎样辨别是非?"孔子说:"问得好啊!先努力做事,然后有所收获,难道不是品德修养吗?检讨自己的过失,不攻击别人的错误,不就能改正邪念了吗?由于一时的气愤便忘掉了自身的安危,以至于牵连自己的亲人,难道不是迷惑吗?"

【原文12·22】

樊迟问仁。子曰:"爱人。"问知。子曰:"知人。"樊迟未达。子曰:"举直错诸枉,能使枉者直。"樊迟退,见子夏曰:"乡也吾见于夫子而问知,子曰'举直错诸枉,能使枉者直',何谓也?"子夏曰:"富哉言乎! 舜有天下,选于众,举皋陶,不仁者远矣。汤有天下,选于众,举伊尹,不仁者远矣。"

【白话】

樊迟问什么是仁。孔子说:"爱人。"樊迟问什么是智,孔子说:"善于识人。"樊迟还不明白。孔子说:"将正直的人位置摆在邪恶的人之上,这样就能使邪恶者归正。"樊迟退出来,见到子夏说:"刚才我见到老师,问他什么是智,他说'举直错诸枉,能使枉者直'。这是什么意思?"子夏说:"老师这话说得深刻呀! 舜有天下,在众人中挑选人才,把皋陶选拔出来(掌管刑法),不仁的人就被疏远了。汤有了天下,在众人中挑选人才,把伊尹选拔出来(做宰相,辅助汤灭夏兴商),不仁的人就被疏远了。"

【原文12·23】

子贡问友。子曰:"忠告而善道之,不可则止,毋自辱也。"

【白话】

子贡问怎样对待朋友。孔子说:"忠诚地劝告他,恰当地引导他,如果人家不听也就罢了,不要自取其辱啊。"

【原文12·24】

曾子曰:"君子以文会友,以友辅仁。"

【白话】

曾子说:"君子以文章学问来结交朋友,借着朋友的帮助培养自己的仁德。"

《子路》第十三

【原文13·1】

子路问政。子曰:"先之劳之。"请益。曰:"无倦。"

【白话】

子路问怎样管理政事。孔子说:"率先垂范,全心投入。"子路请求多讲一点。孔子说:"持之以恒,不要懈怠。"

【原文13·2】

仲弓为季氏宰,问政。子曰:"先有司,赦小过,举贤才。"曰:"焉知贤才而举之?"曰:"举尔所知。尔所不知,人其舍诸?"

【白话】

仲弓做了季氏的家臣,向孔子请教怎样管理政事。孔子说:"首先要明确目标,各司其职,不要计较手下官吏小的过错,将贤才选拔在合适的岗位。"仲弓又问:"(人这么多,)怎样知道谁是贤才从而把他们选拔出来呢?"孔子说:"选拔任用你所知道的,至于你不知道的贤才,难道会被所有的人埋没吗?"

【原文13·3】

子路曰:"卫君待子为政,子将奚先?"子曰:"必也正名乎!"子路曰:"有是哉,子之迂也!奚其正?"子曰:"野哉,由也!君子于其所不知,盖阙如也。名不正则言不顺,言不顺则事不成,事不成则礼乐不兴,礼乐不兴则刑罚不中,刑罚不中,则民无所措手足。故君子名之必可言也,言之必可行也。君子于其言,无所苟而已矣。"

【白话】

子路(对孔子)说:"假如卫国国君要您去治理国家,您打算先从哪里做起呢?"孔子说:"首先必须正名分。"子路说:"有这样做的吗?老师您不合时宜到这种地步了!为什么首先要去正名分呢?"孔子说:"仲由,你真粗野啊!君子对于他所不懂的事情,总是采取存疑的态度。名分不正,说起话来就不顺当合理,说话不顺当合理,事情就办不成,事情办不成,礼乐制度也就不能兴起,礼乐不兴,刑罚的执行就不会得当,刑罚不当,百姓就不知怎么办才好。所以,君子定下一个名分,必须能够说得明白,说出来一定就能够行得通。君子对待自己的言行,从来都不会马马虎虎。"

【原文13·4】

樊迟请学稼。子曰:"吾不如老农。"请学为圃。曰:"吾不如老圃。"樊迟出。子曰:"小人哉,樊须也! 上好礼,则民莫敢不敬;上好义,则民莫敢不服;上好信,则民莫敢不用情。夫如是,则四方之民襁负其子而至矣,焉用稼?"

【白话】

樊迟向孔子请教如何种田。孔子说:"我不如老农。"樊迟又请教如何种菜。孔子说:"我不如老菜农。"樊迟于是退出。孔子非常遗憾地说:"樊迟真是个没出息的小人啊! 执政者只要重礼治,百姓就不敢不敬畏;执政者只要重道义,百姓就不敢不服从;执政者只要重诚信,百姓就不敢不用真心。若能如此,天下的百姓就会背着自己的小孩前来投奔,哪里用得着执政者自己亲自去种庄稼呢?"

【原文13·5】

子曰:"诵诗三百,授之以政,不达;使于四方,不能专对。虽多,亦奚以为?"

【白话】

孔子说:"把《诗经》三百篇背得很熟,让他处理政务却办不了事;让他出使诸侯国却不能随机应变交涉对答。不知力行,诗背得再多,又有什么用呢?"

【原文13·6】

子曰:"其身正,不令而行;其身不正,虽令不从。"

【白话】

孔子说:"自身行为端正,即使不发布命令,老百姓也会跟着效法,自身行为不端正,即使发布命令,老百姓也不会服从。"

【原文13·7】

子曰:"鲁卫之政,兄弟也。"

【白话】

孔子说:"鲁和卫两国的政事,就像兄弟的关系一样。"(鲁国是周公旦的封地,卫国是康叔的封地,而周公旦和康叔是兄弟,当时两国的政治情况相似。)

【原文13·8】

子谓卫公子荆:"善居室。始有,曰:'苟合矣'。少有,曰:'苟完矣。'富有,曰:'苟美矣'!"

【白话】

孔子谈到卫国的公子荆时说:"(他不贪婪,善于居家理财,并懂得适可而止。)刚开始有一点财产时,他说:'差不多了,已经够了。'稍为多一点时,他说:'差不多了,真的已经足够了。'更多一点时,他说:'很好了,已经非常完美了!'"

【原文13·9】

子适卫,冉有仆。子曰:"庶矣哉!"冉有曰:"既庶矣,又何加焉?"曰:"富之。"曰:"既富矣,又何加焉?"曰:"教之。"

【白话】

孔子到卫国去,冉有为他驾车。孔子说:"卫国人口真多呀!"冉有说:"人口多起来后,该做什么呢?"孔子说:"使百姓们富裕起来。"冉有说:"富裕以后又该做些什么?"孔子说:"对百姓们进行教化。"

【原文13·10】

子曰:"苟有用我者,期月而已可也,三年有成。"

【白话】

孔子说:"如果有人用我治理国家,一年便可以有起色,三年一定会有大的成效。"

【原文13·11】

子曰:"善人为邦百年,亦可以胜残去杀矣。诚哉是言也!"

【白话】

孔子说:"(现在的世道礼崩乐坏,但并非无可救药。)善人治理国家实行仁政,经过一百年,也就可以达到消除残暴、免除刑罚杀戮的理想境界。这话说得对呀!"

【原文13·12】

子曰:"如有王者,必世而后仁。"

【白话】

孔子说:"如果有实行仁政的王者出现,也一定需要三十年的时间,才能使仁政施行于天下。"

【原文13·13】

子曰:"苟正其身矣,于从政乎何有?不能正其身,如正人何?"

【白话】

孔子说:"如果端正了自身的行为,管理政事还有什么困难呢?如果自己的行为都不能端正,怎么能使别人端正呢?"

【原文13·14】

冉子退朝。子曰:"何晏也?"对曰:"有政。"子曰:"其事也!如有政,虽不吾以,吾其与闻之。"

【白话】

冉求退朝回来,孔子问:"为什么回来得这么晚呀?"冉求说:"有政事商议。"孔子说:"恐怕只是季氏封邑的事吧!如果真有政事,虽然国君不用我了,我也会知道的。"

【原文13·15】

定公问:"一言而可以兴邦,有诸?"孔子对曰:"言不可以若是,其几也。人之言曰:'为君难,为臣不易。'如知为君之难也,不几乎一言而兴邦乎?"曰:"一言而丧邦,有诸?"孔子对曰:"言不可以若是,其几也。人之言曰:'予无乐乎为君,唯其言而莫予违也。'如其善而莫之违也,不亦善乎?如不善而莫之违也,不几乎一言而丧邦乎?"

【白话】

鲁定公问:"一句话就可以使国家兴盛,有这样的话吗?"孔子答道:"话不可说得这样绝对,但从根本上讲是有道理的。有人说:'为君难,为臣不易。'如果知道了为君之难,这不近乎于一句话可以使国家兴盛吗?"鲁定公又问:"一句话可以亡国,有这样的话吗?"孔子回答说:"话不可说得这样绝对,但从根本上讲是有道理的。有人说过:'我做君主并没有其他什么可高兴的,我所高兴的就在于我所说的话没人敢于违抗。'如果说得正确而没有人违抗,不也好吗?如果说得不正确而没有人敢违抗,这不近乎于一句话可以亡国吗?"

【原文13·16】

叶公问政。子曰:"近者悦,远者来。"

【白话】

叶公问孔子怎样管理政事。孔子说:"使近处的人高兴,使远处的人来投奔。"

【原文13·17】

子夏为莒父宰,问政。子曰:"无欲速,无见小利。欲速则不达,见小利则大事不成。"

【白话】

子夏做莒父的总管,问孔子怎样办理政事。孔子说:"不要求快,不要贪图小利。求快反而达不到目的,贪图小利就做不成大事。"

【原文13·18】

叶公语孔子曰："吾党有直躬者，其父攘羊，而子证之。"孔子曰："吾党之直者异于是——父为子隐，子为父隐，直在其中矣！"

【白话】

叶公告诉孔子说："我的家乡有个非常正直的人，他的父亲偷了人家的羊，他就亲自去告发。"孔子说："我的家乡正直的人和你所讲的正直的人不同——父亲为儿子有所隐瞒，儿子为父亲有所隐瞒，正直就在其中了！"

【原文13·19】

樊迟问仁。子曰："居处恭，执事敬，与人忠。虽之夷狄，不可弃也。"

【白话】

樊迟问怎样才算是做到了仁。孔子说："在家独处庄重规矩，出门办事严肃认真，待人接物忠心诚意。即使到了夷狄之地，恭、敬、忠三种品质也不可背弃。"

【原文13·20】

子贡问曰："何如斯可谓之士矣？"子曰："行己有耻，使于四方，不辱君命，可谓士矣。"曰："敢问其次。"曰："宗族称孝焉，乡党称弟焉。"曰："敢问其次。"曰："言必信，行必果，硜硜然小人哉，抑亦可以为次矣。"曰："今之从政者何如？"子曰："噫！斗筲之人，何足算也！"

【白话】

子贡问道："怎么样才可以称为士？"孔子说："处世为人有廉耻之心，出使他国不负君主重托，可以称为士。"子贡说："请问次一等的呢？"孔子说："同宗族的人称赞他孝顺父母，同乡土的人称赞他尊敬兄长。"子贡又问："请问再次一等的呢？"孔子说："说到就一定做到，做事坚持到底，不问是非地固执己见，这是小人啊，但也可以说是再次一等的士了。"子贡说："现在的执政者，老师您看怎么样？"孔子说："唉！器量如此狭小的人，不值一提！"

【原文13·21】

子曰："不得中行而与之，必也狂狷乎。狂者进取，狷者有所不为也。"

【白话】

孔子说："我找不到奉行中庸之道的人和他交往，只能与狂者、狷者相交往了。狂者敢作敢为，狷者不会干坏事。"

【原文13·22】

子曰:"南人有言曰:'人而无恒,不可以作巫医。'善夫!""不恒其德,或承之羞。"子曰:"不占而已矣。"

【白话】

孔子说:"南方人有句话说:'人如果做事没有恒心,就不能做一个为人治病的巫医。'这句话说得真好啊!"(《易经·恒卦·爻辞》中说:)"人若不能长久地保持自己的德操,免不了要遭受耻辱。"孔子解释:"这句话的意思是,没有恒心向善的人,其命运可想而知,所以用不着去占卦了。"

【原文13·23】

子曰:"君子和而不同,小人同而不和。"

【白话】

孔子说:"君子讲求和谐,但不会同流合污,小人同流合污,而不会真正讲求和谐。"

【原文13·24】

子贡问曰:"乡人皆好之,何如?"子曰:"未可也。""乡人皆恶之,何如?"子曰:"未可也。不如乡人之善者好之,其不善者恶之。"

【白话】

子贡问孔子说:"全乡人都赞扬他,这个人怎么样?"孔子说:"还不能肯定。""全乡人都憎恨他,这个人怎么样?"孔子说:"也不能肯定。最好的人,是全乡的好人都赞扬他,全乡的坏人都憎恨他。"

【原文13·25】

子曰:"君子易事而难说也。说之不以道,不说也;及其使人也,器之。小人难事而易说也。说之虽不以道,说也;及其使人也,求备焉。"

【白话】

孔子说:"在君子那里办事容易,讨他欢喜却难。不按正道去取悦,他是不会接受的;但是,当他使用人的时候,一定是量才而用。在小人那里办事很难,但要讨他欢喜则很容易。不按正道去取悦,他也会接受;但当他用人的时候,却总是求全责备百般挑剔。"

【原文13·26】

子曰:"君子泰而不骄,小人骄而不泰。"

【白话】

孔子说:"君子坦然淡定而不傲慢无礼,小人傲慢无礼而不坦然淡定。"

【原文13·27】

子曰:"刚、毅、木、讷,近仁。"

【白话】

孔子说:"刚强、果敢、朴实、谨慎,有这四种品德,就接近于仁了。"

【原文13·28】

子路问曰:"何如斯可谓之士矣?"子曰:"切切偲偲,怡怡如也,可谓士矣。朋友切切偲偲,兄弟怡怡。"

【白话】

子路问孔子:"怎么样才可以称为士呢?"孔子说:"互助督促勉励,和和气气,可以算是士了。朋友之间互相督促勉励,兄弟之间和和气气。"

【原文13·29】

子曰:"善人教民七年,亦可以即戎矣。"

【白话】

孔子说:"善人用七年时间教练百姓,就可以让他们保家卫国当兵打仗了。"

【原文13·30】

子曰:"以不教民战,是谓弃之。"

【白话】

孔子说:"如果不先对老百姓进行作战训练就让他们投入战斗,这就叫抛弃他们。"

《宪问》第十四篇

【原文14·1】

宪问耻。子曰:"邦有道,谷;邦无道,谷,耻也。""克、伐、怨、欲不行焉,可以为仁矣?"子曰:"可以为难矣,仁则吾不知也。"

【白话】

弟子原宪问孔子什么叫做耻辱。孔子说:"国家有道,做官拿俸禄那是应该的;国家无道,还做官拿俸禄,这就是耻辱。"原宪又问:"好胜、自夸、怨恨、贪欲这四种毛病都没有的人,可以算是做到仁了吧?"孔子说:"这可以说是难能可贵了,但至于是不是做到了仁,那我还不知道。"

【原文14·2】

子曰:"士而怀居,不足以为士矣。"

【白话】

孔子说:"立志于为士,但如果留恋自己小家的安逸生活,就不配为士了。"

【原文14·3】

子曰:"邦有道,危言危行;邦无道,危行言孙。"

【白话】

孔子说:"国家有道,言语要正直,行为要正直;国家无道,行为同样要正直,但说话则要更加谨慎。"

【原文14·4】

子曰:"有德者必有言,有言者不必有德。仁者必有勇,勇者不必有仁。"

【白话】

孔子说:"有道德的人,一定能说出有价值的言论,但能说出有价值的言论的人,不一定真有道德。仁德之人一定是勇敢的人,勇敢的人却不一定有仁德。"

【原文14·5】

南宫适问于孔子曰:"羿善射,奡荡舟,俱不得其死然。禹稷躬稼而有天下。"夫子不答。南宫适出,子曰:"君子哉若人!尚德哉若人!"

【白话】

南宫适在孔子求教的时候说:"后羿善于射箭,夏代寒浞的儿子奡擅长水战,最后都不得好死。夏朝的开国之君禹和周朝的祖先稷都带领百姓种植庄稼,却得到了天下。"孔子没有回答。南宫适出去后,孔子说:"这个人真是君子呀！这个人尊崇道德啊！"

【原文14·6】

子曰:"君子而不仁者有矣夫,未有小人而仁者也。"

【白话】

孔子说:"君子之中没有仁德的人是有的,而小人之中则找不到真有仁德的人。"

【原文14·7】

子曰:"爱之,能勿劳乎？忠焉,能勿诲乎？"

【白话】

孔子说:"爱他,能不让他勤劳吗？忠于他,能不对他规劝吗？"

【原文14·8】

子曰:"为命,裨谌草创之,世叔讨论之,行人子羽修饰之,东里子产润色之。"

【白话】

孔子说:"郑国的政令,均由裨谌起草,世叔提出意见,外交官子羽加以修饰,子产作最后的润色,然后才定稿公布。"

【原文14·9】

或问子产。子曰:"惠人也。"问子西。曰:"彼哉！彼哉！"问管仲。曰:"人也！夺伯氏骈邑三百,饭疏食,没齿无怨言。"

【白话】

有人问子产是个什么样的人。孔子说:"是个有恩惠于民的人。"又问楚国的令尹子西。孔子十分轻视地说:"他呀！他呀！"又问管仲。孔子说:"他是人才啊！他把伯氏骈邑的三百户封地夺走,使伯氏终生只能吃粗茶淡饭,但(因为明白自己有罪)直到老死也没有怨言。"

【原文14·10】

子曰:"贫而无怨难,富而无骄易。"

【白话】

孔子说:"贫穷而没有怨恨很难做到,富裕而不骄傲则容易做到。"

【原文14·11】

子曰:"孟公绰为赵魏老则优,不可以为滕薛大夫。"

【白话】

孔子说:"孟公绰做晋国赵氏、魏氏的家臣,是才具有余的,但不能做哪怕是滕、薛这样的小国的大夫。"

【原文 14·12】

子路问成人。子曰:"若臧武仲之知,公绰之不欲,卞庄子之勇,冉求之艺,文之以礼乐,亦可以为成人矣。"曰:"今之成人者何必然。见利思义,见危授命,久要不忘平生之言,亦可以为成人矣。"

【白话】

子路问怎样做才是一个人格完备的人。孔子说:"如果具有臧武仲的智慧,孟公绰的克制,卞庄子的勇敢,冉求那样的才艺,再加以礼乐的修饰,也就可以算是一个人格完备的人了。"孔子又说:"现在的人格完备的人,要求也不一定要这样高。见到财利便会想是否符合道义,众人危难之际敢于担当不辱使命,长久处于穷困还不忘平生的诺言,这样也就可以成为一个人格完备的人了。"

【原文 14·13】

子问公叔文子于公明贾曰:"信乎,夫子不言、不笑、不取乎?"公明贾对曰:"以告者过也。夫子时然后言,人不厌其言;乐然后笑,人不厌其笑;义然后取,人不厌其取。"子曰:"其然,岂其然乎?"

【白话】

孔子向公明贾问到卫国大夫公叔文子时说:"是真的吗?听说先生他不说、不笑、不取钱财。"公明贾回答道:"告诉你这话的那个人说得不准确。先生他到该说时才说,因此别人不讨厌他说话;快乐时才笑,因此别人不讨厌他笑;合于道义的财利他才取,因此别人不讨厌他获取。"孔子说:"原来是这样啊,不过,真的是这样吗?"

【原文 14·14】

子曰:"臧武仲以防求为后于鲁,虽曰不要君,吾不信也。"

【白话】

孔子说:"臧武仲凭借防邑请求鲁君在鲁国替臧氏立后代,虽然有人说他不是要挟君主,我不信。"

【原文 14·15】

子曰:"晋文公谲而不正,齐桓公正而不谲。"

【白话】

孔子说:"晋文公诡诈而不正派(晋文公称霸后竟然召见周天子),齐桓公正派而不诡诈(齐桓公打着"尊王"的旗号称霸)。"

【原文 14·16】

子路曰:"桓公杀公子纠,召忽死之,管仲不死。"曰:"未仁乎?"子曰:"桓公九合诸侯,不以兵车,管仲之力也。如其仁,如其仁!"

【白话】

子路说:"齐桓公杀了公子纠,(管仲和召忽都是公子纠的家臣)召忽自杀以殉,但管仲却没有自杀。管仲不能算是仁人吧?"孔子说:"桓公多次成功召开各诸侯国的盟会,而不使用武力,都是管仲的功劳啊。这就是他的仁德,这就是他的仁德啊!"

【原文 14·17】

子贡曰:"管仲非仁者与?桓公杀公子纠,不能死,又相之。"子曰:"管仲相桓公,霸诸侯,一匡天下,民到于今受其赐。微管仲,吾其被发左衽矣。岂若匹夫匹妇之为谅也,自经于沟渎而莫之知也。"

【白话】

子贡问:"管仲不能算是仁人吧?桓公杀了公子纠,他不自杀殉主,反而做了齐桓公的宰相。"孔子说:"管仲辅佐桓公,称霸诸侯,匡正天下,老百姓到了今天还享受到他的好处。如果没有管仲,我们恐怕也要披散着头发,衣襟向左开了(沦为落后民族)。岂能将他与那些恪守小节小信的普通男女相比,他们自杀在小山沟里,而谁也不知道呀。"

【原文 14·18】

公叔文子之臣大夫僎与文子同升诸公。子闻之,曰:"可以为文矣。"

【白话】

公叔文子的家臣僎和文子一同做了卫国的大夫。孔子知道后,赞叹说:"(他死之后,就凭这一点)就可以给他'文'的谥号了。"

【原文 14·19】

子言卫灵公之无道也,康子曰:"夫如是,奚而不丧?"孔子曰:"仲叔圉治宾客,祝鮀治宗庙,王孙贾治军旅,夫如是,奚其丧?"

【白话】

孔子谴责卫灵公昏庸无道,季康子说:"既然如此,为什么他的国家没有败亡呢?"孔子说:"(因为眼下他还有几个能干的人才在支撑,)仲叔圉接待宾客,祝鮀管理宗庙祭祀,王孙贾统率军队,像这样,怎么会现在败亡呢?"(不是不败亡,时候还没有到罢了。)

【原文14·20】

子曰:"其言之不怍,则为之也难。"

【白话】

孔子说:"说话越是大言不惭,那么做起来就越是困难。"

【原文14·21】

陈成子弑简公。孔子沐浴而朝,告于哀公曰:"陈恒弑其君,请讨之。"公曰:"告夫三子。"孔子曰:"以吾从大夫之后,不敢不告也。君曰'告夫三子'者。"之三子告,不可。孔子曰:"以吾从大夫之后,不敢不告也。"

【白话】

陈成子杀了齐简公。孔子斋戒沐浴以后,上朝去见鲁哀公,报告说:"陈恒把他的君主杀了,请您出兵讨伐他。"哀公说:"你还是去报告那三位大夫(季孙、孟孙、叔孙)吧。"孔子退朝后说:"因为我曾经做过大夫,所以不敢不来报告,君主却说'你还是去报告那三位大夫吧'。"孔子去向三位大夫报告,但他们都不同意出兵讨伐,孔子十分失落,又说:"因为我曾经做过大夫,所以不敢不来报告呀!"

【原文14·22】

子路问事君。子曰:"勿欺也,而犯之。"

【白话】

子路问怎样事奉君主。孔子说:"不能欺骗他,但可以犯颜劝谏。"

【原文14·23】

子曰:"君子上达,小人下达。"

【白话】

孔子说:"君子通达于仁义,小人通达于财利。"

【原文14·24】

子曰:"古之学者为己,今之学者为人。"

【白话】

孔子说:"古时的人学习是为了提高和充实自己,而现在的人学习是为了追逐名利或者装样子给别人看。"

【原文14·25】

蘧伯玉使人于孔子,孔子与之坐而问焉。曰:"夫子何为?"对曰:"夫子欲寡其过而未能也。"使者出,子曰:"使乎!使乎!"

【白话】

卫国大夫蘧伯玉派使者拜访孔子。孔子让使者坐下,然后问道:"先生最近在做什么?"使者答道:"先生想要减少自己的错误,但他认为还未能做到。"使者走了以后,孔子说:"这是个好的使者啊!这是个好的使者啊!"

【原文14·26】

子曰:"不在其位,不谋其政。"曾子曰:"君子思不出其位。"

【白话】

孔子说:"不在那个职位,就不要越位图谋那个职位上的事情。"曾子也说:"君子谋划事情,从来不超出自己的职务范围。"

【原文14·27】

子曰:"君子耻其言而过其行。"

【白话】

孔子说:"君子认为只说不做以及说得多做得少都是可耻的。"

【原文14·28】

子曰:"君子道者三,我无能焉:仁者不忧,知者不惑,勇者不惧。"子贡曰:"夫子自道也!"

【白话】

孔子说:"君子追求的道德境界有三个方面,我都还未做到:仁德的人不忧愁,智慧的人不迷惑,勇敢的人不畏惧。"子贡说:"这正是老师严格要求自己的表述啊!"

【原文14·29】

子贡方人。子曰:"赐也贤乎哉?夫我则不暇。"

【白话】

子贡常常评论别人的短处。孔子说:"赐啊,你就真的那么贤良吗?我可没有闲工夫去评论别人。"

【原文14·30】

子曰:"不患人之不己知,患其不能也。"

【白话】

孔子说:"不要担心别人不知道自己,只须担心自己有没有本事。"

【原文14·31】

子曰:"不逆诈,不亿不信,抑亦先觉者,是贤乎!"

【白话】

孔子说:"不预先怀疑别人欺诈,也不随意猜测别人不诚实,然而能及早觉察出欺诈和不诚实,这就是贤人了。"

【原文14·32】

微生亩谓孔子曰:"丘,何为是栖栖者与?无乃为佞乎?"孔子曰:"非敢为佞也,疾固也!"

【白话】

鲁国人微生亩对孔子说:"孔丘,你为什么总是这样四处奔波游说呢?你不就是要显示自己的口才和花言巧语吗?"孔子说:"我哪里敢卖弄什么口才,只是痛恨那些顽固不化的人啊!"

【原文14·33】

子曰:"骥不称其力,称其德也。"

【白话】

孔子说:"千里马最值得称赞的,不是它的气力,而是它的品德。"

【原文14·34】

或曰:"以德报怨,何如?"子曰:"何以报德?以直报怨,以德报德。"

【白话】

有人说:"用恩德来报答怨恨如何?"孔子说:"那么用什么来报答恩德呢?应该是用正直来报答怨恨,用恩德来报答恩德。"

【原文14·35】

子曰:"莫我知也夫!"子贡曰:"何为其莫知子也?"子曰:"不怨天,不尤人,下学而上达,知我者其天乎!"

【白话】

孔子说:"我没有知音啊!"子贡说:"怎么能说您没有知音呢?"孔子说:"我不埋怨天,也不苛责于人,下学礼乐而上达天命,我的知音,大概只有上天吧!"

【原文14·36】

公伯寮愬子路于季孙。子服景伯以告,曰:"夫子固有惑志于公伯寮,吾力犹能肆诸市朝。"子曰:"道之将行也与,命也;道之将废也与,命也。公伯寮其如命何!"

【白话】

公伯寮向季孙诽谤子路。子服景伯把这件事告诉给孔子,并且说:"季孙氏已经被公伯寮迷惑了,但是我的力量能够把公伯寮杀掉,并且可以将他陈尸于市。"孔子说:"道义能够得到推行,是天命决定的;道义不能得到推行,也是天命决定的。公伯寮能把天命怎么样呢!"

【原文14·37】

子曰:"贤者辟世,其次辟地,其次辟色,其次辟言。"子曰:"作者七人矣。"

【白话】

孔子说:"贤明的人逃避动荡的社会而隐居,次一点的逃避到另外一个地方去,再次一点的逃避别人难看的脸色,再次一点的回避别人难听的话。"孔子又说:"这样做的已经有(伯夷、叔齐、虞仲、夷逸、朱张、柳下惠、少连)七个人了。"

【原文14·38】

子路宿于石门。晨门曰:"奚自?"子路曰:"自孔氏。"曰:"是知其不可而为之者与?"

【白话】

子路夜宿石门。早晨守门的人问:"你从哪里来?"子路说:"从孔子那里来。"守门的人说:"是那个明知行不通却还要去干的人吗?"

【原文14·39】

子击磬于卫,有荷蒉而过孔氏之门者,曰:"有心哉,击磬乎!"既而曰:"鄙哉,硁硁乎!莫己知也,斯已而已矣。深则厉,浅则揭。"子曰:"果哉!末之难矣。"

【白话】

孔子在卫国,一次正在击磬,一位背扛草筐的人从门前走过时说:"这个击磬的人是有心之人啊!"过一会儿又说:"可怜可叹呀!声音硁硁的,好像在诉说没有人了解自己,找不到知音就独善其身算了。(就像涉水一样),水深就和衣泅涉,水浅就撩衣趟过。(何必那么固执呢!)"孔子说:"道理也是这样,对他我没有什么好说的了!"

【原文14·40】

子张曰:"书云:'高宗谅阴,三年不言。'何谓也?"子曰:"何必高宗?古之人皆然。君薨,百官总己以听于冢宰三年。"

【白话】

子张说:"《尚书》上说,'高宗守丧,住在凶庐,三年不问政事。'这是什么意思?"孔子说:"不只是高宗,古人都是这样。国君死了,朝廷百官都各管自己的职事,听命于冢宰,继任的君主三年不问政事。"

【原文 14·41】

子曰:"上好礼,则民易使也。"

【白话】

孔子说:"在上位的人喜好按照礼仪办事,那么百姓就容易指使了。"

【原文 14·42】

子路问君子。子曰:"修己以敬。"曰:"如斯而已乎?"曰:"修己以安人。"曰:"如斯而已乎?"曰:"修己以安百姓。修己以安百姓,尧舜其犹病诸?"

【白话】

子路问什么叫君子。孔子说:"修身养性,心怀敬畏。"子路说:"这样就够了吗?"孔子说:"修身养性,使百姓们安居乐业。"子路说:"这样就够了吗?"孔子说:"修身养性,使百姓们安居乐业。以自己的修为引导百姓,教化百姓,使所有百姓都能够安居乐业,恐怕连尧舜也难于完全做到吧?"

【原文 14·43】

原壤夷俟。子曰:"幼而不孙弟,长而无述焉,老而不死,是为贼!"以杖叩其胫。

【白话】

孔子的旧友原壤(母亲死了,他还大声歌唱)又开双腿坐着等待孔子。孔子骂他说:"年幼的时候,你不讲孝悌,长大了又没有什么建树,这么老了还死皮赖脸地活在世上,真是一个害人虫啊!"一边说一边用手杖敲他的小腿。

【原文 14·44】

阙党童子将命。或问之曰:"益者与?"子曰:"吾见其居于位也,见其与先生并行也。非求益者也,欲速成者也。"

【白话】

阙里的一个童子来向孔子传话。有人问孔子:"这孩子是个求上进的人吗?"孔子说:"我看见他坐在成年人的位子上,又见他和长辈并肩而行。他不是一个修习德行的人,只是个急于求成的人。"

《卫灵公》第十五

【原文15·1】

卫灵公问陈于孔子。孔子对曰:"俎豆之事,则尝闻之矣;军旅之事,未之学也。"明日遂行。

【白话】

卫灵公向孔子问军队列阵之法。孔子回答说:"祭祀礼仪方面的事情,我还听说过;用兵打仗的事,我从来没有学过。"第二天,孔子便离开了卫国。

【原文15·2】

在陈绝粮,从者病,莫能兴。子路愠见,曰:"君子亦有穷乎?"子曰:"君子固穷,小人穷斯滥矣。"

【白话】

孔子一行在陈国被人包围,粮食断绝,随从的不少弟子都病倒了,不能站起来行走。子路很不高兴地来见孔子,说道:"君子也有不得其志走投无路的时候吗?"孔子回答说:"君子虽然也有不得其志走投无路的时候,但仍会坚守道义;小人如果走投无路,就会无所不为了。"

【原文15·3】

子曰:"赐也!女以予为多学而识之者与?"对曰:"然,非与?"曰:"非也。予一以贯之。"

【白话】

孔子说:"赐啊,你以为我是博学才懂得这么多的吗?"子贡答道:"是的,难道不是这样吗?"孔子说:"并非是这样。我只是能够用一条思想的主线把所学的东西贯穿起来。"

【原文15·4】

子曰:"由!知德者鲜矣。"

【白话】

孔子说:"由啊!懂得德的人太少了。"

【原文15·5】

子曰:"无为而治者,其舜也与?夫何为哉?恭己正南面而已矣。"

【白话】

孔子说:"真正实现无为而治的人,大概只有舜吧?他做了些什么呢?他只是庄严地端坐在王位上罢了。"

【原文 15·6】

子张问行。子曰:"言忠信,行笃敬,虽蛮貊之邦,行矣。言不忠信,行不笃敬,虽州里,行乎哉?立则见其参于前也,在舆则见其倚于衡也,夫然后行。"子张书诸绅。

【白话】

子张问如何才能立身处世。孔子说:"说话要忠信,行事要笃厚敬肃,即使到了蛮貊地区,也能够行得通。说话不忠信,行事不笃厚敬肃,就是在本乡本土,能够行得通吗?站着,就仿佛看到'忠信笃敬'这几个字显现在面前,乘车,就好像看到'忠信笃敬'这几个字刻在车辕前的横木上,若如此,自己到处都能够行得通。"于是,子张把这些话写在自己的衣带上。

【原文 15·7】

子曰:"直哉史鱼!邦有道,如矢;邦无道,如矢。君子哉蘧伯玉!邦有道,则仕;邦无道,则可卷而怀之。"

【白话】

孔子说:"史鱼真是正直啊!国家有道,他的言行像箭一样直;国家无道,他的言行也像箭一样直。蘧伯玉真是一位君子啊!国家有道就出来做官;国家无道就(辞官退隐)把自己的主张保留在心里。"

【原文 15·8】

子曰:"可与言而不与之言,失人;不可与言而与言,失言。知者不失人,亦不失言。"

【白话】

孔子说:"该说的话不说,就会失去朋友;不该说的话却要说,就是说错了话。有智慧的人,既不会失去朋友,又不会说错话。"

【原文 15·9】

子曰:"志士仁人,无求生以害仁,有杀身以成仁。"

【白话】

孔子说:"志士仁人,不会因为贪生怕死而损害仁,并且敢于牺牲自己的性命来成全仁。"

【原文 15·10】

子贡问为仁。子曰:"工欲善其事,必先利其器。居是邦也,事其大夫之贤者,友其士之仁者。"

【白话】

子贡问怎样施行仁德。孔子说："做工的人想把活儿做好,必须首先使他的工具锋利。住在这个国家,就要尊敬大夫中的贤者,结交士人中的仁者。"

【原文15·11】

颜渊问为邦。子曰:"行夏之时,乘殷之辂,服周之冕,乐则韶舞。放郑声,远佞人。郑声淫,佞人殆。"

【白话】

颜渊问怎样治理国家。孔子说:"用夏代的历法,乘殷代的车子,戴周代的礼帽,奏舜时《韶》乐般的音乐。同时还要禁绝郑国的乐曲,疏远巧言佞色的小人。因为郑国的乐曲浮靡不正派,佞人太危险。"

【原文15·12】

子曰:"人无远虑,必有近忧。"

【白话】

孔子说:"人若不知深谋远虑,难题一定会出现在眼前。"

【原文15·13】

子曰:"已矣乎!吾未见好德如好色者也。"

【白话】

孔子说:"罢了罢了,我从来没有见过像好色那样好德的人。"

【原文15·14】

子曰:"臧文仲其窃位者与!知柳下惠之贤而不与立也。"

【白话】

孔子说:"(鲁国大夫)臧文仲是一个窃居官位的人吧!他明知柳下惠是个贤人,却不举荐他一起做官为国出力。"

【原文15·15】

子曰:"躬自厚而薄责于人,则远怨矣。"

【白话】

孔子说:"多反躬自省而少责备别人,自然就可以远离怨恨了。"

【原文15·16】

子曰:"不曰'如之何、如之何'者,吾末如之何也已矣。"

【白话】

孔子说:"遇事不思考'怎么办、怎么办'的人,我对他也不知道怎么办才好了。"

【原文15·17】

子曰:"群居终日,言不及义,好行小慧,难矣哉!"

【白话】

孔子说:"整天聚在一块,说的东西全都远离道义,专好卖弄小聪明,这种人难成大器啊!"

【原文15·18】

子曰:"君子义以为质,礼以行之,孙以出之,信以成之。君子哉!"

【白话】

孔子说:"君子以道义为根本,以礼仪立身处世,以谦逊的言语表达思想,以诚信的态度追求成功。这就是君子啊!"

【原文15·19】

子曰:"君子病无能焉,不病人之不己知也。"

【白话】

孔子说:"君子只担心自己没有才能,不担心别人不知道自己。"

【原文15·20】

子曰:"君子疾没世而名不称焉。"

【白话】

孔子说:"君子所担心的是死后不被人称颂。"

【原文15·21】

子曰:"君子求诸己,小人求诸人。"

【白话】

孔子说:"君子总是自我图强,小人总是攀附依赖。"

【原文15·22】

子曰:"君子矜而不争,群而不党。"

【白话】

孔子说:"君子庄重而不与人相争,合群而不结党营私。"

【原文15·23】

子曰:"君子不以言举人,不以人废言。"

【白话】

孔子说:"君子不会因为说话动听就轻信重用一个人,也不会因为一个人有问题而不听取他的正确的话。"

【原文15·24】

子贡问曰:"有一言而可以终身行之者乎?"子曰:"其'恕'乎!己所

不欲,勿施于人。"

【白话】

子贡问孔子:"有没有一个字可以让人终身奉行的呢?"孔子回答:"那大概就是'恕'吧!自己不愿意的,不要强加给别人。"

【原文15·25】

子曰:"吾之于人也,谁毁谁誉?如有所誉者,其有所试矣。斯民也,三代之所以直道而行也!"

【白话】

孔子说:"我对于别人,轻易诋毁过谁?赞誉过谁?如有所赞誉,一定是经过多次考验的。夏、商、周三代之所以长长久久,那是因为民风纯正啊!"

【原文15·26】

子曰:"吾犹及史之阙文也,有马者借人乘之,今亡矣夫。"

【白话】

孔子说:"我还能够看到史书存疑的地方。就如有马的人,如果自己不会调教,便让贤于能人。这种精神,今天没有了吧。"

【原文15·27】

子曰:"巧言乱德。小不忍则乱大谋。"

【白话】

孔子说:"花言巧语败坏德行。小事不忍,就会败坏大事。"

【原文15·28】

子曰:"众恶之,必察焉;众好之,必察焉。"

【白话】

孔子说:"大家都厌恶他,我还是一定要考察一下;大家都喜欢他,我也还是一定要考察一下。"

【原文15·29】

子曰:"人能弘道,非道弘人。"

【白话】

孔子说:"人应当弘扬道义,不可让道义装扮自己。"

【原文15·30】

子曰:"过而不改,是谓过矣。"

【白话】

孔子说:"有了过错而不改正,这才是真正的过错啊。"

【原文15·31】

子曰:"吾尝终日不食,终夜不寝,以思,无益,不如学也。"

【白话】

孔子说:"我曾经整天不吃饭,彻夜不睡觉,苦思苦想,却想不出什么结果,也没有什么进步,所以有了困惑还不如先去认真学习。"

【原文15·32】

子曰:"君子谋道不谋食。耕也,馁在其中矣;学也,禄在其中矣。君子忧道不忧贫。"

【白话】

孔子说:"君子主观上谋求的是道,而不谋求衣食。就是耕田的人,也常常要饿肚子;学问到家,却自然可以得到俸禄。所以君子担心的是道义能不能施行,而不担心自己是否会遭受贫穷。"

【原文15·33】

子曰:"知及之,仁不能守之,虽得之,必失之;知及之,仁能守之,不庄以涖之,则民不敬;知及之,仁能守之,庄以涖之,动之不以礼,未善也。"

【白话】

孔子说:"凭借聪明才智得到,但若心无仁德,就不足以保持它,即使得到,也一定会丧失;凭借聪明才智得到,心怀仁德足以保持,但若不以庄重的态度来治理百姓,那么百姓就会心有不敬;凭借聪明才智得到,心怀仁德足以保持,能以庄重的态度来治理百姓,但动员百姓时不依照礼的要求行事,那也是不完善的。"

【原文15·34】

子曰:"君子不可小知而可大受也;小人不可大受而可小知也。"

【白话】

孔子说:"对于真正的君子,不能以小智小事来考验他,而应当让他们承担重大的使命;对于小人,则不能让他们承担重大的使命,但可以让他们做些小的事情。"

【原文15·35】

子曰:"民之于仁也,甚于水火。水火,吾见蹈而死者矣,未见蹈仁而死者也。"

【白话】

孔子说:"百姓们对于仁的需要,实际上比对于水与火的需要更为迫切。然而,我只见过死在水火中的,却没有见过死在仁里面的。"

【原文 15·36】

子曰:"当仁,不让于师。"

【白话】

孔子说:"追求仁德,就是面对老师,也不用谦让。"

【原文 15·37】

子曰:"君子贞而不谅。"

【白话】

孔子说:"君子固守正道,而不拘泥于小信。"

【原文 15·38】

子曰:"事君,敬其事而后其食。"

【白话】

孔子说:"事奉君主,首先是认真办事而后才可求取俸禄。"

【原文 15·39】

子曰:"有教无类。"

【白话】

孔子说:"接受教育者不分贫富贵贱。"

【原文 15·40】

子曰:"道不同,不相为谋。"

【白话】

孔子说:"主张不同,不可共同谋划。"

【原文 15·41】

子曰:"辞,达而已矣。"

【白话】

孔子说:"言辞能够把意思表达清楚,也就行了。"

【原文 15·42】

师冕见,及阶,子曰:"阶也。"及席,子曰:"席也。"皆坐,子告之曰:"某在斯,某在斯。"师冕出,子张问曰:"与师言之道与?"子曰:"然,固相师之道也。"

【白话】

乐师冕来见孔子,走到台阶前,孔子告知:"这儿是台阶。"走到坐席旁,孔子告知:"这儿是坐席。"等大家都坐下来,孔子告诉他:"某某在这里,某某在那里。"师冕走了以后,子张就问孔子:"这就是与盲人乐师的谈话之道吗?"孔子回答:"是的,这就是与盲人乐师相互交流和学习的方法。"

《季氏》第十六

【原文16·1】

季氏将伐颛臾。冉有、季路见于孔子曰:"季氏将有事于颛臾。"

孔子曰:"求!无乃尔是过与?夫颛臾,昔者先王以为东蒙主,且在城邦之中矣,是社稷之臣也。何以伐为?"

冉有曰:"夫子欲之,吾二臣者皆不欲也。"

孔子曰:"求!周任有言曰:'陈力就列,不能者止。'危而不持,颠而不扶,则将焉用彼相矣?且尔言过矣。虎兕出于柙,龟玉毁于椟中,是谁之过与?"

冉有曰:"今夫颛臾,固而近于费。今不取,后世必为子孙忧。"

孔子曰:"求!君子疾夫舍曰欲之而必为之辞。丘也闻有国有家者,不患寡而患不均,不患贫而患不安。盖均无贫,和无寡,安无倾。夫如是,故远人不服,则修文德以来之。既来之,则安之。今由与求也,相夫子,远人不服而不能来也,邦分崩离析而不能守也,而谋动干戈于邦内。吾恐季孙之忧,不在颛臾,而在萧墙之内也!"

【白话】

季氏将要讨伐附属国颛臾。冉有、子路去见孔子说:"季氏快要攻打颛臾了。"

孔子说:"冉求啊,这不就是你的过错吗?颛臾从前是周天子让它主持东蒙祭祀的,而且已经在鲁国的疆域之内,是国家的臣属啊,为什么要讨伐它呢?"

冉有说:"季孙大夫想去攻打,我们两个人都不愿意。"

孔子说:"冉求,周任有句话说:'尽全力去履行自己的职责,实在做不到就辞职。'有了危险不去拉上一把,跌倒了不去搀扶一下,那还用辅助的人干什么呢?况且你说的话错了。老虎、犀牛从笼子里跑出来,龟甲、玉器毁于匣中,这是谁的过错呢?"

冉有说:"颛臾城墙坚固,而且离费邑很近。现在不把它夺取过来,将来一定会成为子孙的忧患。"

孔子说:"冉求,君子痛恨那种不肯实说自己想要那样做而一定要找个借口的做法。我听说,对于一个国家来说,不怕贫穷,而怕财富不均;不怕人口少,而怕不安定。财富机会公平了,也就没有所谓贫穷;上下和睦了,就不会感到人口少;国家安定了,就没有倾覆的危险。如果这样做了,

远方的人还不归服,就用仁、义、礼、乐招徕他们。如果已经归服,就要让他们安心。现在,仲由和冉求你们两个人辅助季氏,远人不归服而又不能招徕他们,邦国离散却不设法保全,反而策划在国内使用武力。我只怕季孙的忧患并不在颛臾,而是在自己的内部啊!"

【原文16·2】

孔子曰:"天下有道,则礼乐征伐自天子出;天下无道,则礼乐征伐自诸侯出。自诸侯出,盖十世希不失矣;自大夫出,五世希不失矣;陪臣执国命,三世希不失矣。天下有道,则政不在大夫。天下有道,则庶人不议。"

【白话】

孔子说:"天下有道的时候,制作礼乐和出兵打仗的大事都由天子做主决定;天下无道的时候,制作礼乐和出兵打仗这样的大事,就会由诸侯做主决定。由诸侯做主决定,大概经过十代很少有不垮台的;由大夫做主决定,经过五代很少有不垮台的;大夫的家臣操纵了国家政令,经过三代很少有不垮台的。天下有道,国家政权就不会落在大夫手中。天下有道,百姓们也就不会对国家政治议论纷纷了。"

【原文16·3】

孔子曰:"禄之去公室五世矣,政逮于大夫四世矣,故夫三桓之子孙微矣。"

【白话】

孔子说:"鲁国国君失去国家统治权已经有五代了,政权落在大夫之手已经四代了,所以孟孙、叔孙、季孙三桓的子孙现在也衰微了。"

【原文16·4】

孔子曰:"益者三友,损者三友。友直,友谅,友多闻,益矣。友便辟,友善柔,友便佞,损矣。"

【白话】

孔子说:"有益的朋友有三种,有害的朋友也有三种。同正直的人交友,同诚信的人交友,同见闻广博的人交友,这是有益的。同惯于走邪道的人交友,同善于阿谀逢迎的人交友,同惯于花言巧语的人交友,这是有害的。"

【原文16·5】

孔子曰:"益者三乐,损者三乐。乐节礼乐,乐道人之善,乐多贤友,益矣。乐骄乐,乐佚游,乐宴乐,损矣。"

【白话】

孔子说:"有益的欢乐有三种,有害的欢乐也有三种。以用礼乐节制自己为乐,以称道别人的长处为乐,以有许多贤德朋友为乐,这是有益的欢乐。以骄奢放纵为乐,佚游忘返为乐,大吃大喝为乐,这是有害的欢乐。"

【原文16·6】

孔子曰:"侍于君子有三愆:言未及之而言谓之躁;言及之而不言谓之隐;未见颜色而言谓之瞽。"

【白话】

孔子说:"侍奉身居上位的君子要注意避免三种过失:还没有问到你的时候就说话,这叫急躁;已经问到你的时候你却不说,这叫隐瞒;不看人家的脸色而贸然开口,这叫有眼无珠。"

【原文16·7】

孔子曰:"君子有三戒:少之时,血气未定,戒之在色;及其壮也,血气方刚,戒之在斗;及其老也,血气既衰,戒之在得。"

【白话】

孔子说:"君子一生有三个阶段必须警戒:年少的时候,血气还不稳定,要警戒对女色的迷恋;到了壮年,血气方刚,要警戒争强好斗;到了老年,血气已经衰弱了,要警戒自己贪得无厌。"

【原文16·8】

孔子曰:"君子有三畏:畏天命,畏大人,畏圣人之言。小人不知天命而不畏也,狎大人,侮圣人之言。"

【白话】

孔子说:"君子有三大敬畏:敬畏天命,敬畏地位高贵的人,敬畏圣人的忠告。小人不懂得天命而没有敬畏之心,不尊重身居上位的人,蔑视侮谩圣人的忠告。"

【原文16·9】

孔子曰:"生而知之者,上也;学而知之者,次也;困而学之,又其次也;困而不学,民斯为下矣。"

【白话】

孔子说:"生来就知道,是最上等的;经过学习以后才知道,是次一等的;遇到困难再去学习,是又次一等的;遇到困难还不学习,这种人就只能居于下等了。"

【原文16·10】

孔子曰:"君子有九思:视思明,听思聪,色思温,貌思恭,言思忠,事思敬,疑思问,忿思难,见得思义。"

【白话】

孔子说:"君子有九件事要思考:看,要思考是否看明白了;听,要思考是否听清楚了;脸色,要思考是否温和;举止,要思考是否谦恭;言谈,要思考是否诚实;办事,要思考是否谨严;疑惑,要思考怎样向别人请教;发怒,要思考是否有后患;取财,要思考是否合乎道义。"

【原文16·11】

子曰:"见善如不及,见不善如探汤。吾见其人矣,吾闻其语矣。隐居以求其志,行义以达其道。吾闻其语矣,未见其人也。"

【白话】

孔子说:"看到美善的行为,就担心赶不上而倍加努力,看到不善的行为,就好像手伸到开水中一样要赶快躲开。我见到过这样的人,也听到过这样的话。以隐居来保全自己的志向,终身不忘施行仁义顺应大道。我听到过这种话,却没有见到过这样的人。"

【原文16·12】

齐景公有马千驷,死之日,民无德而称焉。伯夷叔齐饿死于首阳之下,民到于今称之。其斯之谓与?

【白话】

齐景公有马四千匹,死的时候,百姓们对他的德行没有什么可以称颂的。伯夷、叔齐饿死在首阳山下,百姓们到现在还在称颂他们。这说明了什么道理呢?

【原文16·13】

陈亢问于伯鱼曰:"子亦有异闻乎?"对曰:"未也。尝独立,鲤趋而过庭。曰:'学诗乎?'对曰:'未也。''不学诗,无以言。'鲤退而学诗。他日又独立,鲤趋而过庭。曰:'学礼乎?'对曰:'未也。''不学礼,无以立。'鲤退而学礼。闻斯二者。"陈亢退而喜曰:"问一得三。闻诗,闻礼,又闻君子之远其子也。"

【白话】

陈亢问孔子的儿子伯鱼:"你在老师那里听到过什么特别的教诲吗?"伯鱼回答说:"没有。不过,有一次他老人家独自站在庭院,我快步从庭里走过,他问:'学《诗》了吗?'我回答说:'没有。'他说:'不学诗,就不懂得怎么说话。'于是我回去就学《诗》。又有一天,他独自站在庭院,我快步从庭里走过,他问:'学礼了吗?'我回答说:'没有。'他说:'不学礼,就不懂得怎样立身。'于是我回去就学礼。我就经历过这两件事。"陈亢回去后高兴地说:"我问一件事,得到了三个收获,懂得了学《诗》的道理,懂得了学礼的意义,还知道了君子不偏向和溺爱自己的儿子。"

【原文 16·14】

邦君之妻,君称之曰夫人;夫人自称曰小童;邦人称之曰君夫人;称诸异邦曰寡小君;异邦人称之亦曰君夫人。

【白话】

(周礼关于称号的内容之一是:)国君的妻子,国君称她为夫人;夫人自称为小童;国人称她为君夫人;在他国人面前则称她为寡小君;他国人也称她为君夫人。

《阳货》第十七

【原文17·1】

阳货欲见孔子,孔子不见,归孔子豚。孔子时其亡也,而往拜之,遇诸涂。谓孔子曰:"来,予与尔言。"曰:"怀其宝而迷其邦,可谓仁乎?"曰:"不可。""好从事而亟失时,可谓知乎?"曰:"不可。""日月逝矣,岁不我与。"孔子曰:"诺,吾将仕矣。"

【白话】

季氏的家臣阳货想见孔子,孔子不见,他便赠送给孔子一只蒸熟了的小猪(目的是要懂"礼"的孔子去回拜)。孔子打听到阳货不在家时,往阳货家拜谢,不料在半路上遇见了。阳货对孔子说:"请过来,我有话要跟您说。"孔子走过去后,阳货说:"把自己的本领藏起来而听任国家迷乱,这可以叫做仁吗?"孔子回答说:"不可以。"阳货说:"喜好参与政事而又屡次错过机会,这可以说是智吗?"孔子回答说:"不可以。"阳货说:"时光一天天过去了,岁月是不等人的啊!"孔子说:"好吧,我打算出去为官了。"

【原文17·2】

子曰:"性相近也,习相远也。"

【白话】

孔子说:"人的本性是相近的,但是性格特征和行为习惯的差别那就大了。"

【原文17·3】

子曰:"唯上知与下愚不移。"

【白话】

孔子说:"只有上等的智者和下等的愚人是不容易改变的。"

【原文17·4】

子之武城,闻弦歌之声。夫子莞尔而笑,曰:"割鸡焉用牛刀?"子游对曰:"昔者偃也闻诸夫子曰:'君子学道则爱人,小人学道则易使也。'"子曰:"二三子,偃之言是也。前言戏之耳。"

【白话】

孔子到鲁国的一个小城武城,听见弹琴唱歌的声音。孔子微笑着说:"杀鸡何必用宰牛的刀呢?"武城宰子游回答说:"以前我听先生说过,'君子学习了礼乐之道就能爱人,小人学习了礼乐之道就容易指使。'"孔子说:"弟子们,言偃的话是正确的。我刚才那句话只是开个玩笑而已。"

【原文17·5】

公山弗扰以费畔,召,子欲往。子路不悦,曰:"末之也已,何必公山氏之之也。"子曰:"夫召我者,而岂徒哉?如有用我者,吾其为东周乎!"

【白话】

季氏的家臣公山弗扰据费邑反叛,来召孔子,孔子准备前去。子路不高兴地说:"没有地方去就算了,为什么一定要去公山弗扰那里呢?"孔子说:"他来召我,我会白跑一趟吗?如果有人用我,我就要复兴周礼!"

【原文17·6】

子张问仁于孔子。孔子曰:"能行五者于天下为仁矣。""请问之。"曰:"恭、宽、信、敏、惠。恭则不侮,宽则得众,信则人任焉,敏则有功,惠则足以使人。"

【白话】

子张向孔子问仁。孔子说:"能够致力于天下实行五种品德,就是仁人了。"子张说:"请问哪五种。"孔子说:"庄重、宽厚、诚实、勤敏、慈惠。庄重就不会遭受侮辱,宽厚就会得到众人的拥护,诚信就能得到别人的任用,勤敏就能取得成功,慈惠就能让人心甘情愿地做事。"

【原文17·7】

佛肸召,子欲往。子路曰:"昔者由也闻诸夫子曰:'亲于其身为不善者,君子不入也。'佛肸以中牟畔,子之往也,如之何?"子曰:"然,有是言也。不曰坚乎,磨而不磷;不曰白乎,涅而不缁。吾岂匏瓜也哉?焉能系而不食?"

【白话】

晋国大夫范氏家臣佛肸召孔子去,孔子打算前往。子路说:"从前我听先生说过:'亲身做坏事的人那里,君子是不会去的。'现在佛肸据中牟反叛,你却要去,这又如何解释呢?"孔子说:"是的,我说过这样的话。(但还有一种道理没给你讲。)不是说坚硬的东西磨也磨不坏吗?不是说洁白的东西染也染不黑吗?我难道就是个苦葫芦吗?怎么能只挂在那里而不让人采食呢?"

【原文17·8】

子曰:"由也,女闻六言六蔽矣乎?"对曰:"未也。""居,吾语女。好仁不好学,其蔽也愚;好知不好学,其蔽也荡;好信不好学,其蔽也贼;好直不好学,其蔽也绞;好勇不好学,其蔽也乱;好刚不好学,其蔽也狂。"

【白话】

孔子说:"由呀,你听说过六种品德和六种弊病了吗?"子路回答说:"没有。"孔子说:"坐下来,我告诉你。喜好仁德而不爱好学习,其弊病是可能变得愚蠢;喜好聪明而不爱好学习,其弊病是行为容易放荡;喜好诚信而不爱好学习,其弊病是容易被人利用;喜好直率而不爱好学习,其弊病是说话尖刻伤人;喜好勇敢而不爱好学习,其弊病是容易闯祸作乱;喜好刚强而不爱好学习,其弊病是容易走向狂妄自大。"

【原文17·9】

子曰:"小子何莫学夫诗。诗,可以兴,可以观,可以群,可以怨。迩之事父,远之事君;多识于鸟兽草木之名。"

【白话】

孔子说:"弟子们,为什么不学学《诗》呢?学《诗》,可以激发情感,丰富想象力;可以提高观察力和辨别力,了解天地万物以及人间的盛衰得失;可以懂得与人与社会相处的道理;可以学到怨而不怒的讽喻方法。并且,近可以用来侍奉父母,远可以用来侍奉君主;同时还能增加一些鸟兽草木方面的自然知识。"

【原文17·10】

子谓伯鱼曰:"女为《周南》、《召南》矣乎?人而不为《周南》、《召南》,其犹正墙面而立也与!"

【白话】

孔子对儿子伯鱼说:"你学习《诗经·国风》中的《周南》、《召南》了吗?一个人如果不学习《周南》、《召南》,那就像面对墙壁而站着,无法看见也无法行走了!"

【原文17·11】

子曰:"礼云礼云,玉帛云乎哉?乐云乐云,钟鼓云乎哉?"

【白话】

孔子说:"礼呀礼呀,难道只是说的玉帛之类的礼器吗?乐呀乐呀,难道只是说的钟鼓之类的乐器吗?"

【原文17·12】

子曰:"色厉而内荏,譬诸小人,其犹穿窬之盗也与?"

【白话】

孔子说:"外表严厉而内心虚弱,犹如小人的德行,就像是挖洞爬墙的小偷吧?"

【原文17·13】

子曰:"乡愿,德之贼也。"

【白话】

孔子说:"乡里为许多人所称道的那种不明是非的好好先生,其实是道德的破坏者。"

【原文17·14】

子曰:"道听而涂说,德之弃也。"

【白话】

孔子说:"道听途说四处传播,那是对道德的背弃。"

【原文17·15】

子曰:"鄙夫可与事君也与哉?其未得之也,患得之。既得之,患失之。苟患失之,无所不至矣。"

【白话】

孔子说:"可以和一个鄙陋庸俗的人一起侍奉君主吗?他在没有得到名利官位时,总是担心得不到。已经得到了,又总是担心失去它。一个人如果总是担心失掉名利官位等等既得利益,那他什么事情都干得出来。"

【原文17·16】

子曰:"古者民有三疾,今也或是之亡也。古之狂也肆,今之狂也荡;古之矜也廉,今之矜也忿戾;古之愚也直,今之愚也诈而已矣!"

【白话】

孔子说:"古代人也有毛病,但主要的三种毛病还算得上是可贵,现在的人恐怕连这三种毛病也不像古人了。古代的狂者不过是肆意飞扬,而现在的狂者却是放荡不羁;古代骄傲的人不过是难以接近,现在骄傲的人却是凶恶蛮横;古代愚昧的人不过是简单直率,现在愚昧的人却是一味欺诈啊!"

【原文17·17】

子曰:"巧言令色,鲜矣仁。"

(本章重出,见于《学而》之第3章。)

【原文17·18】

子曰:"恶紫之夺朱也,恶郑声之乱雅乐也,恶利口之覆邦家者。"

【白话】

孔子说:"我憎恶用紫色取代红色,憎恶用郑国的声乐扰乱雅乐,憎恶用伶牙俐齿花言巧语颠覆国家的人。"

【原文17·19】

子曰："予欲无言。"子贡曰："子如不言,则小子何述焉?"子曰："天何言哉?四时行焉,百物生焉,天何言哉!"

【白话】

孔子说："我不想说什么了。"子贡说："老师您如果不说话,那么我们这些弟子还传述什么呢?"孔子说："天说了什么呢?四季照常运行,万物照样生长。天说了什么话呢!"

【原文17·20】

孺悲欲见孔子,孔子辞以疾。将命者出户,取瑟而歌,使之闻之。

【白话】

鲁国人孺悲想见孔子,孔子以有病为由推辞不见。传话的人刚出门,孔子便取过瑟来边弹边唱,故意让孺悲听到。

【原文17·21】

宰我问："三年之丧,期已久矣。君子三年不为礼,礼必坏;三年不为乐,乐必崩。旧谷既没,新谷既升,钻燧改火,期可已矣。"子曰："食夫稻,衣夫锦,于女安乎?"曰:"安。""女安则为之。夫君子之居丧,食旨不甘,闻乐不乐,居处不安,故不为也。今女安,则为之!"宰我出,子曰:"予之不仁也!子生三年,然后免于父母之怀,夫三年之丧,天下之通丧也。予也有三年之爱于其父母乎?"

【白话】

宰我问："父母死了,子女守孝服丧三年,时间也太长了。君子三年不讲习礼仪,礼仪必然将被废弃;三年不演奏音乐,音乐就会失传。旧谷吃完,新谷登场,钻燧取火的木头轮过了一遍,所以守孝服丧一年就可以了。"孔子说："父母去世不到三年你就吃那大米饭,穿起锦缎衣,能够心安吗?"宰我说："我能够心安。"孔子说："你心安,你就那样去做吧!君子守丧期间,吃美味不觉得香甜,听音乐不觉得快乐,住在家里不觉得舒服,所以不会那样做。如今你既然觉得心安,你就那样去做吧!"宰我出去后,孔子说:"宰予真是不仁啊!儿女生下来,到三岁时才会离开父母的怀抱。服丧三年,这是天下通行的丧礼。难道宰予没有从他的父母那里得到三年的爱抚吗?"

【原文17·22】

子曰："饱食终日,无所用心,难矣哉!不有博弈者乎?为之,犹贤乎已。"

【白话】

孔子说:"整天吃饱了饭,什么心思也不用,这种人真是太难办了!不是还有玩博和下棋的游戏吗?干干这个,也比游手好闲要强。"

【原文 17·23】

子路曰:"君子尚勇乎?"子曰:"君子义以为上。君子有勇而无义为乱,小人有勇而无义为盗。"

【白话】

子路问:"君子崇尚勇敢吗?"孔子答道:"君子以道义作为最高的行为准则。君子有勇无义就会犯上作乱,小人有勇无义就会偷摸盗窃。"

【原文 17·24】

子贡曰:"君子亦有恶乎?"子曰:"有恶。恶称人之恶者,恶居下流而讪上者,恶勇而无礼者,恶果敢而窒者。"曰:"赐也亦有恶乎?""恶徼以为知者,恶不孙以为勇者,恶讦以为直者。"

【白话】

子贡说:"君子也有厌恶的人和事吗?"孔子回答:"有。厌恶传扬别人坏处的人,厌恶身居下位而诽谤上位者的人,厌恶只有勇敢而不懂礼节的人,厌恶刚愎而又不通事理的人。"孔子又反问:"赐啊,你也有厌恶的人和事吗?"子贡回答:"我厌恶偷袭别人的成绩而又自以为聪明的人,厌恶把不谦虚当做勇敢的人,厌恶揭发别人的隐私而自以为直率的人。"

【原文 17·25】

子曰:"唯女子与小人为难养也,近之则不孙,远之则怨。"

【白话】

孔子说:"那些齐国送来的小舞女,和小人一样,是难以共处的,亲近了就会无礼,疏远了就会报怨。"

【原文 17·26】

子曰:"年四十而见恶焉,其终也已。"

【白话】

孔子说:"一个人到了四十岁还被人们所厌恶,他这一生恐怕也就算完了。"

《微子》第十八

【原文18·1】

微子去之，箕子为之奴，比干谏而死。孔子曰："殷有三仁焉。"

【白话】

殷纣王的同母兄长微子规劝未果离开了，殷纣王的叔父箕子披发装疯被降为奴隶，殷纣王的叔父比干屡次强谏被挖心而死。孔子说："这是殷朝的三位仁人啊！"

【原文18·2】

柳下惠为士师，三黜。人曰："子未可以去乎？"曰："直道而事人，焉往而不三黜？枉道而事人，何必去父母之邦？"

【白话】

柳下惠当典狱官，三次被罢免。有人说："你就不能离开鲁国吗？"柳下惠说："（在现在这个社会，）按正道侍奉君主，到哪里不会被多次罢官呢？如果按邪道侍奉君主，为什么一定要离开自己的国家呢？"

【原文18·3】

齐景公待孔子曰："若季氏，则吾不能；以季、孟之间待之。"曰："吾老矣，不能用也。"孔子行。

【白话】

齐景公讲到对待孔子的礼节时说："要像鲁君对待季氏那样，我做不到；我用介于季氏和孟氏之间的礼遇对待他。"（不久之后）又说："我老了，不能有什么作为了。"孔子便离开了齐国。

【原文18·4】

齐人归女乐，季桓子受之，三日不朝。孔子行。

【白话】

齐国人赠送许多歌伎舞女给鲁国，宰相季桓子接受了，好多天不上朝。孔子于是离开了。

【原文18·5】

楚狂接舆歌而过孔子曰："凤兮凤兮！何德之衰？往者不可谏，来者犹可追！已而已而，今之从政者殆而！"孔子下，欲与之言，趋而辟之，不得与之言。

【白话】

楚国的狂人接舆唱着歌从孔子的车旁走过，他唱道："凤凰啊，凤凰啊！你的德运怎么这么衰弱呢？过去的已经无可挽回，从现在隐去也不迟啊！算了吧，算了吧，今天那些政客们太危险了！"孔子下车，想同他谈谈,他却赶快避开,让孔子无机会可谈。

【原文18·6】

长沮、桀溺耦而耕。孔子过之,使子路问津焉。长沮曰:"夫执舆者为谁?"子路曰:"为孔丘。"曰:"是鲁孔丘与?"曰:"是也。"曰:"是知津矣。"问于桀溺。桀溺曰:"子为谁?"曰:"为仲由。"曰:"是孔丘之徒与?"对曰:"然。"曰:"滔滔者天下皆是也,而谁以易之?且而与其从辟人之士也,岂若从辟世之士哉?"耰而不辍。子路行以告,夫子怃然曰:"鸟兽不可与同群,吾非斯人之徒与而谁与?天下有道,丘不与易也。"

【白话】

长沮、桀溺两位隐士在一起合力耕作。孔子经过,让子路去询问渡口在哪里。长沮问子路:"那个拿着缰绳的人是谁?"子路说:"是孔丘。"长沮说:"是鲁国的孔丘吗?"子路说:"是的。"长沮说:"那么这个人应该知道渡口在哪里了。"子路再去问桀溺。桀溺说:"你是谁?"子路说:"我是仲由。"桀溺说:"你是鲁国孔丘的门徒吗?"子路说:"是的。"桀溺说:"礼崩乐坏,像洪水滔滔,谁能够改变它呢?而对你来说,与其跟着像孔丘那样躲避坏人的人,哪里比得上跟着像我们这些躲避整个社会的人呢?"说完,用土覆盖种子,仍旧不停地做自己的农活。子路回来后把情况报告给孔子,孔子很失望地说:"人啊,是不能与飞禽走兽合群生活的,我不同世上的人群打交道,还与谁打交道呢?如果天下有道,我孔丘也就不会致力于什么改革了。"

【原文18·7】

子路从而后,遇丈人,以杖荷蓧。子路问曰:"子见夫子乎?"丈人曰:"四体不勤,五谷不分,孰为夫子?"植其杖而芸。子路拱而立。止子路宿,杀鸡为黍而食之,见其二子焉。明日,子路行以告。子曰:"隐者也。"使子路反见之。至,则行矣。子路曰:"不仕无义。长幼之节,不可废也,君臣之义,如之何其废之?欲洁其身,而乱大伦。君子之仕也,行其义也。道之不行,已知之矣。"

【白话】

子路跟随孔子出行,落在了后面,遇到一个老丈,用拐杖挑着除草的竹制工具。子路问道:"您看到我的老师了吗?"老人说:"四肢不劳动,五谷分不清,谁是你的老师呢?"说罢,便将拐杖插在地上继续除草。子路拱着手恭敬地站在一旁。于是老人留子路在他家住宿,杀了鸡,做了小米饭给他吃,又叫两个儿子出来与子路见面。第二天,子路赶上孔子,把这件事向他作了报告。孔子说:"这是个隐士啊。"叫子路再回去看看。子路赶回来,老人已经走了。子路感叹说:"(一个有德有才的人)不为官并非正确的选择。长幼间的人伦关系不可废弃,君臣间的秩序,又怎么能废弃呢?想要洁身自好,却违背了根本的伦理道德,回避了自己的责任。君子做官,只是为了帮助国家推行道义啊。至于道的推行难度,我们早就知道了。"

【原文18·8】

逸民:伯夷、叔齐、虞仲、夷逸、朱张、柳下惠、少连。子曰:"不降其志,不辱其身,伯夷、叔齐与?"谓柳下惠、少连:"降志辱身矣,言中伦,行中虑,其斯而已矣。"谓虞仲、夷逸:"隐居放言,身中清,废中权。""我则异于是,无可无不可。"

【白话】

自古以来,避世隐逸的名士有:伯夷、叔齐、虞仲、夷逸、朱张、柳下惠、少连。孔子说:"不降低自己的意志,不屈辱自己的身份,这是伯夷和叔齐吧?"又说柳下惠、少连:"被迫降低了自己的意志,屈辱了自己的身份,但说话合乎伦理,行为合乎理性,他们就是这样罢了。"说虞仲、夷逸:"过着隐居的生活,说话无拘无束,能够洁身自爱,放弃官位合乎权宜。""我与这些人不同,可以这样做,也可以那样做。是进是退无所拘泥。"

【原文18·9】

大师挚适齐,亚饭干适楚,三饭缭适蔡,四饭缺适秦,鼓方叔入于河,播鼗武入于汉,少师阳、击磬襄入于海。

【白话】

鲁国乐官之长太师挚到齐国去了,乐官亚饭干到楚国去了,三饭缭到蔡国去了,四饭缺到秦国去了,打鼓的方叔到了黄河边,敲小鼓的武到了汉水边,副乐师阳和击磬的襄到了海滨。

【原文18·10】

周公谓鲁公曰:"君子不施其亲,不使大臣怨乎不以。故旧无大故,则不弃也。无求备于一人。"

【白话】

周公对其儿子鲁公说:"君子不会疏远怠慢他的亲族,不会使大臣们抱怨不被真正任用。故旧老臣没有大的过失,就不要抛弃他们。不可对人求全责备。"

【原文18·11】

周有八士:伯达、伯适、伯突、仲忽、叔夜、叔夏、季随、季骐。

【白话】

周代有八位著名士人:伯达、伯适、伯突、仲忽、叔夜、叔夏、季随、季骐。

《子张》第十九

【原文19·1】

子张曰:"士见危致命,见得思义,祭思敬,丧思哀,其可已矣。"

【白话】

子张说:"读书人危难时能够担当重任勇于献身,得利时能够反省是否合乎道义,祭祀时能够反省是否严肃恭敬,居丧时能够反省是否从内心感到哀伤,这样就可以了。"

【原文19·2】

子张曰:"执德不弘,信道不笃,焉能为有?焉能为亡?"

【白话】

子张说:"遵从德而不能发扬光大,信奉道而不坚定执著,这样的人,有他怎么能算多,没他怎么能算少?"

【原文19·3】

子夏之门人问交于子张。子张曰:"子夏云何?"对曰:"子夏曰:'可者与之,其不可者拒之。'"子张曰:"异乎吾所闻:君子尊贤而容众,嘉善而矜不能。我之大贤与,于人何所不容?我之不贤与,人将拒我,如之何其拒人也?"

【白话】

子夏的弟子向子张询问怎样结交朋友。子张说:"子夏是怎么说的?"子夏的弟子答道:"子夏说:'值得相交的就和他交朋友,不值得相交的就拒绝他。'"子张说:"我所听到的和这种说法不一样:君子既尊重贤人,又能容纳众人;既能够赞美善人,又能够同情能力不足的人。如果我真是贤良的人,那我对别人有什么不能容纳的呢?如果我不是贤良的人,那人家就会拒绝我,我又怎么谈得上拒绝人家呢?"

【原文19·4】

子夏曰:"虽小道,必有可观者焉,致远恐泥。是以君子不为也。"

【白话】

子夏说:"虽然是一些小的技艺,也一定有可取的地方,但要达成远大的目标,就不能陷于其中了。所以君子不会把焦点集中于此。"

【原文19·5】

子夏曰:"日知其所亡,月无忘其所能,可谓好学也已矣。"

【白话】

子夏说:"每天学到一些过去所不知道的新知识,每月都温习已经学会的东西,这就可以叫做好学了。"

【原文19·6】

子夏曰:"博学而笃志,切问而近思,仁在其中矣。"

【白话】

子夏说:"善于博览群书并将其要义记牢,就关键的问题提出疑问并且认真去思考,仁就在其中了。"

【原文19·7】

子夏曰:"百工居肆以成其事,君子学以致其道。"

【白话】

子夏说:"各行各业的工匠在作坊里完成自己的工作,君子通过学习来完成传道天下的大业。"

【原文19·8】

子夏说:"小人之过也必文。"

【白话】

子夏说:"小人犯了过错一定要掩饰。"

【原文19·9】

子夏曰:"君子有三变:望之俨然,即之也温,听其言也厉。"

【白话】

子夏说:"君子的外在形象在别人看来有三种变化:远看感觉庄严,接近感觉温和,听他说话语言严厉而不苟。"

【原文19·10】

子夏曰:"君子信而后劳其民,未信,则以为厉己也;信而后谏,未信,则以为谤己也。"

【白话】

子夏说:"君子要首先取得百姓信任才去指使他们,否则百姓就会以为是在虐待他们;君子要首先取得君主信任然后才去规劝,否则君主就会以为你在诽谤他。"

【原文19·11】

子夏曰:"大德不逾闲,小德出入可也。"

【白话】

子夏说:"大节上不能超越界限,小节上有些出入可以谅解。"

【原文19·12】

子游曰:"子夏之门人小子,当洒扫应对进退,则可矣,抑末也,本之则无,如之何?"子夏闻之,曰:"噫,言游过矣!君子之道,孰先传焉?孰后倦焉?譬诸草木,区以别矣。君子之道,焉可诬也?有始有卒者,其惟圣人乎?"

【白话】

子游说:"子夏的学生,做些洒扫迎送的事情是可以的,但这些不过是末节小事,礼乐等根本的东西却没有学到,这怎么行呢?"子夏听了,说:"唉,子游错了。君子之道,先传授哪一条,后传授哪一条,这就像草和木一样,应当分类区别对待。君子之道,怎么可以歪曲理解呢?至于能够循序渐进有始有终地教授弟子,恐怕只有圣人才能完全做到吧!"

【原文19·13】

子夏曰:"仕而优则学,学而优则仕。"

【白话】

子夏说:"做官办完公务还有余力,就应当去学习,完成了学业之后,有余力的人就可以去做官。"

【原文19·14】

子游曰:"丧致乎哀而止。"

【白话】

子游说:"服丧时尽哀也就可以了。"

【原文19·15】

子游曰:"吾友张也为难能也,然而未仁。"

【白话】

子游说:"我的朋友子张(颛孙师)可以说是难能可贵了,然而还没有做到仁。"

【原文19·16】

曾子曰:"堂堂乎张也,难与并为仁矣。"

【白话】

曾子说:"子张虽然外表堂堂,但是难于和他一起致力于仁。"

【原文19·17】

曾子曰:"吾闻诸夫子,人未有自致者也,必也亲丧乎。"

【白话】

曾子说:"我听老师说过,人在一般情况下不会充分释放自己的情感,只有在父母死亡的时候才会情不能自已。"

【原文19·18】

曾子曰:"吾闻诸夫子,孟庄子之孝也,其他可能也,其不改父之臣与父之政,是难能也。"

【白话】

曾子说:"我听老师说过,鲁国大夫孟孙速的孝心,其他方面很多人也可以做到,但他不更换父亲的旧臣及其政治路线,则是别人难以做到的。"

【原文19·19】

孟氏使阳肤为士师,问于曾子。曾子曰:"上失其道,民散久矣。如得其情,则哀矜而勿喜。"

【白话】

孟氏任命曾子的弟子阳肤做典狱官,阳肤向曾子请教。曾子说:"在上位的人离开了正道,百姓早就离心离德了。你如果能弄清他们犯罪的真相,就应当怜悯他们,而不要为自己的明察沾沾自喜。"

【原文19·20】

子贡曰:"纣之不善,不如是之甚也。是以君子恶居下流,天下之恶皆归焉。"

【白话】

子贡说:"纣王的无道,未必像传说的那样厉害。所以君子最担心自己身有污迹,因为一沾上污迹,天下一切坏事恶名都会归到他的身上。"

【原文19·21】

子贡曰:"君子之过也,如日月之食焉。过也,人皆见之;更也,人皆仰之。"

【白话】

子贡说:"君子的过错,好比日月之蚀。他有了过错,人们都看得见;他改正过错,人们都敬望着他。"

【原文19·22】

卫公孙朝问于子贡曰:"仲尼焉学?"子贡曰:"文武之道,未坠于地,在人。贤者识其大者,不贤者识其小者,莫不有文武之道焉。夫子焉不学?而亦何常师之有?"

【白话】

卫国的大夫公孙朝问子贡说:"仲尼的学问是从哪里学来的?"子贡

说:"周文王周武王的治世之道,并没有失传,仍然留在人间。贤能的人可以了解它的根本,不贤的人只了解它的末节,什么地方都有文武之道。所以,我们老师什么地方不可以学习呢?他又何必要有固定的老师来教授呢?"

【原文19·23】

叔孙武叔语大夫于朝曰:"贡贤于仲尼。"子服景伯以告子贡。子贡曰:"譬之宫墙,赐之墙也及肩,窥见室家之好;夫子之墙数仞,不得其门而入,不见宗庙之美,百官之富。得其门者或寡矣,夫子之云,不亦宜乎!"

【白话】

鲁国大夫叔孙武叔在朝廷上对大夫们说:"子贡比仲尼更贤能。"子服景伯把这一番话告诉了子贡。子贡说:"拿围墙来做比喻,我家的围墙只有齐肩高,人在墙外就可以看见室内之好;而老师家的围墙却有好几仞高,如果找不到门进去,你就看不见里面宗庙般的富丽堂皇和房舍藏品的丰富多彩。能够找到门进去的人并不多,所以叔孙武叔那么讲,不也是很自然吗?"

【原文19·24】

叔孙武叔毁仲尼。子贡曰:"无以为也!仲尼不可毁也。他人之贤者,丘陵也,犹可逾也;仲尼,日月也,无得而逾焉!人虽欲自绝,其何伤于日月乎?多见其不知量也!"

【白话】

叔孙武叔诽谤仲尼。子贡说:"不要这样做!仲尼是毁谤不了的。别人的贤德好比丘陵,还可超越过去;仲尼的贤德,就像太阳和月亮,无法超越!虽然有人要自绝于日月,对日月又有什么损害呢?这只能表明他不自量力而已!"

【原文19·25】

陈子禽谓子贡曰:"子为恭也,仲尼岂贤于子乎?"子贡曰:"君子一言以为知,一言以为不知,言不可不慎也。夫子之不可及也,犹天之不可阶而升也。夫子之得邦家者,所谓立之斯立,道之斯行,绥之斯来,动之斯和。其生也荣,其死也哀,如之何其可及也?"

【白话】

陈子禽对子贡说:"你是谦虚了,仲尼怎么能比你更贤能呢?"子贡说:"君子的一句话就可以表现他的智识,一句话也可以表现他的不智,所以说话不可以不慎重。夫子之高不可及,正像苍天不是搭着梯子就能爬上去一样。夫子如果治理一个国家或是治理一处采邑,那就会像人们说的那样,教百姓立于礼,百姓就会立于礼;引导百姓前进,百姓就会跟着前进;安抚百姓,百姓就会从四面八方归顺;动员百姓,百姓就会齐心协力。夫子他生得光荣,死得可惜,我怎么能赶得上他呢?"

《论语》原典与白话

《尧曰》第二十

【原文20·1】

尧曰:"咨!尔舜!天之历数在尔躬,允执其中。四海困穷,天禄永终。"舜亦以命禹,曰:"予小子履,敢用玄牡,敢昭告于皇皇后帝:有罪不敢赦,帝臣不蔽,简在帝心。朕躬有罪,无以万方;万方有罪,罪在朕躬。"

周有大赉,善人是富。"虽有周亲,不如仁人。百姓有过,在予一人。"谨权量,审法度,修废官,四方之政行焉。兴灭国,继绝世,举逸民,天下之民归心焉。所重:民、食、丧、祭。

宽则得众,信则民任焉,敏则有功,公则说。

【白话】

尧说:"啧啧!你这位舜!上天的大命已经落在你的身上了,诚实地保持那中道吧!假如天下百姓都陷于困苦和贫穷,上天赐给你的禄位也就永远完结了。"舜让位给禹的时候也这样告诫过他,禹发誓说:"我小子履谨用黑色的公牛来祭祀,向伟大的天帝祷告:有罪的人我不敢擅自赦免,天帝一切臣民的善恶我也不敢隐瞒,天帝无所不知,心中明明白白。我本人若有罪,不要牵连天下万方;天下万方若有罪,都归我一个人担当。"

周朝大封诸侯,使为善的人都富贵起来。(周武王)说:"我虽然有同姓至亲,不如身边有仁德之人。百姓有过错,都在我一人身上。"(历史的经验表明)建立严谨的度量标准,制定周密的法律制度,政令就可以通行四方了。恢复被废弃了的诸侯邦国,接续已经衰败的家族,提拔被遗漏的人才,天下百姓就会真心归服了。执政者必须重视的是:民生、粮食、丧礼、祭祀。

执政者宽厚就能得到众人的拥护,诚恳守信就能得到众人的信任,勤敏就能获得成功,公平就会使天下百姓心悦诚服。

【原文20·2】

子张问孔子曰:"何如斯可以从政矣?"子曰:"尊五美,屏四恶,斯可以从政矣。"

子张曰:"何谓五美?"子曰:"君子惠而不费,劳而不怨,欲而不贪,泰而不骄,威而不猛。"子张曰:"何谓惠而不费?"

子曰:"因民之所利而利之,斯不亦惠而不费乎?择可劳而劳之,又谁怨?欲仁而得仁,又焉贪?君子无众寡,无大小,无敢慢,斯不亦泰而不骄乎？君子正其衣冠，尊其瞻视，俨然人望而畏之，斯不亦威而不猛乎？"

子张曰："何谓四恶？"子曰："不教而杀谓之虐；不戒视成谓之暴；慢令致期谓之贼；犹之与人也，出纳之吝谓之有司。"

【白话】

子张问孔子说："怎样才可以治理好政事呢？"孔子说："尊崇五种美德，摒弃四种恶政，就可以治理好政事了。"

子张问："五种美德是什么？"孔子说："君子给百姓的恩惠要多而自己的耗费要少，使百姓劳作他们却无怨恨，追求仁德而不贪图财利，庄重而不傲慢，威严而不凶猛。"子张说："怎样才算是给百姓的恩惠多而自己的耗费少呢？"

孔子说："让百姓们去做对他们自己有利的事，这不就是对百姓恩惠多而耗费少吗？选择可以让百姓劳作的时间和事情让百姓去做，谁会有怨恨呢？自己追求仁而得到了仁，那还有什么可贪的呢？君子为人，无论人多人少，在上在下，都不怠慢他们，这不就是庄重而不傲慢吗？君子衣冠整齐，目不斜视，使人见了就心生敬畏，这不就是威严而不凶猛吗？"

子张问："什么叫四种恶政呢？"孔子说："不经教化便加以杀戮，叫做虐；不事先告诫便突然翻脸，叫做暴；命令下达很晚而限定短期完成，叫做贼；关注民生爱护百姓责任所系理所当然，出手却十分吝啬，叫做贪婪的有司。"

【原文20·3】

孔子曰："不知命，无以为君子也；不知礼，无以立也；不知言，无以知人也。"

【白话】

孔子说："不懂得天命，就不能成为君子；不懂得礼让，就不能立身处世；不懂得分辨别人的话语，就不能识人。"

郝冀川（插图）